핵심 노동법
한 권으로 끝내기

주정호

박영사

들어가는 말

사회적 관계가 복잡해지면서 새로운 직업이 많이 생기고 근무 형태도 다양해 졌습니다. 사회가 발전하고 고도화되면서 개인의 권리의식도 높아졌습니다. 이 제 경제활동을 하는 사람은 자신도 모르게 노동법의 테두리 안에서 법적 권리, 의무와 함께 생활하게 된 것입니다.

평소에는 노동법을 알지 못해도 아무런 문제가 없지만 특정한 상태에 처하면 노동법에 대한 무지는 매우 난감한 상황을 만들기도 합니다. 마치 양도소득세를 알지 못하고 아파트를 매도하였더니 예상하지 못한 수억 원의 양도소득세 납부 고지서를 받아 들게 되는 것처럼, 노동법을 모르고 회사를 운영하다가 갑자기 수억 원의 임금, 퇴직금의 채무자가 되기도 하고 노동법 위반으로 형사처벌 받 은 기록이 남기도 하며 수백만 원의 과태료를 물어야 하는 경우도 생깁니다.

이제는 노동법을 모르고 회사를 운영하는 것은 세법을 모르고 사업하는 것처 럼 매우 위험한 일인 것입니다. 실제로 노동법과 관련하여 어려움을 겪는 사례 가 언론에 자주 등장합니다.

'월급에 퇴직금 포함됐다'는 기공소 사장에 퇴직금 지급 판결 ('22.12. △△뉴스)
"계약직 근로자에 수당·격려금 미지급은 차별적 처우" ('22.12, □□뉴스)
임금명세서 교부 지난해 의무화 불구 위반 속출 ('22.7, □□일보)
"상여금도 통상임금" – '1조 소송' 노조 손 들어준 대법원 ('20.8, ○○경제)

그런데 사업주가 노동법을 잘 지키고자 마음을 먹어도 쉽지는 않습니다. 노 동법의 내용이 많고 어렵기 때문이며 더욱이 노동법은 자주 바뀌는 특성이 있기 때문입니다. 특히 시중에 나와 있는 노동법 관련 서적은 학술적인 내용 위주로 출간되거나 전문용어로 요약 기술되어 사업주나 인사·노무관리 담당자가 짧은 시간 내에 다 읽고 이해하기가 정말 쉽지 않습니다. 각종 이론과 판례 등으로 1천 페이지가 훌쩍 넘는 책을 보면 읽고 싶은 마음이 선뜻 생기지 않을 것입니다.

저는 노동청에서 근로감독관으로 근무할 때 노동법을 잘 모르는 사업주와 인사·노무 담당자를 대면할 기회가 많았습니다. 이런 분들이 꼭 알아야 할 핵심 노동법 내용을 쉽고 빠르게 일독하여 노동법에 대한 올바른 인식을 가질 수 있도록 돕는 책이 있으면 좋겠다고 생각했습니다. 그래서 노동청 근로감독관으로 오래 근무한 경험과 최근 자료를 정리하여 노동법을 쉽고 빠르게 이해할 수 있는 책을 출간하게 되었습니다.

이 책의 분량은 적습니다. 그러나 내용은 근로 시간, 주휴일과 연차휴가, 임금, 퇴직금, 해고, 해고예고수당, 직장 내 괴롭힘 등 노동청에 민원으로 매일 접수되는 주요 사항들과 출산휴가, 육아휴직, 부당노동행위, 단체교섭과 파업 등 사업주와 인사·노무 담당자가 알아야 할 핵심 노동법을 최대한 담았습니다. 아울러 통상임금, 평균임금, 최저임금, 해고수당, 주휴수당 및 퇴직금 계산 등을 직접 산정해 볼 수 있는 실무 Case와 주요 판례, 행정해석 등 130여 자료를 필요한 부분에 담아 인사·노무 담당자와 사업주는 물론 후배 근로감독관들에게도 참고자료가 될 수 있도록 정리하였습니다. 이 책이 사업주와 인사·노무 실무자에게 조금이나마 도움이 된다면 저에게 큰 보람이 될 것입니다.

그동안 이 책이 나올 수 있게 기회와 도움을 주신 박영사의 장유나 차장님, 임재무 전무님, 최동인 대리님을 비롯한 관계자 여러분께 진심으로 감사드리며 마지막으로 제 곁에서 한결같이 지지하고 응원해 주는 사랑하는 아내와 딸 수빈, 아들 지홍에게도 고마운 마음을 전합니다.

2023. 9.
성수동 사무실에서 주정호

목 차

제 3 장

여성과 연소근로자 보호

부록 1

노동청과 노동위원회 신고사건 진행과 대처

부록 2

근로감독 점검

제 1 장

노동법의 의의와 적용

노동법의 의의와 적용

우리는 일상생활에서 계약을 합니다. 매매계약, 전세계약, 위임계약 등 일상적인 계약은 민법의 적용을 받습니다. 그런데 근로계약은 노동법의 적용을 받습니다. 노동법을 위반하면 형사처벌이 됩니다. 그뿐만 아니라 생각지 못했던 금품의 채무자가 됩니다. 근로자를 해고했더니 **해고예고수당**을 지급해야 한다고 합니다. 또한 부당해고는 부당해고 기간에 근로자가 일을 안 했어도 **임금 상당액**을 지급해야 한다고 합니다. 매출이 줄고 경영사정 악화로 사업을 휴업했더니 **휴업수당**을 지급하라고 합니다. 노동법을 모르면 비용이 많이 듭니다. 도대체 노동법이 뭐길래?

1. 노동법의 목적은 근로자 보호

모든 법은 만든 목적이 있다. 노동법은 근로자 보호를 위해 만든 법이다. 사업주 보호나 사업 지원을 목적으로 만든 법이 아니다. 그래서 노동법은 근로자 보호를 위해 사업주가 지켜야 할 수많은 의무와 규제를 그 내용으로 하고 있다.

노동법은 한 개의 법률이 아니라 여러 개의 법률을 총칭한다. 근로계약서 작성, 임금 지급, 주 52시간 근로, 부당해고 금지, 주휴와 연차, 공휴일 유급 부여 등 근로자의 최저 근로조건 보호를 위해 만들어진 근로기준법, 최저임금제와 최저임금 효력을 강제하는 최저임금법, 근로자의 퇴직급여를 보장하는 근로자퇴직급여 보장법, 노동조합과 파업의 권리를 보호하는 노동조합 및 노동관계조정법, 근로자의 안전과 보건을 위한 산업안전보건법, 근로자의 실직 시 생계와 재취업을 지원하는 고용보험법, 근로자의 직업능력 개발을 위한 국민 평생 직업능력 개발법, 여성 고용촉진과 모성보호를 위한 남녀고용평등법 등 노사 관계에 대한 30여 개의 법률을 통틀어서 노동법이라 한다.

2. 노동법 탄생 이유

▌노동법은 왜 만들어졌을까?

민법의 3대 원칙 중 하나인 계약자유의 원칙(사적자치의 원칙)에 그대로 따르게 되면 가족의 생계를 위해 일자리를 구하는 수많은 근로자는 자본과 일자리를 가진 소수의 사업주와 대등한 입장에서 근로계약을 체결하기가 어렵다. 더 많은 이윤을 추구하는 사업주는 점점 더 적은 임금을 제시하고 이에 응하는 근로자와 근로계약을 할 것이기 때문에 근로자들은 갈수록 저임금을 감수하여야 하고 결국 생존의 한계에 몰리게 된다. 그래서 계약자유의 원칙에 수정이 필요해졌다.

실제로 18세기 유럽의 산업혁명 이후에 공장이나 탄광에서 14, 15세 어린이들이 낮은 저임금을 받고 14시간 이상 고된 노동을 하며 교육도 받지 못하는 사회문제가 발생하였다. 또한 영국에서는 공장에서 기계에 밀려난 노동자들이 실직과 저임금에 시달리다가 기계 파괴 운동(러다이트 운동)을 벌이는 등 근로자 저항 운동이 전개되었다. 이 같은 저임금과 장시간 근로는 근로자들에게 공산주의가 대두되는 배경이 된다.

이러한 사회문제를 해결하고 근로자를 보호하기 위해 『아동 노동자 보호법』(1802년, 영국), 『공장법』(1833년, 영국)과 같은 노동법들이 만들어지고 이후 더 많은 근로자 보호법의 제정으로 발전되어 시장경제(자본주의) 국가들에 전파되었다. 여기에 우리나라도 건국 초기에 근로기준법(1953년)을 시작으로 노동조합법(1963년), 최저임금법(1986년), 남녀고용평등법(1987년), 고용보험법(1993년) 등을 만들어 근로자를 보호하고 있다.

이처럼 계약자유의 원칙을 수정하는 노동법은 자유시장경제 체제하에서 근로자의 근로조건을 보호하여 자본가와 노동자 간의 대립과 투쟁이 극한에 이르지 않도록 작동함으로써 자유시장경제 체제의 안전장치 역할을 하고 있다.

근로기준법
제1조(목적) 이 법은 헌법에 따라 근로조건의 기준을 정함으로써 근로자의 기본적 생활을 보장, 향상시키며 균형 있는 국민경제의 발전을 꾀하는 것을 목적으로 한다.

▌ 노동법을 꼭 지켜야 할까?

노동법은 강제력이 있는 강행법규이다. 법은 강제하는 힘이 있는데 그것은 법 위반 시 국가에서 형사처벌이나 과태료를 부과하는 방식이다. 근로자 보호가 목적인 노동법은 법정 근로조건을 정하고 사업주가 지켜야 할 사항들을 정해놓았다. 사업주가 이 법정 의무를 지키지 않을 때는 벌금, 과태료 부과는 물론이고 징역형까지 처할 수 있다.

근로기준법 제109조
근로자에게 임금을 지급하지 않은 자는 3년 이하 징역 또는 3천만 원 이하의 벌금에 처한다.

최저임금법 제28조
최저임금액 보다 적은 임금을 지급하거나 최저임금을 이유로 종전의 임금을 낮춘 자는 3년 이하의 징역 또는 2천만 원 이하의 벌금에 처한다.

노동조합 및 노동관계 조정법 제90조
노동조합과의 단체 교섭을 정당한 이유 없이 거부하거나 해태하는 자는 2년 이하의 징역 또는 2천만 원 이하의 벌금에 처한다.

기간제 및 단시간 근로자 보호 등에 관한 법률 제24조
근로조건을 서면으로 명시하지 아니한 자에 대해서는 서면 미명시 사항 1개당 30만 원~200만 원의 과태료를 부과한다.

　　<서면 명시 근로조건>
　　1. 근로계약기간에 관한 사항
　　2. 근로시간·휴게에 관한 사항
　　3. 임금의 구성항목·계산방법 및 지불방법에 관한 사항
　　4. 휴일·휴가에 관한 사항

5. 취업의 장소와 종사하여야 할 업무에 관한 사항
6. 근로일 및 근로일별 근로시간

법 위반에 대한 불이익은 징역이나 벌금 부과와 같은 형사처벌을 받는 것으로 끝나는 것은 아니다. 형사처벌과는 별개로 민사상 손해배상 책임도 질 수 있다. 사업주가 임금이나 퇴직금을 지급하지 않으면 금품 체불에 대한 형사처벌(벌금 이나 징역)을 받는다고 해도 미지급 임금, 퇴직금은 변제될 때까지 채무가 그대로 남는 것이다. 체불금품은 민사법원의 지급명령과 같은 소송절차를 거치면 지연이자까지 감당해야 하고 재산 압류, 경매 등의 불이익도 받을 수 있다.

음주운전은 적발되거나 사고가 날 때까지는 그 위험을 잘 모르다가 사고가 발생하면 돌이킬 수 없는 것처럼, 대부분 사업주는 노동법 위반행위가 적발되거나 문제가 발생하기 전까지는 그 위험성을 잘 모른다. 2011년 10월 ○○회사의 근로자 27,000여 명은 "연 700%의 상여금과 중식대를 통상임금으로 인정하고, 이를 포함하여 재산정한 연장·야간·휴일근로수당 및 연차휴가수당 미지급분을 지급하라"며 회사를 상대로 소송을 제기하였다. 소송 제기 시 청구 임금은 3년 치 6,500억 원이지만 지급 지연이자를 포함하면 7,000억 원을 넘는 금액이 된다.

이 소송의 1, 2심에서 근로자들이 일부 승소하자 회사와 노조는 상여금의 통상임금 포함 및 미지급금 지급 방안에 합의하고 근로자 1인당 평균 1,900만 원을 지급했다. 그러나 근로자 3,530여 명은 노조 합의에도 불구, 소송을 계속하여 2020년 8월 대법원에서 최종 승소하였다. 통상임금이란 근로자가 정기적·일률적·고정적으로 받는 임금을 말하는데, 각종 초과근로수당과 퇴직금 및 연차수당 산정에 직접 영향을 미친다. 근로자들은 정기상여금을 통상임금에 포함해 연장·야간·휴일근로수당 등을 산정해야 한다고 주장해왔는데 대법원에서 근로자들의 주장을 받아들인 것이다. 결국 회사는 노동법 소송에 패소한 결과, 수천억 원의 추가 인건비를 부담하게 되었다. 노무관리 부서가 있는 대기업도 이러한 위험이 있는 것을 보면 노무관리 담당 인력이 없는 중소기업은 더 많은 위험요인이 있을 것이다.

사업주가 잘 지켜야 하는 점에서 법은 아니지만, 법과 같이 중요한 것이 있는데 그것은 근로계약, 취업규칙, 단체협약이다. 사업주는 근로계약서에 약정한 급여를 지급할 의무를 준수해야 한다. 마찬가지로 취업규칙, 단체협약에서 지급을 약정한 금품(예를 들면 자격수당, 만근수당, 상여금, 성과급여 등)은 지급 의무가 있다. 취업규칙이나 단체협약에서 지급 약정한 금품을 지급하지 않으면 임금체불이 된다. 또한 취업규칙, 단체협약에서 해고 등 징계 절차를 규정하고 있을 때 이를 지키지 않고 해고하였을 때는 해고 사유가 정당하다고 하더라도 절차를 위반한 부당해고가 되어 무효이다. 아울러 부당해고 기간에 대해 임금 상당액을 지급하여야 한다. 따라서 사업주는 법뿐만 아니라 취업규칙과 단체협약 등에서 정한 근로조건도 준수해야 한다.

노동법은 개정되거나 새로운 판례가 형성됨에 따라 그 내용이 수시로 변경되는 특성이 있는 점도 유의해야 한다. 상시근로자 5인 이상 사업장에만 적용되던 퇴직금 제도가 2011.12.1.부터 4인 이하 사업장에도 확대 적용되었고 2004년에 주 40시간 근무제, 2020년에는 공휴일의 유급휴일 부여 의무화가 시행되었다. 또한 2021.11.19.부터 임금 명세서 교부 의무화(미교부시 과태료 부과)가 시행되었으며 통상임금에 대한 대법원 판례(2020년), 연차휴가에 대한 대법원 판례(2021년) 등으로 산업현장의 근로조건에 많은 변화가 있었다. 이 같은 변화를 알지 못하여 대처하지 못하면 나도 모르는 사이에 법 위반으로 불이익을 당하게 된다. 법으로 준수 의무가 새로이 부과된 내용, 예를 들어 공휴일의 유급휴일 부여나 정기상여금의 통상임금 포함과 같은 것을 몰라서 장기간 방치하게 되면 예상치 못한 법정 채무 누적으로 사업 운영에 어려움을 겪을 수도 있으니 항상 노동법 개정이나 판례에 관심을 두어야 한다.

3. 노동법 적용 대상

노동법은 근로기준법, 최저임금법, 노동조합법, 근로자퇴직급여 보장법, 남녀고용평등법 등 많은 개별법으로 이루어져 있는데 법마다 적용 대상 사업장 범위가 같지 않고 차이가 있다. 임금, 근로 시간, 휴일, 휴가 등 근로조건에 관한 기본법은 근로기준법이다.

▌근로기준법은 어떤 사업(사업장)에 적용되는가?

근로기준법은 상시근로자 수 5인 이상 사업장에는 전면 적용되지만 4인 이하 사업장에는 일부 규정만 적용이 된다. 즉, 근로기준법은 상시 근무하는 근로자 수를 기준으로 적용 여부가 달라진다. 사업주를 제외한 직원이 5명 이상인 사업장이라면 회사, 마트, 분식점, 편의점, 약국, 학원, PC방, 미용실, 피트니스센터 등 업종과 관계없이 법이 전면 적용된다. 반면 직원이 4인 이하이면 일부 규정만 적용되는 것이다. 상시근로자 수가 3, 4명이었다가 5명이 되면 5명이 된 때부터 전면 적용된다.

근로기준법

제11조(적용 범위) ① 이 법은 상시 5명 이상의 근로자를 사용하는 모든 사업 또는 사업장에 적용한다. 다만, 동거하는 친족만을 사용하는 사업 또는 사업장과 가사(家事) 사용인에 대하여는 적용하지 아니한다.
② 상시 4명 이하의 근로자를 사용하는 사업 또는 사업장에 대하여는 대통령령으로 정하는 바에 따라 이 법의 일부 규정을 적용할 수 있다.
③ 이 법을 적용하는 경우에 상시 사용하는 근로자 수를 산정하는 방법은 대통령령으로 정한다.

상시근로자 수 5인 이상 사업장은 사업주가 지켜야 할 법적 의무가 4인 이하 사업장에 비해 훨씬 더 많다. 주 40시간 근무제, 연장·야간·휴일근로 가산수당, 연차휴가, 공휴일 유급휴일 부여, 직장 내 괴롭힘 금지 및 조사 의무, 부당해고 금지, 휴업수당 등이 5인 이상 사업장에 적용된다. 상시근로자 수 4명인 사업장이 근로자를 한 명 더 채용하는 것은 그 비용이 채용 근로자 한 명의 인건비뿐만 아니라 근로기준법 적용 대상이 됨에 따라 근로자 다섯 명에 대한 새로운 법정 수당(연장·야간·휴일근로 가산수당, 휴업수당 등) 지급의무 발생으로 대폭 늘어난다는 점을 알아야 한다. 노동법 중 최저임금법은 근로자가 한 명이라도 있는 모든 사업장에 적용된다. 카페, 모텔, 독서실, PC방, 편의점 등 업종을 불문하고 근로자가 한 명이라도 있는 사업장에는 최저임금법이 전면 적용되어 최저임금 이상의 임금을 지급하여야 한다.

▎ 사업주가 최저임금 미만으로 근로자 임금을 정하면?

사업주와 근로자가 최저임금에 미달하는 금액으로 임금을 약정한 경우에는 어떻게 될까? 당사자가 서로 합의하여 약정했어도 최저임금법 제6조 규정에 따라 **최저임금에 미달하는 임금을 정한 근로계약은 효력이 없다.** 따라서 당사자가 작성한 근로계약서 중 임금 부분은 무효이고 이때 임금액은 국가에서 고시한 최저임금액으로 정한 것으로 간주한다. 만약 근로자에게 최저임금 보다 적게 지급된 임금이 있다면 최저임금법 위반으로 최저임금액과의 차액만큼 임금체불이 되고 사업주가 추가로 더 지급하여야 할 법적 채무가 된다.

최저임금법 제6조
최저임금의 적용을 받는 근로자와 사용자 사이의 근로계약 중 최저임금액에 미치지 못하는 금액을 임금으로 정한 부분은 무효로 하며, 이 경우 무효로 된 부분은 이 법으로 정한 최저임금액과 동일한 임금을 지급하기로 한 것으로 본다.

실제 자주 발생하는 사례는 사업주가 최저임금 이상의 임금액을 정하고자 의도하였으나 최저임금법에 따른 최저임금 산정 방법을 이해하지 못해서 결과적으로 매월 최저임금 미만으로 임금을 지급하는 경우이다. 이런 경우도 최저임금법 위반이며 결국 사후에 문제가 제기되면 최저임금에 못 미치게 지급된 임금액을 추가 지급해야 한다.

4. 4인 이하 사업장에도 적용되는 노동법

상시근로자 수가 4인 이하인 사업장과 5인 이상인 사업장은 노동법 적용이 다음 표와 같이 차이가 있다. 상시근로자 4인 이하 사업장은 ① 해고·징계의 제한 ② 연장·야간·휴일근로 가산수당 ③ 주 52시간 근로 제한 ④ 유급 공휴일·대체공휴일·연차휴가·생리휴가 ⑤ 휴업수당 등이 적용되지 않는다.

상시근로자 수에 따른 근로기준법 적용

모든 사업장에 적용하는 규정 (4인 이하 사업장에도 적용)	4인 이하 사업장에는 미적용 규정

• 근로계약 작성 및 교부
  - 임금, 근로시간, 휴일 등 근로조건 명시
  - 근로계약 서면 작성 후 교부	

• 주휴일 - 1주에 평균 1회 이상의 유급휴일 부여 • 출산전후휴가 부여 • 육아휴직 부여	• 공휴일·대체공휴일 유급부여 • 연차휴가 부여 • 생리휴가 부여

• 휴게시간
  - 근로시간이 4시간인 경우 30분 이상
  - 근로시간이 8시간인 경우 1시간 이상
	• 주52시간 근로
	  - 1일 8시간 주40시간 근로
	  - 연장근로 주12시간 한도
	• 연장, 야간, 휴일근로시 가산수당

• 해고시 30일 전에 해고예고
• 해고제한
  - 업무상 질병, 부상으로 휴업한 기간과 그후
    30일간 해고 금지
  - 산전후 휴업한 기간과 그후 30일간
	• 해고 서면통지
	• 부당해고, 감봉 등 징계제한
	• 감급제한
	  (감급 1회는 평균임금 1/2 이하
	  총액은 월급의 1/10 이하 한도)

• 퇴직금 지급 • 최저임금	• 휴업수당
• 직장 내 성희롱 금지	• 직장 내 괴롭힘 금지

5. 상시근로자 수 산정 방법

상시근로자 수 산정 방법은 근로기준법 제11조 및 같은 법 시행령 제7조의2 (상시 사용하는 근로자 수의 산정 방법)에서 정하고 있다. 이 규정에 따라 상시 사용하는 근로자 수는 해당 사업 또는 사업장에서 법 적용 사유(휴업수당 지급, 부당해고, 근로시간 등 법 규정 적용 여부를 판단하여야 하는 사유) 발생일 전 1개월(사업이 성립한 날부터 1개월 미만인 경우에는 그 사업이 성립한 날 이후의 기간) 동안 사용한 근로자(일용직, 임시직, 아르바이트 포함, 대표이사 등 사용자는 제외)의 연인원을 같은 기간 중의 가동 일수로 나누어 산정한다.

$$상시근로자\ 수 = \frac{일정기간(1개월)\ 내에\ 사용한\ 근로자의\ 연인원수}{일정기간(1개월)\ 내의\ 사업장\ 가동일수}$$

* 연인원수: 일별로 사용한 근로자 수의 총합

* 가동일수: 실제 운영한 일수(휴일, 휴무일 등 운영하지 않은 일수 제외)

단, 이처럼 산정한 결과 상시근로자 수가 5인 이상인 데도 5인 미만 사업장과 같은 법 적용 제외 사업장으로 판단하거나 반대로 상시근로자 수가 5인 미만인 데도 5인 이상 사업장과 같은 법 직용 사업장으로 판단하는 예외적인 경우가 있는데 다음 ①, ②와 같은 경우이다.

① 근로자 수를 산정한 결과 법 적용 사업장에 해당하지 않는 경우(예: 상시근로자 수 5인 미만)에도 산정기간에 속하는 일(日)별로 근로자 수를 파악하였을 때 **법 적용 기준(예: 5인)에 미달한 일수가 2분의 1 미만인 경우에는 법 적용 사업장으로 본다.**

② 근로자 수 산정 결과가 법 적용 사업 또는 사업장에 해당하는 경우(예: 상시근로자 수 5인 이상)에도 산정기간에 속하는 일별로 근로자 수를 파악하였을 때 **법 적용 기준(예: 5인)에 미달한 일수가 2분의 1 이상인 경우에는 법 적용 사업장으로 보지 않는다.**

▌ 법 적용 여부 판단을 위한 상시근로자 수 산정과 예외규정 적용

❖ 예시 ①

일	월	화	수	목	금	토	연인원 / 가동일수
3.20	3.21	3.22	5명	5명	4명	미가동	14명 / 3일
미가동	5명	5명	5명	5명	4명	미가동	24명 / 5일
미가동	5명	5명	5명	5명	4명	미가동	24명 / 5일
미가동	5명	5명	5명	5명	4명	미가동	24명 / 5일
미가동	5명	5명	5명	4명	4명	4.23	23명 / 5일
합 계							109명 / 23일

* 위와 같이 2022. 4. 23일에 해고 등 법 적용 사유가 발생한 경우, 발생일 전 1개월(3.23~4.22) 동안 가동일수와 연인원수 산정 결과 상시근로자 수가 5인 미만(109/23 = 4.7)이다. 그러나 법 적용 기준(예: 5인)에 미달한 일수가 6일로서 가동일수(23일)의 2분의 1 미만이므로 부당해고 금지 규정이 적용되는 사업장으로 본다.

❖ 예시 ②

일	월	화	수	목	금	토	연인원 / 가동일수
3.20	3.21	3.22	4명	4명	8명	10명	26명 / 4일
미가동	4명	4명	4명	4명	8명	10명	34명 / 6일
미가동	4명	4명	4명	4명	8명	11명	35명 / 6일
미가동	4명	4명	4명	4명	8명	10명	34명 / 6일
미가동	4명	4명	4명	4명	8명	4.23	24명 / 5일
합 계							153명 / 27일

* 2022. 4. 23일에 해고 등 법 적용 사유가 발생한 경우, 발생일 전 1개월(3.23~4.22) 동안 가동일수와 연인원수 산정결과 상시근로자 수가 5인 이상(153/27 = 5.6)이다. 그러나 근로자수 5인 미만인 일수가 18일로서 가동일수(27일)의 2분의 1 이상이므로 부당해고 금지 규정이 적용되는 사업장으로 보지 않는다.

다만, 연차유급휴가는 전년도 근로의 대가로 발생하는 것이므로 연차유급휴가 발생 여부를 판단할 때에는 해당 사업장의 월 단위로 근로자 수를 산정한 결과가 법 적용 사유(연차휴가 부여) 발생일 전 **1년 동안 계속하여 5명 이상의 근로자를 사용하는 사업장**인 때에 법 적용 사업장으로 본다.

또한 계속근로기간 1년 미만인 근로자에 대한 연차 부여의 경우에는 1개월이 산정 기간이 된다. 즉 1년 동안 계속하여 매월 상시근로자 수가 5인 이상이 되지 않더라도, 월 단위로 상시근로자 수를 산정한 결과 5인 이상에 해당하는 월에는 근로기준법 제60조 제2항에 따라 1개월 개근 시 1일의 유급휴가가 부여된다.

아울러 임금채권보장법이나 산업재해보상보험법, 고용보험 및 산업재해보상보험의 보험료징수 등에 관한 법률 등 개별법마다 상시근로자 수 산정 방법은 근로기준법과는 차이가 있다.

임금채권보장법은 같은 법 시행령 <별표1>에서 도산등사실인정[1] 신청 요건과 관련한 상시근로자 수 산정은 도산등사실인정 신청일이 속한 달의 직전 달 이전에 해당 사업을 한 최종 6개월(1개월 중 하루라도 사업을 한 경우 그 달을 포함한 최종 6개월을 말한다) 동안 사용한 근로자의 연인원을 같은 기간 중에 사업을 한 일수로 나눈 수로 한다고 규정하고 있다.

---

1) 사업장 도산으로 근로자가 임금, 퇴직금 등을 못 받았을 때, 국가가 사업주를 대신하여 임금, 퇴직금 등을 지급하는 제도

고용보험 및 산업재해보상보험의 보험료징수 등에 관한 법률은 시행령 제2조에 따라 ① 해당 보험연도 전에 사업이 시작된 경우는 전년도 매월 말일 현재 사용하는 근로자 수의 합계를 전년도 조업 개월수로 나눈 수 ② 해당 보험연도 중에 사업이 시작된 경우는 보험관계 성립일 현재 사용하는 근로자 수를 상시 근로자 수로 한다.

 참고 **특정 요일만 출근하는 근로자의 상시근로자 수 산정 기준**

(고용노동부 근로기준정책과-6050, 2019-11-29)

검토배경

▶ 통상의 근로자와 달리 특정 요일에만 출근하는 근로자(교대제 근로자는 미해당)에 대한 상시근로자 수 산정기준을 명확히 하고자 함

   * 월요일부터 금요일까지 가동하는 사업장에서 주5일 근무하는 근로자 6명(A그룹)과 1주에 1일만 근무하는 근로자 5명(B그룹, 각기 다른 요일에 출근)을 고용한 경우
- (갑설) B그룹은 하루에 1명만 근무를 하므로 1명으로 산정
  → A그룹 6명 + B그룹 1명 = 7명
- (을설) A그룹 6명과 B그룹 5명 모두와 근로관계가 유지되므로
  → A그룹 6명 + B그룹 5명 = 11명

상시근로자 수 산정기준

▶ 「근로기준법 시행령」 제7조의2가 상시근로자 수의 산정에 있어 '연인원을 가동일로 나누도록 규정'한 것은,
- 가동일별로 사용하는 근로자 수가 변동되더라도 평균(상태)적으로 몇 명의 근로자를 사용했는지를 확인하라는 취지이며,
- 대법원은 '상시 5인 이상'을 '사회통념에 의해 객관적으로 판단하여 상태적으로 5인 이상이 되는 경우'라 판시함(대법원 2008도364 판결, 2008.3.27. 선고)

   * 서울고법 2016누79085 판결에서는(대법원 확정), A가 주2일 근무하기로 근로계약을 했으나 실제로는 주5일 근무했다며 매 가동일에 A를 연인원으로 산입
   → 가동일별 실제 근무자를 기준으로 산정했음을 간접적으로 알 수 있음

▶ 따라서 상시근로자 수 산정 시, **통상의 근로자와는 달리 특정 요일에 출근하는 근로자는 해당 요일에만 연인원에 산입**
- 다만, 통상의 근로자인 교대제 근로자는 계속(상시) 근무하나, 근무표에 따라 특정일에 휴무일이 발생하는 것으로 사회통념상 상시 근무하는 것으로 보는 것이 합리적이므로

상시근로자 수 산정 시 매 가동일의 연인원에 모두 포함
- 한편, 이에 따라 산정한 상시근로자 수가 5인(또는 10인) 미만이더라도 시행령 제7조의
2제2항에 따라서 법 적용 기준에 미달한 일수가 2분의 1 미만인 경우에는 5인(또는
10인) 이상 사업 또는 사업장으로 보는 것에 유의

제 2 장

노동법의 근로자 보호

노동법의 근로자 보호

나는 노동법을 준수해야 하고 위반 시 법적 책임을 지는 사용자인가?
나는 노동법으로 보호되는 근로자인가?

1. 사용자와 근로자

사업장에서 누가 노동법을 지켜야 할까. 이 문제는 노동법을 지키지 않았을 때 누가 책임을 지는가의 문제이다. 반면 누가 노동법의 보호를 받는가도 문제이다. 노동법에서는 사업주라는 말보다는 사용자라는 용어를 주로 사용한다. 근로기준법 제2조에서는 "사용자란 사업주 또는 사업 경영 담당자, 그 밖에 근로자에 관한 사항에 대하여 사업주를 위하여 행위하는 자를 말한다."고 규정하였다. 사업주란 사업을 책임지고 경영하는 주체를 말한다. 개인기업에서는 기업주 개인이 사업주이다. 법인기업은 법인 자체가 사업주이다. 법인이 아닌 단체(아파트 입주자대표회의, 노동조합, 장학회, 동창회 등)도 근로자를 채용하고 근로의 대가로 임금을 지급한다면 단체 자체가 사업주가 된다. 다만, 법인이나 단체는 의사결정이나 집행을 스스로 할 수 없으므로 법인의 대표이사나 단체의 대표자가 사업주는 아니지만 업무를 위임받아 사업경영을 담당하는 자로서 사용자가 된다.

> **상법 제382조 제2항**
> 회사와 이사의 관계는 「민법」의 위임에 관한 규정을 준용한다.

▌ 사용자 = 사업주 + 사업경영 담당자 + α

'근로자에 관한 사항에 대하여 사업주를 위하여 행위하는 자'란 근로자의 인사, 급여, 후생, 노무관리 등 근로조건의 결정 또는 업무상의 명령이나 지휘·감독을 하는 등의 사항에 대하여 사업주로부터 일정한 권한과 책임을 부여받은 자를 말한다. 이들도 사용자로서 근로기준법 등 법 규정을 준수해야 한다. 예를 들어 부당노동행위가 발생했을 때 사업주, 사업경영 담당자뿐만 아니라 사업주를 위하여 행위하는 자도 사용자로서 처벌 대상이 될 수 있다. 그러나 실제로는 누가 사용자에 해당하는지 판단이 어려울 때가 있다. 특히 형식상 사업주와 실제 사업주가 다를 때 그렇다. 이런 때는 노동법상 사용자 판단기준으로 살펴보아야 한다. 사용자인 사업주란 첫째, 사업을 책임지고 경영하는 주체로서 **사업의 손익이 귀속되는 자**다. 둘째, 근로계약의 실질적인 당사자로서 **근로자에 대한 임금을 결정하고 임금 지급 의무를 지며 근로자를 지휘·감독하는** 자이다.

사업자등록증 등 공문서상에는 사업주로 표시되어있는 자가 실제로는 사업주가 아닌 경우가 있다. 실제 있었던 사례로 신용불량자 A는 신용불량으로 사업자등록을 할 수 없자 동생 B의 명의로 사업자등록증을 발급받고 B가 모르는 사이에 B 명의로 사무실 임차계약 및 근로자를 채용, 근로계약서를 작성하고 사업을 운영하였다. 이러한 경우에 노동법에서는 A가 사업을 실제 운영한 주체로서 사업주이다. B는 명의상 사업주일 뿐 사업 활동을 하지 않았기에 B가 아닌 A가 실제 사업주로서 임금 지급 등 노동법 준수 의무가 있는 사용자에 해당한다.

* 사업자등록 명의대여는 불법이다. 조세범 처벌법(제11조)은 명의대여 행위에 대해 빌린 사람과 빌려준 사람 모두 형사처벌 대상이 된다.

마찬가지로 법인의 대표이사로 되어있는 사람도 형식적인 직함일 뿐 실제로는 아무런 권한이 없이 근로자로서 노무를 제공하고 있다면 사용자가 아닌 근로자로 볼 수 있다.

▌누가 노동법의 보호를 받는 근로자일까?

근로자는 노동법이 정하는 다양한 근로조건의 보호를 받는다. 근로자는 노동법에 정한 바에 따라 최저임금 이상의 임금을 받을 수 있고 계속근로기간 1년에 대해 30일분 이상의 평균임금을 퇴직금으로 받을 권리가 있으며 주 52시간(연장근로 12시간 포함)의 근로시간 제한으로 장시간 근로에서 보호받는다. 유급 주휴일·유급 공휴일과 유급 연차휴가, 휴게시간, 출산휴가, 육아휴직 등을 부여받으며 안전하게 근로할 권리와 부당한 해고·징계를 당하지 않을 권리가 있다. 이러한 노동법상 권리를 침해받은 때에는 노동청, 노동위원회, 법원 등을 통해 권리를 구제받을 수 있다. 근로자가 아닌 자는 이러한 노동법상 근로자 보호와 권리구제를 받을 수 없다. 근로자가 아닌 자는 퇴직금이나 유급 주휴일·공휴일, 연차휴가와 같은 노동법상의 권리가 없는 것이다.

따라서 근로자에 해당하는지는 바로 노동법의 보호와 권리를 받을 수 있는지의 문제이다. 근로기준법 제2조는 근로자란 '직업의 종류와 관계없이 임금을 목적으로 사업이나 사업장에 근로를 제공하는 사람을 말한다.'고 규정하였다.

근로자는 ① 직업의 종류와 관계없이 ② 임금을 목적으로 ③ 사업이나 사업장에서 ④ 사용자와 사용종속관계에서 근로를 제공하는 사람이다. 따라서 어떤 직업에 종사하든지 또한 아르바이트, 일용직 또는 비정규직 등 고용형태와 관계없이 모두 근로자에 해당할 수 있다. 다만, 마약 제조·판매와 같은 불법 범죄에 종사하는 자는 제외된다.

돈을 벌기 위한 목적으로 일하는 사람은 모두 근로자인가? 그렇지 않다. 돈을 받고 일하는 사람 중에서 임금을 목적으로 사업이나 사업장에서 일하는 사람이 근로자이다. 임금은 사업주와 근로자가 사용종속관계의 노무 제공과 그 대가로 임금을 지급하기로 하는 근로계약을 전제로 한다.

근로계약이 아닌 도급, 용역계약이나 위임, 위탁계약을 맺고 일하는 사람은 근로자가 아니다. 즉, 일의 대가로 지급하는 금품이 도급대금, 용역대금, 위탁수수료이면 근로자가 아니다. 임금은 사용종속관계에서 '노무 제공'의 대가인데 도급(용역)대금, 위임위탁 수수료는 '일의 완성'이나 '위탁사무 처리'에 대한 대가일 뿐 '노무 제공'의 대가가 아니며 사용종속관계도 없다는 점에서 차이가 있다.

근로계약과 도급계약, 위임(위탁)계약

▶ 근로계약은 사업주와 근로자가 노무 제공과 임금 지급을 약정하는 유상계약이다. 근로계약은 '사용종속관계'가 있다. 도급계약은 '일의 완성'과 그 보수를 지급 약정한 유상계약으로 '사용종속관계'와는 무관하다.

- 근로계약에 따라 근로자는 노동력을 사용자가 사용할 수 있게 사용자의 지휘통제권하에 놓아 두고(노무제공) 그 대가로 임금을 받는다. **임금은 '일의 완성'과는 관계없이 노무 제공의 대가이다.**

- 도급계약은 당사자 일방이 '일의 완성'을 약정하고 상대방이 그에 대한 보수 지급을 약정한 계약이다. '노무제공'이 아닌 '일의 완성'이 계약의 목적이다. 따라서 **노무를 제공했더라도 '일의 완성'이 없으면 보수도 없다.**

- 건축공사 현장에서 목수, 미장 같은 현장 일을 똑같이 해도 일당을 받기로 하고 일하는 사람과 도급받아 일하는 사람은 노동법상 지위가 다르다. 일당을 받고 일하는 사람은 근로계약을 맺고 '노무제공'하는 근로자로서 노동법의 보호를 받는데 반해, 공사도급계약을 맺고 일하는 사람은 '일의 완성'을 약정한 하청업자로서 근로자에 해당하지 않는다. 공사도급(하청)업자는 일을 했어도 '일의 완성'이 없으면 대가가 없을 것이다. 또한 '일의 완성'을 하고도 대가를 못 받은 때에는 노동법이 아니라 민법과 민사소송법에 따라 권리구제를 구해야 한다.

▶ 위임(위탁)계약은 일방이 사무의 처리를 위임(위탁)하고 상대방이 이를 승낙한 무상 또는 유상 계약이다. '일의 완성'이 아니라 '사무의 처리(수행)'가 계약의 목적이 된다.

최근에 프리랜서라는 용어를 많이 사용한다. 회사가 '프리랜서 계약이라 퇴직금이 없다'거나 '해고가 아닌 프리랜서 계약 해지이다'라고 말하는 경우가 있다. 프리랜서는 특정 회사에 소속되지 않고 독립적으로 일을 하는 사람으로 일이 생기면 그때마다 자유롭게 계약하는 일종의 개인사업자라고 할 수 있다. 회사는 프리랜서를 사용하면 근로자와 달리 퇴직금이나 연차휴가, 유급공휴일, 해고예고수당, 부당해고 등의 부담을 피할 수 있다. 그래서 프리랜서를 활용하며 근로계약서가 아닌 도급(용역)계약이나 위탁계약으로 프리랜서 계약서를 작성하고 소득세도 근로소득세가 아니라 사업소득세를 원천징수한다.

그러나 프리랜서 계약을 하고 사업소득세를 납부하였어도 실제로는 근로자에 해당하는 경우가 적지 않다. 대법원은 "근로기준법상의 근로자에 해당하는지 여부는 계약의 형식이 고용계약인지 도급계약인지보다 그 실질에 있어 근로자가 사업 또는 사업장에 임금을 목적으로 **종속적인 관계에서 사용자에게 근로를**

제공하였는지 여부에 따라 판단하여야 한다. 비록 학원과 매년 '강의용역제공계약'이라는 이름의 계약서를 작성하고 일반 직원들에게 적용되는 취업규칙 등의 적용을 받지 않았으며 보수에 고정급이 없고 부가가치세법상 사업자등록을 하고 근로소득세가 아닌 사업소득세를 원천징수하고 지역의료보험에 가입하였다고 하더라도 이 강사들의 근로자성을 부정할 수 없다."고 판결하였다(대법 2004다29736, 2006.12.7.). 이후에도 프리랜서로 계약하고 일한 KBS 아나운서, MBC 방송작가, YTN 방송 PD 등도 근로자라고 인정하는 판결이 최근까지 잇따르고 있다.

이런 판결에서 알 수 있듯이 프리랜서와 근로자의 구별 기준은 '사용종속관계'에 있다. 노동법이 적용되는 근로자에 해당하는지 판단하는 요소 중 가장 중요한 것으로 사용종속관계가 있는지를 본다. 사용종속관계가 있다면 프리랜서 계약을 했더라도 근로자로 인정이 되고 노동법의 보호를 받는다.

4대 보험에 근로자로 가입했는지도 중요하나 이는 참고사항에 불과하다. 왜냐면 근로자임에도 불구하고 사업주 또는 근로자가 보험료 절감 등을 위해 가입하지 않았거나 또는 반대로 근로자가 아니어도 실업급여 수령 등 다른 목적으로 가입할 수도 있기 때문이다.

대법원 판례에서 '사용종속관계'가 있는지를 판단하는 기준을 정리하면 다음과 같다.

① 업무 내용을 사용자가 정한다.
② 회사의 취업규칙(복무규정)의 적용과 제재를 받는다.
   (결근, 휴가, 출장 결재 또는 업무보고를 하거나 상여금 지급 대상이나 평가대상이 된다면 사용종속관계가 있다고 볼 가능성이 매우 크다.)
③ 업무수행 중 사용자의 상당한 지휘와 감독을 받는다.
④ 근무시간과 근무장소를 사용자가 지정하고 이에 구속된다.
⑤ 작업에 따른 독립적인 이윤과 손실이 없다.
⑥ 작업의 제3자 대행을 할 수 있는 독립성이 없다.
⑦ 작업도구를 사용자가 제공한다.

결국, 프리랜서 계약을 하였어도 작업 방법, 출근 시간과 근무 시간, 근무 장소를 지정하여 통제하거나 회의 참석과 업무 보고를 강제하고 지각에 대한 경위서를 제출받거나 휴가를 사전에 결재받도록 하는 등 지휘·감독으로 통제한다면 '사용종속관계'가 있는 근로자로 인정이 된다.

▍근로자는 사업이나 사업장에서 일하는 사람이다.

사업이란 어떤 일을 일정한 목적과 계획을 갖고 짜임새 있게 지속적으로 경영하는 것(業)을 말하고 사업장이란 사업이 수행되는 장소를 말한다. 따라서 개인 가정집에서 노무를 제공한 사람은 사업이나 사업장에서 근로한 것이 아니어서 근로자에 해당하지 않는다.

사업이나 사업장이 아닌 개인 가정집에서 일시적으로 도배, 목공, 배관 수리와 같은 노무를 제공하거나 월정 급여를 지급받기로 하고 가정부, 간병인, 개인 비서, 운전기사, 정원 관리사로 일하는 사람들을 노동법에서는 가사 업무에 종사하는 자로 '가사사용인'이라 부른다. '가사사용인'은 노동법의 보호를 받는 근로자에 해당하지 않는다. 다만, 회사(인테리어회사, 가사서비스 제공기관)에 소속되어 개인 가정집에 나와 일하는 사람은 회사 소속으로 사업장과 사용종속관계가 있는 근로자이므로 노동법의 보호를 받는다.

즉, 가정집에서 개인이 고용한 운전기사, 가정부, 수리공 등은 근로자가 아니지만 병원이나 회사에 소속된 운전기사, 가정부, 수리공, 간병인은 근로자이다. 따라서 개인이 고용한 운전기사는 1년 이상 계속 근무해도 퇴직금이나 연차와 같은 노동법상의 권리가 발생하지 않으나 병원이나 회사에 고용된 근로자에게는 발생한다.

가사사용인은 근로기준법상의 근로계약이 아니라 민법상 고용계약을 체결한 것으로 본다. 따라서 가사사용인으로 일을 하고 보수를 받지 못한 때에는 노동청이 아니라 민법과 민사소송법에 따라 법원의 권리구제절차(민사소송)를 통해 청구해야 한다. 이처럼 똑같은 일을 하여도 노무 제공의 형태에 따라 근로자로 노동법의 보호를 받을 수도 못 받을 수도 있다.

근로기준법상 근로자에 해당하는지 여부의 판단 기준

(대법 2004다29736, 2006. 12. 7.)

▶ 근로기준법상의 근로자에 해당하는지 여부는 계약의 형식이 고용계약인지 도급계약인지 보다 그 실질에 있어 근로자가 사업 또는 사업장에 임금을 목적으로 종속적인 관계에서 사용자에게 근로를 제공하였는지 여부에 따라 판단하여야 하고, 여기에서 종속적인 관계 가 있는지 여부는 ① 업무 내용을 사용자가 정하고 ② 취업규칙 또는 복무(인사)규정 등의 적용을 받으며 ③ 업무 수행 과정에서 사용자가 상당한 지휘·감독을 하는지, ④ 사용자가 근무시간과 근무장소를 지정하고 근로자가 이에 구속을 받는지, ⑤ 노무제공자가 스스로 비품·원자재나 작업도구 등을 소유하거나 ⑥ 제3자를 고용하여 업무를 대행케 하는 등 독립하여 자신의 계산으로 사업을 영위할 수 있는지, ⑦ 노무 제공을 통한 이윤의 창출과 손실의 초래 등 위험을 스스로 안고 있는지, ⑧ 보수의 성격이 근로 자체의 대상적 성격인 지, ⑨ 기본급이나 고정급이 정하여졌는지 및 근로소득세의 원천징수 여부 등 보수에 관 한 사항, 근로 제공 관계의 계속성과 사용자에 대한 전속성의 유무와 그 정도, 사회보장제 도에 관한 법령에서 근로자로서 지위를 인정받는지 등의 경제적·사회적 여러 조건을 종 합하여 판단하여야 한다.

- 다만, 기본급이나 고정급이 정하여졌는지, 근로소득세를 원천징수하였는지, 사회보장 제도에 관하여 근로자로 인정받는지 등의 사정은 사용자가 경제적으로 우월한 지위를 이용하여 임의로 정할 여지가 크기 때문에, 그러한 점들이 인정되지 않는다는 것만으 로 근로자성을 쉽게 부정하여서는 안 된다.

- 입시학원 종합반 강사들의 출근시간, 강의시간 및 강의장소의 지정, 사실상 다른 사업 장에 대한 노무 제공 가능성의 제한, 강의 외 부수업무 수행 등에 관한 사정과 그들이 시간당 일정액에 정해진 강의 시간 수를 곱한 금액을 보수로 지급받았을 뿐 수강생 수와 이에 따른 학원의 수입 증감이 보수에 영향을 미치지 아니하였다는 사정 등에

비추어 볼 때 이 강사들은 근로기준법상의 근로자에 해당한다

▶ 근로계약기간이 만료하면서 다시 근로계약을 맺어 그 근로계약기간을 갱신하거나 동일한 조건의 근로계약을 반복하여 체결한 경우에는 갱신 또는 반복된 계약기간을 합산하여 계속 근로 여부와 계속 근로 연수를 판단하여야 하고, 갱신되거나 반복 체결된 근로계약 사이에 일부 공백 기간이 있다 하더라도 그 기간이 전체 근로계약기간에 비하여 길지 아니하고 계절적 요인이나 방학 기간 등 당해 업무의 성격에 기인하거나 대기 기간·재충전을 위한 휴식 기간 등의 사정이 있어 그 기간 중 근로를 제공하지 않거나 임금을 지급하지 않을 상당한 이유가 있다고 인정되는 경우에는 근로관계의 계속성은 그 기간 중에도 유지된다.

- 대학입시학원 종합반 강사들이 짧게는 10년, 길게는 15년 동안 계속하여 강사로 근무하였고, 1994년 전까지는 기간의 정함이 없이 근로를 제공하였으며, 그 후로는 계약의 형식이 '용역계약'으로 바뀌었으나 실제 근무형태는 종전과 달라진 것이 없이 매년 2월에 계약을 갱신하였고, 그와 같이 반복 체결된 계약이 6-7회에 이르며, 사용자가 계약 갱신을 거절한 것도 강사들이 60세에 도달하였다는 사정 때문에 계약 갱신을 거절한 것으로 보일 뿐 달리 근무성적이나 업무 성과 등 근로계약의 갱신에서 고려될 다른 사정 때문에 갱신 거절을 당하였다고 볼 수 없다. 이를 종합하여 보면, 이 강사들이 매년 근로계약을 체결하는 형식을 갖추었더라도 이는 형식에 불과하여 실질적으로 기간의 정함이 없는 근로자의 지위에 있었다고 보이므로 사용자의 근로계약 갱신 거절은 해고에 해당한다.

2. 근로계약

사용자와 근로자는 노무 제공과 임금 지급의 교환을 내용으로 근로계약을 맺고 근로계약서를 작성한다. 근로계약의 당사자는 사용자와 근로자이다. 그런데 근로계약서 작성과 교부의 책임은 사용자에게 있다. 근로기준법은 근로계약을 작성하지 않았거나 교부하지 않은 사용자를 500만 원 이하의 벌금에 처하도록 정하고 있다.

기간제 근로자와 단시간 근로자를 보호하는 「기간제 및 단시간 근로자 보호 등에 관한 법률」에서도 기간제 근로자나 단시간 근로자와 근로계약을 체결하면서 근로조건을 서면으로 명시하지 않은 사용자는 500만 원 이하의 과태료를 부과하도록 하고 있다. 근로계약 미작성 책임을 사용자에게 부과하는 이유는 근로

자 보호를 위해서이다. 근로계약서에 근로조건을 분명하게 명시하지 않아 근로 시간, 임금 등에 다툼이 생기면 근로자가 매우 불리하기 때문이다.

▌ 근로계약은 언제 작성해야 할까?

전자제품을 사거나 자동차를 구매할 때 상품을 먼저 배송받아 사용해보고 나서 계약하는 경우는 없다. 여러 조건을 보고 구매 금액을 정하여 구매 계약을 한 다음에 상품이 배송된다. 사람의 노동력을 고용하는 근로계약을 맺을 때도 당연히 근로자의 근로 시간과 담당업무, 임금액 등의 근로조건은 근로자가 근로하기 이전에 명시되어야 할 것이다. 근로계약서는 일하는 것을 보고 나서 작성하는 것이 아니다. 늦어도 근로자가 출근한 첫날 근무에 들어가기 전까지는 근로계약을 작성해야 한다. 근로계약서를 근무시작 전에 작성해 놓지 않았을 때는 근로자가 3~4일 일하다 말없이 퇴사한 후, 노동청에 근로계약서 미작성으로 신고하면 꼼짝없이 형사처벌 대상이 된다.

실제로 노동청의 근로감독관에게 근로계약 미작성에 대한 진정서나 고소고발장이 많이 접수된다. 이 경우 사업주에게 수백만 원의 과태료를 부과하거나 근로기준법 위반에 대한 '기소' 의견으로 검찰에 송치하여 벌금 부과 등의 형사처벌이 이루어지게 된다.

▌ 근로계약에 위약금을 정할 수 있을까?

직원 채용과 훈련에 시간과 비용이 많이 든다. 샤이닝보너스가 있을 수도 있다. 그래서 회사는 근로계약에 일정 기간을 못 채우고 조기에 퇴사할 때는 일정액의 위약금을 물도록 하는 문구를 넣고 싶어 한다. 과연 위약금을 정하는 근로계약이 가능할까? 예를 들어 계약기간 1년 이내에 중도 퇴사하는 직원의 마지막 달 급여 중 일부는 후임자 구인 비용으로 공제한다거나 인수인계 없이 퇴사할 때는 교육비와 피복비로 50만 원을 공제한다는 내용으로 근로계약이 가능할까?

결론부터 보자면 근로자의 근로계약 불이행에 대한 위약금을 예정하는 계약은 법으로 금지되어 있다. 이를 위반할 시에는 500만 원 이하의 벌금에 처한다. 근로기준법 제20조는 '사용자는 근로계약 불이행에 대한 위약금 또는 손해배상액을 예정하는 계약을 체결하지 못한다.'라고 명시하여 위약 예정 계약을 금지하고 있다. 근로자의 근로계약 불이행으로 얼마 정도 손실이 발생할지 불분명한 상태에서 일정 금액을 위약금으로 정하는 것은 옳지 않다. 또한 이미 발생한 임금을 마음대로 공제하는 것도 임금의 전액 지급원칙(근로기준법 제43조)에 어긋난다. 법에 따라 위약 예정의 근로계약은 무효이므로 실제로 이런 근로계약이 체결되었다 해도 이에 따른 위약금이나 손해배상액을 받을 수 없을 것이다. 다만, 근로자 과실로 인하여 실제 손해가 발생하였을 때는 그에 해당하는 정도의 손해배상 청구는 가능하다.

Q-2 해외파견 연수 후 일정기간 근무약정이 적법한지?

▸ A사를 비롯한 동종업계 13개사는 S공동연구소를 미국내에 만들어 운영비를 분담하는 방식으로 운영함.

- 갑은 A사가 동 조합에 가입하면서 파견근무자로 약 3년간 S연구소에 근무하였고, 갑이 처음 파견갈 때는 파견근무였으나 3개월 만에 회사에서 연수계약으로 바꾸었음. A사의 회사연수 규정에는 연수를 마치고 귀국 후 5년 이내에 퇴사할 경우 경비반환 등 무거운 책임을 규정하고 있음.
- 이 경우에 갑에게 연수 서약서에 서명날인하게 하고 연수자로서의 의무를 부담시키는 것이 「근로기준법」에 위반되는지 여부

A 귀 질의내용만으로는 구체적인 사실관계를 알 수 없어 정확하게 판단하기는 어려우나, 해외파견 연수 후의 일정기간 근무약정에 대해서는 아래와 같이 나누어 볼 수 있음.
① 해외파견연수가 교육·훈련목적으로 이루어진 경우

- 회사에서 소속직원에 대한 교육·훈련비용을 부담, 지출하여 위탁교육을 시키고, 이를 이수한 직원이 교육·훈련을 수료한 날부터 일정한 의무재직기간동안 근무하지 않을 경우에는 기업체가 부담한 해당 교육관련비용의 전부 또는 일부를 상환하도록 하되, 의무기간동안 근무하는 경우에는 이를 면제하기로 하는 약정은 「근로기준법」 제27조[현 「근로기준법」 제20조]에서 금지하고 있는 위약금 또는 손해배상액을 예정하는 계약이라고는 보이지 않음(참고 : 대판 '96.12.20., 95다52222, 52239 학위연수비 반환·부당이득금 반환)
- 이 경우 해외파견연수 후 의무복무토록 한 기간은 「근로기준법」 제21조[현 「근로기준법」 제2조]의 규정에 의한 근로계약기간이 아니라 경비반환 의무의 면제기간을 정한 것으로서, 동 약정은 금전소비대차에 관한 계약으로 볼 수 있으므로 「민법」에 의하여 판단하여야 할 것임.
- 다만, 이 경우에도 동 파견연수기간 중 지급된 경비중에 소위 기준임금이 포함되어

있는 경우에는 동 기준임금은 파견연수비용에는 포함되지 않는 것으로 판단되며, 따라서 이를 상환하여야 할 경비에 포함시키는 것은 효력이 없는 것으로 보임.

② 해외파견연수가 실제 근무를 통한 지식, 정보습득 등의 목적을 갖는 경우

- 회사의 연수규정, 근로계약 및 관련약정 등을 종합적으로 검토하여 판단하여야 할 사항이나, 해외파견연수에 관한 계약의 형식에 불문하고, 동 파견연수가 실제로는 해외에 파견되어 현지에서 근로를 제공하는 것이라면,

- 파견연수기간중 지급된 임금, 기타 집세 등은 원래 근로자가 부담하여야 할 비용을 회사가 우선 부담함으로써 근로자에 대하여 반환청구권을 갖는 금품이라고는 보기 어려우며,

- 이 경우 근로자가 의무복무기간 이전에 퇴직할 경우 회사에서 지급한 임금 등 일체의 경비를 반환하여야 한다고 약정하는 것은 「근로기준법」 제27조 [현 「근로기준법」 제20조]에 의한 위약금 또는 손해배상의 예정에 해당될 수 있다고 판단됨(참고 : 대판 '96.12.6, 95다24944, 24951, 퇴직금 · 교육훈련비 등).

(근기 68207-3229, 2000.10.18.)

Q-3 퇴직 후의 영업비밀 유출에 대한 위약금 예정이 근로기준법 제20조 위반인지?

▶ 주식회사 △△의 속옷 디자이너 K는 신제품 개발을 위해서 전시회 참관 등의 해외출장을 수 차례 다녀온 바가 있음. 그런데 이 회사는 해외출장을 가기 전에 반드시 회사에서 요구하는 서약서(출장일로부터 3년 이내 퇴사 후 경쟁업체 근무 시 제출장 비용의 3배를 배상한다는 내용)의 작성이 필수임. K는 여러 사정상 퇴사하고 쉬던 중 3개월 후 다른 주식회사◎◎에 입사하여 근무함,

- 이에 이전 회사인 주식회사△△는 K가 재직 중 출장가기 전에 매번 작성한 서약서를 문제삼아 퇴사 전 3년간의 출장 총 5건에 대한 총비용의 손해배상을 청구함. 출장 가기 전에 작성한 시약시의 내용이 「근로기준법」 27조[현 「근로기준법」 세20조] 위약예정의 금지조항에 위배되는 것은 아닌지?

A 「근로기준법」 제27조[현 「근로기준법」 제20조]에 의해 사용자는 근로계약 불이행에 대한 위약 금 또는 손해배상액을 예정하는 계약을 체결할 수 없음. 귀 질의 내용이 불분명하나, 근로계약 불이행에 따른 위약금 또는 손해배상액을 예정한 것이 아니라 퇴직 후에 유사업종에 종사함으로써 영업비밀 유출에 대한 위약금 또는 손해배상액을 예정한 것이라면 동법 동조 위반으로 보기는 어렵다고 사료되며, 민사적으로 해결해야 할 것으로 사료됨.

(근기 68207-2217, 2002.6.17.)

3. 근로조건의 명시와 교부

▌근로조건 명시는 법적 의무

근로계약은 구두로 체결한 근로계약도 효력은 있다. 그러나 구두로 체결한 근로조건은 명확하지 않아 분쟁의 소지가 크다. 노동법은 사용자와 근로자의 합의된 근로조건을 명확히 하고 사용자의 부당한 대우로부터 근로자를 보호하기 위해 근로조건 명시를 의무화하였다.

근로기준법 제17조제1항에서 '사용자는 **근로계약을 체결할 때**에 근로자에게 다음 각 호의 사항을 명시하여야 한다. 근로계약 체결 후 다음 각 호의 사항을 **변경하는 경우에도 또한 같다**'로 정하고 있고 기간제 및 단시간 근로자 보호 등에 관한 법률(약칭 기간제법) 제17조에서 '사용자는 기간제근로자(일용직근로자 포함) 또는 단시간 근로자와 근로계약을 체결하는 때에는 다음 각 호의 모든 사항을 서면으로 명시하여야 한다'고 정하고 있다.

근로계약서에 명시해야 하는 근로조건

근로기준법 제17조	기간제법 제17조
1. 임금 2. 소정근로시간 3. 휴일 4. 연차 유급휴가 5. 취업의 장소와 종사하여야 할 업무에 관한 사항	1. 근로계약기간에 관한 사항 2. 근로시간·휴게에 관한 사항 3. 임금의 구성항목·계산방법 및 지불방법에 관한 사항 4. 휴일·휴가에 관한 사항 5. 취업의 장소와 종사하여야 할 업무에 관한 사항 6. 근로일 및 근로일별 근로시간

이를 위반하면 근로기준법은 500만 원 이하의 벌금, 기간제법은 500만 원 이하의 과태료(미명시 근로조건 한 개당 30만 원 내지 50만 원)를 부과한다. 한편 단체협약, 취업규칙 변경으로 인해 일률적으로 근로조건이 변경될 때는 근로기준법 제17조 제2항 단서에 따라 근로자의 요구가 있을 때 교부하면 된다.

노동법을 모르는 사용자는 근로계약서를 처음 작성할 때 막막할 수 있다. 그래서 고용노동부가 제공하는 표준근로계약서 양식을 본서의 부록으로 첨부했다. 표준근로계약서 양식은 고용노동부 홈페이지(정책자료실)에서 한글파일로 내려받을 수 있다. 이 양식은 법에 따라 표시해야 하는 근로조건만을 최소한도로 명시한 것으로 사업주가 원하는 성실근무 관련 조항이나 비밀유지 조항 등을 추가할 수 있다. 근로계약서 작성할 때 주민등록번호와 연락처를 기재해 두면 차후에 세금 신고할 때 편리하다.

▍ 근로계약서 교부의 의무도 있다.

근로계약서를 작성한 것으로 다 끝난 것이 아니다. 근로계약서는 2부를 작성해서 원본 한 부는 근로자에게 주어야 한다. 근로기준법은 근로조건의 서면명시 의무와 함께 교부의 의무도 정하고 있다. 사용자는 근로계약서를 작성했어도 근로자에게 교부하지 않으면 근로기준법 위반으로 처벌 대상이 된다. 근로계약도 계약이니만큼 양 당사자가 계약서를 한 부씩 나누어 보관하는 것이 당연하다.

▍ 근로계약서 보관은 3년

근로계약서는 얼마나 보관하여야 할까? 근로기준법 제42조에 '사용자는 근로자 명부와 근로계약서, 임금대장, 휴가관리 대장 등 근로계약에 관한 중요한 서류를 3년간 보존하여야 한다.'라고 정하고 있으므로 최소한 3년은 보관하여야 한다.

Case-1 입사 2일 만에 힘들다고 퇴사한 알바가 노동청에 신고

근로자 A는 입사 2일 만에 사업주와의 갈등으로 퇴사한 이후에 근로계약서 미작성으로 노동청에 신고함. 사업주는 근로자에게 관련 서류(주민등록등본과 이력서)를 받은 뒤에 근로계약서를 작성하려 했다며 억울함을 호소.
⇒ 결과는 근로기준법 제17조 위반(500만 원 이하 벌금)으로 형사처벌

(고용노동부 소규모 사업장을 위한 7가지 노른자 노동법, 2021년)

Case-2 근로조건 서면 명시 의무 몰랐던 사장님의 뒤늦은 후회

너무 억울해서 잠이 안 오네요. 이곳에 하소연해 봅니다.
며칠 전 노동청에서 출석하라고 연락받았습니다.
2년 전 소개업체 통해서 5시간 하루 일한 알바가 있었는데

근로계약서 미작성했다며 노동청에 신고했다네요.
물론 저는 기억도 안 나는 알바생인데 근로감독관은
소개업체에서 우리 가게에 보내 준 명단을 확보…

그 업체에서 수수료 받아 가면서 계약서 작성해주는 줄로 알았는데
소개만 해 준 거고 근로계약서는 제가 작성해야 한답니다.
근로감독관은 일용직이라 벌금이 아니라 과태료인데 미작성한 근로조건의
항목별 한 개 당 30만 원씩인가 해서 총 200만 원 부과한다고 합니다.
알바는 무슨 맘인지 자기가 다녔던 매장마다 다 신고하고 있다고…
어쩌겠어요. 노동법을 모르는 제가 다 잘못한 건 맞죠.

그래도 제 나름대로는 알바생들에게 잘 대해 준 것 같은데
정말 억울하고 서럽네요.

(인터넷 어느 카페의 게시판에 실제 게시되었던 글)

4. 근로계약 기간

근로계약서 작성 내용 중 근로계약 기간은 근로자의 근무 기간을 약정하는 것이다. 근로계약 기간의 시점은 입사일이 되고 종점은 정규직이면 종료일이 없거나 "기한의 정함이 없는 기간"이라 기재하고 기간제이면 계약기간 종료일이 된다. 예전 근로기준법에는 강제근로 방지를 위해 "근로계약 기간은 1년을 초과하지 못한다"고 하였으나 요즘은 근로계약 기간에 대한 규정은 없다. 그러나 근로자의 근로기간에 따라 사업주 의사와 관계없이 일정한 법적 효과가 발생하고 강제되므로 근로계약 기간에 대해 알아두어야 할 중요한 사항이 있다.

가. 근로기간 1년 이상이면 퇴직금과 연차휴가 15일 발생

근로기간 1년 이상과 1년 미만은 퇴직금과 연차휴가수당에서 차이가 있다. 계속근로기간이 1년 이상이 되면 법에 따라 퇴직금과 연차휴가 15일이 발생한다. 근로기간이 1년 미만이면 퇴직금과 연차휴가 15일은 발생하지 않는다.

근로자퇴직급여 보장법

제4조(퇴직급여제도의 설정) ① 사용자는 퇴직하는 근로자에게 급여를 지급하기 위하여 퇴직급여제도 중 하나 이상의 제도를 설정하여야 한다. 다만, 계속근로기간이 1년 미만인 근로자, 4주간을 평균하여 1주간의 소정근로시간이 15시간 미만인 근로자에 대하여는 그러하지 아니하다.

근로기준법

제60조(연차 유급휴가) ① 사용자는 1년간 80퍼센트 이상 출근한 근로자에게 15일의 유급휴가를 주어야 한다.
② 사용자는 계속하여 근로한 기간이 1년 미만인 근로자 또는 1년간 80퍼센트 미만 출근한 근로자에게 1개월 개근 시 1일의 유급휴가를 주어야 한다

※ 퇴직급여제도는 모든 사업장에 적용, 연차유급휴가는 근로자 5인 이상 사업장에 적용

나. 근로계약 기간이 2년을 초과하면 무기계약 근로자가 된다

근로계약 기간이 2년을 초과하거나 근로계약 갱신을 통해서 계속 근로한 기간이 2년을 초과하면 그때부터는 법에 따라 근로계약 기간의 정함이 없는 근로자로 전환된다. 즉, 사업주의 의사와 관계없이 기간제법 제4조에서 정한 바에 의해서 근로계약 기간(또는 계속근로기간)이 2년을 초과하면 그때부터는 근로계약 기간의 종기가 없는 무기 계약직 근로자(정규직근로자)로 전환된다. 따라서 근로계약서에 근로계약 기간을 정했어도 효력이 없고 근로자는 계속 근로할 수 있는 권리가 생긴다.

만약 사업주가 계속근로기간이 2년이 넘은 근로자를 근로계약 기간 만료를 이유로 퇴사시킨다면 바로 부당해고가 되고 해고의 효력이 발생하지 않는다. 단기간의 근로계약을 반복 체결하여 총 근로계약 기간이 2년을 초과하는 때도 마찬가지이다. 예를 들어 근로계약 기간이 1년인 근로계약을 반복 체결하여 2년 근로한 후 6개월의 근로계약을 다시 체결하였다면 총 근로계약 기간은 2년 6개월이지만 이 경우, 기간제법 제4조에 따라 기간의 정함이 없는 무기 계약직 근로자로 간주되므로 2년 6개월의 근로계약 기간 만료를 이유로 퇴사시킬 수 없다.

다만, 기간제법 제4조에서 정한 적용 제외 사유가 몇 가지 있다. 근로계약 체

결 당시의 근로자 연령이 만 55세 이상이면 적용이 제외된다. 즉, 근로계약 체결 시 만 55세 이상인 근로자는 2년을 초과하는 근로계약을 체결하여도 기간의 정함이 없는 근로자로 전환되지 않는다. 주의할 점은 근로계약 체결 당시에 만 55세 미만인 근로자는 근로계약 기간 중간에 만 55세 이상이 되어도 2년 이상 근로하면 기간의 정함이 없는 근로자로 간주된다. 즉, 만 54세 근로자와 근로계약을 하고 2년을 초과하여 근로하게 되면 만 56세가 넘어도 기간의 정함이 없는 근로자로 전환되는 것이다.

또한 건설공사, 프로그램 제작과 같이 사업의 완료 또는 특정한 업무의 완성에 필요한 기간을 근로계약 기간으로 정한 것이 명백한 때에는 그 기간이 2년을 초과하더라도 기간의 정함이 없는 근로계약으로 간주되지 않는다.

전문적 지식·기술의 활용이 필요하여 박사, 기술사, 건축사, 공인노무사, 회계사, 관세사, 보험계리사, 손해사정사, 감정평가사, 변리사, 변호사, 수의사, 세무사, 약사, 의사, 한의사, 경영지도사, 기술지도사, 항공기관사, 항공사, 조종사(사업용, 운송용) 등 기간제법 시행령 제3조 별표2에서 정한 전문자격을 소지한 사람을 해당 분야에 사용하는 경우에도 적용이 제외되어 2년을 초과하여 사용하더라도 무기계약직으로 전환되지 않는다.

기간제 및 단시간 근로자 보호 등에 관한 법률(약칭 기간제법)

제4조(기간제근로자의 사용) ① 사용자는 2년을 초과하지 아니하는 범위 안에서(기간제근로계약의 반복갱신 등의 경우에는 그 계속근로한 총기간이 2년을 초과하지 아니하는 범위 안에서) 기간제근로자를 사용할 수 있다. 다만, 다음 각 호의 어느 하나에 해당하는 경우에는 2년을 초과하여 기간제근로자로 사용할 수 있다.

1. 사업의 완료 또는 특정한 업무의 완성에 필요한 기간을 정한 경우
2. 휴직·파견 등으로 결원이 발생하여 해당 근로자가 복귀할 때까지 그 업무를 대신할 필요가 있는 경우
3. 근로자가 학업, 직업훈련 등을 이수함에 따라 그 이수에 필요한 기간을 정한 경우
4. 「고령자고용촉진법」 제2조제1호의 고령자(만 55세 이상인 자)와 근로계약을 체결하는 경우
5. 전문적 지식·기술의 활용이 필요한 경우와 정부의 복지정책·실업대책 등에 따라 일자리를 제공하는 경우로서 대통령령으로 정하는 경우

6. 그 밖에 제1호부터 제5호까지에 준하는 합리적인 사유가 있는 경우로서 대통령령으로 정하는 경우

② 사용자가 제1항 단서의 사유가 없거나 소멸되었음에도 불구하고 2년을 초과하여 기간제근로자로 사용하는 경우에는 그 기간제근로자는 기간의 정함이 없는 근로계약을 체결한 근로자로 본다.

* 6. 그밖의 대통령령으로 정하는 경우 등 '기간제근로자 사용기간 제한의 예외'에 대하여는 기간제법 시행령 제3조를 참조

참고 노동법 용어 정리

▸ **정규직 · 비정규직 근로자:** 정규직, 비정규직 근로자는 법정 용어는 아니다. 통상 정규직은 기간의 정함이 없이 고용된 직원을 말하고 비정규직은 기간제 근로자나 단시간 근로자를 말한다.

▸ **무기계약근로자:** 근로계약 기간의 정함이 없는 근로계약을 체결한 근로자. 취업규칙 등으로 정년 규정을 두면 정년까지가 근로계약 기간이 된다.

▸ **기간제 근로자:** 근로계약 기간의 정함이 있는 근로계약을 체결한 근로자. 근로계약 기간이 만료하면 근로계약은 당연히 종료된다(이때는 계약기간 만료로 종료되는 것이므로 해고가 아니다). 단, 근로계약 기간이나 계속근로기간이 2년을 초과하면 무기계약근로자로 간주된다.

▸ **단시간 근로자:** 1주 간의 소정근로시간이 그 사업장에서 같은 종류의 업무에 종사하는 통상 근로자의 1주 간 소정근로시간 보다 짧은 근로자.
단시간 근로자도 연장근로는 임금을 가산 지급하여야 하며 1주에 12시간을 초과한 연장근로는 시킬 수 없다(기간제법 제6조).

▸ **초단시간 근로자:** 4주간을 평균하여 1주간 소정근로시간이 15시간 미만인 근로자. 초단시간 근로자는 ① 퇴직금 ② 주휴일(주휴수당) ③ 연차유급휴가가 적용되지 않는다(근로기준법 제18조, 퇴직급여보장법 제4조).

▸ **일용직근로자:** 일용직근로자의 정의는 개별법마다 달리 하고 있다. 근로기준법은 일용직근로자의 정의 규정을 두고 있지는 않으나 통상적으로 근로계약을 1일 단위로 체결하여 당일 근로가 끝나면 근로계약이 종료되고 계속고용이 보장되지 않는 근로자를 말한다. 그러나 일용직근로자도 근로계약이 반복 갱신되어 계속근로기간이 1년 이상이 되고 초단시간 근로자가 아니라면 퇴직금과 연차휴가가 발생한다. 고용보험법은 1개월 미만 고용되는 자를 일용직근로자(고용보험법 제2조)로, 소득세법은 3월 이상 계속 고용되지 않은 자(소득세법 시행령 제20조 제1항 제3호)로 정의하고 있다.

5. 근로시간

우리나라는 1953년 근로기준법이 처음 제정될 때 주 48시간 근로제였다. 이후 1989년 주 44시간 근로, 2004년 주 40시간 근로제가 도입되고 사업장 규모별로 순차적으로 시행되어 2011년부터는 상시근로자 수 5인 이상인 사업장에는 주 40시간 근로제가 전면 적용되고 있다.

가. 근로시간에는 법정근로시간과 소정근로시간이 있다

근로시간이란 근로자가 사용자(회사)의 지휘감독 아래 근로계약상의 근로를 제공하는 시간을 말한다. 근로시간은 임금계산의 기초요소다. 근로시간을 알아야 임금을 정확하게 계산할 수 있다.

근로기준법은 장시간 근로를 방지하기 위해 근로 시간의 한도를 1일 8시간, 1주 40시간으로 정하였고, 다만, 당사자 간에 합의하면 1주 간에 12시간을 한도로 근로시간을 연장할 수 있다. 즉, 법정근로시간과 연장근로시간을 합쳐서 주 52시간이 근로시간의 최대한도이다.

이 근로시간 규정은 당사자의 의사와 관계없이 강제 적용되는 강행규정이므로 사용자와 근로자가 합의하였어도 주 52시간을 초과하여 근로하면 사용자가 법 위반으로 형사처벌 대상이 된다. 근로시간 위반으로 형사처벌이 되어도 초과근로에 대한 가산수당 등 임금은 지급하여야 한다. 연장근로·야간근로·휴일근로시간에는 각각 임금을 50% 가산해서 지급해야 한다.

상시근로자 수 5인 미만 사업장에는 근로시간 규정이 적용되지 않는다. 그래서 5인 미만 사업장은 주 52시간을 초과하여 근로할 수 있고 주 40시간을 초과하여 근로해도 연장근로 가산수당 지급 의무가 없다. 단, 18세 미만 연소자에 대한 근로시간 규정(제69조)은 5인 미만 사업장에도 적용된다. 따라서 만 18세 미만 연소자는 모든 사업장에서 1주 최대 40시간(법정 35시간 + 연장근로 5시간)까지만 근로할 수 있다.

근로자가 사용자의 지휘 감독에서 벗어나 자유롭게 쓸 수 있는 휴게시간(예: 점심식사 시간)은 근로시간이 아니다. 그러나 사용자의 지휘·감독 아래에 있어 자유롭게 쓸 수 없는 대기시간, 의무적이고 필수적인 작업준비 시간 등은 근로시간에 포함된다.

법정근로시간과 소정근로시간, 연장근로시간

▸ 법정근로시간: 법에서 기준으로 정한 근로시간으로 1일 8시간, 1주 40시간
  (18세 미만 연소근로자의 법정근로시간은 1일 7시간, 1주 35시간)
▸ 소정근로시간: 사용자와 근로자가 <u>법정 근로시간 범위 내에서</u> 근로를 제공하기로 정한 시간
▸ 연장근로시간: <u>법정 근로시간을 초과하여 근로하는 시간</u>. 법정 연장근로시간 한도는 주 12시간.
  (단시간 근로자는 <u>소정근로시간을 초과한 근로시간은 모두 연장근로에 해당</u>하고 법정 연장근로시간 한도는 주12시간)

사용자와 근로자가 1일 10시간을 근로하기로 약정한 경우

⇒ <u>소정근로시간은 1일 8시간이고 2시간은 연장근로시간</u>
▸ 공사 현장에서 1일 10시간 근무 일용직의 일당이 11만 원이다. 이 근로자의 시급은?
  ⇒ 110,000원 ÷ [8시간 + (2시간 × 1.5 <연장근로는 50% 가산>)] = 10,000원

나. 교육, 출장 등 다양한 형태의 근로시간

"근로"란 정신노동과 육체노동을 말하는데(근로기준법 제2조) 근로에는 교육, 출장, 워크숍, 접대 등 다양한 형태가 있다. 이런 다양한 형태의 근로는 근로시간으로 인정되는지에 대해 다툼이 있곤 한다. 원칙적으로 사용자의 지시·명령에 의해 근로가 이루어지고 근로자가 그러한 지시·명령을 거부할 수 없다면 근로시간에 해당한다고 본다.

▌ 휴게시간, 대기시간 판단 사례

1) 휴게시간이란 휴게시간, 대기시간 등 명칭 여하에 불구하고 근로자가 사용자의 지휘·감독에서 벗어나 자유로이 사용할 수 있는 시간을 말하므로, 현실적으로 작업은 하고 있지 않지만, 단시간 내에 근무에 임할 것을 근로자가 예상하면서 사용자로부터 언제 취로 요구가 있을지 불명한 상태에서 기다리고 있는 시간, 이른바 **대기시간은 사용자로부터 취로하지 않을 것을 보장받고 있지 못하기 때문에 휴게시간으로 볼 수 없고 근로시간으로 보아야 한다**(법무 811-28682, 1980.5.15).

2) 휴게시간은 근로시간이 4시간이면 30분 이상을 근로시간 중에 근로자가 자유로이 이용할 수 있어야 하므로 작업의 진행 상황에 따라 근로자가 미리 작업 개시 전에 휴게시간을 명백히 구분할 수 있는 상황에 있고 그 시간 중에 사용자의 지휘·감독을 벗어나 자유로이 사용할 수 있다면 휴게시간으로 보아야 할 것이나 사용자로부터 언제 **취로 요구가 있을지 불명한 상태에서 대기하는 시간은 휴게시간으로 볼 수 없고 근로시간으로 보아야 한다**(근기 01254-12495, 1987.8.5).

3) 고시원 사업주가 고시원 총무들에게 휴게시간으로 사용할 수 있는 구체적 시간을 미리 정해 주지 않았고 방문 고객이 찾아오는 것은 정해진 시간이 있지 아니하므로 고시원을 벗어나지 않고 자리를 지키고 있어야 하는 점과 고시원 사업주가 특별한 시간의 제약이 없이 그때그때 필요한 업무지시를 하고, 고시원 총무들이 돌발적인 업무지시를 이행한 점 등을 감안하면, **특별한 업무가 없어 휴식을 취하거나 공부하는 등으로 시간을 보냈다**

고 해도, 그 시간은 사용자의 지휘명령으로부터 완전히 해방되고 자유로운 이용이 보장되는 휴게시간이 아니라 근로를 위한 대기시간에 해당한다(서울중앙지법 2017노922, 2017.6.23).

4) 야간 휴게시간에 근무초소(경비실) 내의 의자에 앉아 가면 상태를 취하면서 급한 일이 발생할 시 즉각 반응하도록 지시한 점, 야간 휴게시간에 근무초소(경비실) 내의 조명을 켜 놓도록 한 점, 야간 휴게시간에 업무지시로 시행된 순찰업무는 경비원마다 매번 정해진 시간에 이루어지지 않았고, 이로 인하여 나머지 휴게시간의 자유로운 이용이 방해된 것으로 보이는 점 등을 종합하여 보면, **아파트경비원들의 야간 휴게시간은 자유로운 이용이 보장되는 휴식·수면시간으로 보기 어렵고, 혹시 발생할 수 있는 긴급 상황에 대비하는 대기시간으로 본다**(대법 2016다243078, 2017.12.13.).

5) 근로시간이라 함은 근로자가 사용자의 지휘·감독하에 근로계약상의 근로를 제공하는 시간을 말하는 것인바, 실제 근로에 부수되는 작업시간(버스 운전 근로자가 차량 운행 이외 버스 요금통의 반납과 재설치에 소요되는 시간)이 근로시간에 해당하는지는 사실관계에 따라 판단하는 것이 원칙이다. 다만 버스 요금통의 반납과 재설치에 관한 사항이 사용자의 지휘·명령 하에 행해지고 있다면 이에 소요되는 시간은 근로시간으로 보는 것이 타당하다(근기 68207-875, 1996.7.1).

6) 근로기준법상 '연장근로'라 함은 같은 법 제50조의 규정에 의한 법정근로시간(1일 8시간, 1주 40시간)을 초과하는 시간을 말하며 '근로시간'은 휴게시간을 제외한 실근로시간을 의미하므로, 취업규칙 등에 단순히 휴게시간을 근로시간으로 인정한다고 규정한 것만으로 같은 법 제56조에 의한 연장근로수당 산정기초가 되는 기준근로시간에 휴게시간이 포함된다고 할 수는 없다(근로개선정책과-2215, 2013.04.09.).

▎ 교육시간 판단 사례

1) 사용자가 의무적으로 실시하게 되어 있는 각종 교육이나 **참여가 의무화되어 있는 교육 시간은 근로시간으로 인정된다.** 그러나, 근로자 개인의 법정 의무 이행에 따른 교육 또는 이수가 권고되는 수준의 교육을 받는 시

간은 근로시간으로 보기 어렵다. 운전면허증 소지자가 소양교육을 받아야 하는 것과 같이 **개인적인 사유로 인한 교육은 근로시간에 포함되지 않는다.**

2) 사용자가 근로시간 중에 작업안전, 작업능률 등 생산성 향상, 즉 **업무와 관련하여 실시하는 직무교육과 근로시간 종료 후 또는 휴일에 근로자에게 의무적으로 소집하여 실시하는 교육은 근로시간에 포함된다**(근기 01254-14835, 1988.9.29).

3) 근로시간은 근로자가 사용자의 지휘·감독하에 근로계약상의 근로를 제공하는 시간을 말함. 귀 질의 상 교육의 경우 방문 건강관리사업에 종사하는 전문인력은 반드시 이수하게 되어 있는 점, **교육 참석이 사용자의 지시·명령에 따라 이루어진 점 등을 고려할 때, 동 교육시간은 근로시간에 포함된다**(근로개선정책과-2570, 2012.5.9).

4) 직원들에게 교육 이수 의무가 없고, **사용자가 교육 불참을 이유로 근로자에게 어떠한 불이익도 주지 않는다면 이를 근로시간으로 볼 수는 없을 것**임. 아울러, 사용자가 동 교육에 근로자의 참석을 독려하는 차원에서 교육수당을 지급하였다고 하여 근로시간으로 인정되는 것은 아니다(근로개선정책과-798, 2013.1.25).

5) 사립학교 교직원이 방학 기간에 출근하지 아니하는 자택 연수가 근로시간에 해당하는지는 일률적으로 판단하기 곤란하나 출근하지 아니하는 동 기간의 연수내용, 과정 또는 결과에 대하여 사용자에게 구속됨이 없이 자유롭게 활용하는 것이라면 임금 지급 여부와 관계없이 이는 근로시간으로 보기 어렵다(근기 10831-2104, 1993.10.5).

▎조기출근시간 판단 사례

시업시간과 종업시간은 소정근로시간의 길이와 위치를 명확히 하기 위한 것으로 사업장이나 업종에 따라 그 시업시각은 다르므로 근로기준법 제94조(취업규칙의 작성신고)에서 사업주가 정하여 시행하도록 규정하고 있는바, 근로시간 측정에 있어서 시업시간은 사업주가 시업시간으로 정하여 시행하는 시각부터가 근로시간이 되는 것이다.

다만, 시업시간 이전에 조기 출근토록 하여 시업에 지장이 없도록 하는 것을 근로시간으로 인정하여 임금이 지급되어야 할 것인가 여부는 **조기출근을 하지 않을 경우 임금을 감액하거나 복무 위반으로 제재를 가하는 권리의무관계라면 근로시간에 해당될 것**이나 그렇지 않다면 근로시간에 해당되지 않는다고 본다 (근기 01254-13305, 1988.8.29).

▐ 접대시간 판단 사례

업무 수행과 관련이 있는 제3자를 소정근로시간 외에 접대하는 때에는 사용자의 지시 또는 최소한의 승인이 있는 경우에 한하여 근로시간으로 인정이 가능하다. 휴일 골프의 라운딩 대상자들, 라운딩 장소, 시간 등을 회사가 아닌 자신 등이 임의로 선정한 점, 또한 휴일 골프를 출장 복무서 같은 형식으로 보고하지 않은 점, 휴일 골프 참여 당시 지위가 부서장으로서 자신의 직무를 원활히 수행하고 좋은 대내외의 평가 등을 위하여도 자발적으로 이에 참여할 동기가 있었던 것으로 보이는 점 등을 보면, 이 휴일 골프는 사용자의 구체적인 지휘·감독하에 이루어진 것으로 볼 수 없고 결국 근로기준법상 근로시간에 해당한다고 단정할 수 없다(서울중앙지법 2017가단5217727, 2018.4.4).

▐ 워크숍·세미나 판단

사용자의 지휘·감독 아래에서 효과적인 업무 수행 등을 위한 논의 목적의 워크숍·세미나 시간은 근로시간으로 인정이 가능하나 단순히 직원 간의 단합 차원에서 이루어지는 워크숍 등은 근로시간으로 볼 수 없다.

▐ 회식

회식은 근로자의 기본적인 노무 제공과는 관련 없이 사업장 내 구성원의 사기 진작, 조직의 결속 및 친목 등을 강화하기 위한 차원임을 고려할 때, 근로시간으로 보기 어렵다. 따라서 사용자가 참석을 강제하는 언행을 하였다고 하더라도 그러한 요소만으로는 회식을 근로계약상의 노무 제공의 일환으로 보기 어렵다.

▐ 일·숙직 근로

일반적으로 일·숙직 근로란 일과 후에 업무를 종료하고 정기적 순찰, 전화와

문서의 수수, 기타 비상사태 발생 등에 대비하여 시설 내에서 대기하거나 전화 착신하여 자택에서 대기하는 경우로서 이러한 업무는 원래 근로계약에 부수되는 의무로 이행되어야 하는 것이어서 정상근무에 준하는 임금을 지급할 필요는 없으며 연장·야간·휴일근로수당 등이 지급되어야 하는 것은 아니다.

다만, 일·숙직 시간 중에 수행하는 업무의 노동 강도가 본래의 업무와 유사하거나 상당히 높은 유사 일·숙직 근로에 대하여는 통상의 근로에 준하여 근로기준법 제55조 소정의 가산임금을 지급하여야 할 것이다(임금근로시간정책팀-2974, 2006.10.10.).

다. 주 40시간(주5일) 근무제의 휴일과 휴무일

근로기준법의 주 40시간 근무제는 사업장에서 1일 8시간(09시~18시 근무, 점심 1시간), 주5일 근무의 형태(8시간 × 5일 = 40시간)로 시행된다. 그러나 주6일 근무 형태도 노동법상 가능하다(7시간 × 5일 + 5시간 × 1일 = 40시간). 주5일 근무 또는 주6일 근무는 주 40시간 근무시간 범위 내에서 사용자가 정할 수 있다. 또한 근무일도 주5일 또는 주6일 범위 내에서는 월요일부터 금요일까지로 정하거나 수요일부터 일요일까지로 정할 수도 있다.

통상적으로 주5일 근무제에서 토요일과 일요일은 근로하지 않는다. 이때 토요일과 일요일은 쉬는 날이라는 점은 같지만, 그 법적 성격이 다르다. 토요일을 휴일로 한다는 별도의 정함(취업규칙 등)이 없다면, 일요일은 휴일, 토요일은 휴무일이 된다. 휴일과 휴무일은 휴일근로 가산수당 적용 여부가 다르다. 휴일은 근로의무가 원래 없는 날(법에 정한 1주 1일의 유급휴일), 휴무일은 소정근로일로 정할 수도 있지만 정하지 않아 근로의무가 면제된 날이다. 휴일근로는 휴일근로 가산수당이 적용되지만, 휴무일 근로는 휴일근로 가산 수당이 적용되지 않는다. 휴무일은 휴일이 아니어서 휴일근로 가산 수당이 없는 것이다. 다만, 휴무일에 근로할 때, 1일 8시간을 초과하여 근로하거나 주 40시간을 초과하여 근로하게 되면 초과한 근로시간은 연장근로 가산수당이 적용이 된다.

사용자는 근로기준법(제55조)에 따라 주 1회 유급으로 휴일(주휴일)을 부여하면 된다. 유급 주휴일은 일요일이나 화요일 또는 토요일로 정하는 것도 가능하다. 주 1회(1일)만 부여하면 되는 것이다. 특별한 사정이 없으면 일요일이 유급휴일(주휴일)이 된다. 단체협약이나 취업규칙으로 일요일에 더하여 토요일도 유급휴일로 정할 수 있다. 이때 토요일은 약정휴일, 일요일은 법정휴일로 2일이 유급휴일이 되므로 월급제 근로자의 통상임금 산정기준 근로시간 수가 달라진다. 이 경우 시급 통상임금이 변하는 것을 유의해야 한다.

▸ 일요일이 유급휴일일 때 월 통상임금 산정기준 근로시간 수
  (40<근로시간> + 8<주휴일 유급시간>) × (365 ÷ 7 ÷ 12) ≒ 209시간
▸ 토, 일요일이 유급휴일일 때 월 통상임금 산정기준 근로시간 수
  - 토요일을 4시간 유급휴일로 부여할 때
    (40<근로시간> + 8 + 4<토요일 유급시간>) × (365 ÷ 7 ÷ 12) ≒ 226시간
  - 토요일을 8시간 유급휴일로 부여할 때
    (40<근로시간> + 8 + 8<토요일 유급시간>) × (365 ÷ 7 ÷ 12) ≒ 243시간
▸ 통상임금 산정 근로시간 수에 따른 시급 통상임금(월급여 300만 원 가정)
  - 월 209시간: 3,000,000원 ÷ 209 ≒ 14,354원
  - 월 226시간: 3,000,000원 ÷ 226 ≒ 13,274원
  - 월 243시간: 3,000,000원 ÷ 243 ≒ 12,346원

주 40시간 근로제 또는 주 35시간 근로제 도입 등으로 통상임금 산정기준 근로시간 수가 달라지면 연장근로 가산수당 등의 지급액도 변한다. 이에 맞추어 적정한 지급기준을 정비하지 않으면 연장·야간·휴일근로 가산수당 등의 임금 지급에 착오가 생길 수 있다.

유급휴일은 근로하지 않아도 유급이 보장되는 반면 휴무일은 근로의무가 면제될 뿐 유급이 아니다. 또한 토요일을 무급휴일로 정할 때와 휴무일로 정할 때의 법적 효과가 다르다. 무급휴일과 휴무일은 무급인 점은 같지만, 무급휴일은 휴일이므로 무급휴일에 근로한 시간은 휴일근로수당이 가산되는 데 반해, 휴무일에 근로한 시간은 휴일근로가 아니어서 휴일근로수당으로 가산되지 않는다. 다만, 토요일 휴무일에 근무하여 주 40시간을 초과하였다면 초과 근로시간에 대해서는 연장근로수당을 가산 지급하여야 한다. 이처럼 토요일을 유급휴일 또는 무급휴일이나 휴무일로 정함에 따라 토요일 근무 시 임금 지급이나 월 통상임금 산정기준 시간 수가 달라진다.

라. 연장근로, 휴일근로, 야간근로와 가산수당

상시근로자 수 5인 이상 사업장은 1일 8시간 또는 1주 40시간을 초과하는 연장근로 및 야간·휴일근로에 대해 50%(1일 8시간을 초과한 휴일근로시간은 100%)를 가산한 임금을 지급해야 한다. 그러나, 단시간 근로자에 대해서는 소정근로시간(법정근로시간의 범위에서 근로자와 사용자가 정한 근로시간)을 초과하는 근로시간에 대해 50% 가산임금을 지급해야 한다. 단시간 근로자는 1일 8시간, 1주 40시간을 초과하지 않아도 노사간 약정한 소정근로시간을 초과하는 근로시간에 대해 50% 가산하는 것이 통상근로자와 다른 점이다. 예를 들어 1일 5시간 1주 25시간을 근무하기로 한 단시간 근무자가 1일 7시간 또는 1주 27시간을 근무하였다면 초과근로한 2시간에 대해 50%를 가산한 임금을 지급해야 한다.

연장근로: 1일 8시간 또는 1주 40시간을 초과하여 근로한 시간
- 연소자(18세 미만)는 1일 7시간 또는 1주 35시간을 초과한 근로시간
- 단시간 근로자는 소정근로시간을 초과하여 근로한 시간

야간근로: 밤 10시부터 새벽 6시까지의 시간에 근로한 시간
- 야간근로수당은 연장근로수당, 휴일근로수당과 중복하여 가산 지급

휴일근로: 법정휴일(주휴일, 근로자의 날, 공휴일 등) 또는 약정휴일(창립기념일 등)에 근로한 시간

· **연장근로 또는 야간근로:** 통상임금의 50% 이상 가산
· **휴일근로:** 8시간 이내의 휴일근로는 통상임금의 50% 이상 가산,
　　　　　　 8시간을 초과한 휴일근로는 통상임금의 100% 이상 가산

근로기준법

제53조(연장 근로의 제한) ① 당사자 간에 합의하면 1주 간에 12시간을 한도로 제50조의 근로시간을 연장할 수 있다.

제56조(연장·야간 및 휴일 근로) ① 사용자는 연장근로(제53조·제59조 및 제69조 단서에 따라 연장된 시간의 근로를 말한다)에 대하여는 통상임금의 100분의 50 이상을 가산하여 근로자에게 지급하여야 한다.

② 제1항에도 불구하고 사용자는 휴일근로에 대하여는 다음 각 호의 기준에 따른 금액 이상을 가산하여 근로자에게 지급하여야 한다.

1. 8시간 이내의 휴일근로: 통상임금의 100분의 50
2. 8시간을 초과한 휴일근로: 통상임금의 100분의 100
③ 사용자는 야간근로(오후 10시부터 다음 날 오전 6시 사이의 근로를 말한다)에 대하여는 통상임금의 100분의 50 이상을 가산하여 근로자에게 지급하여야 한다.

기간제 및 단시간 근로자 보호 등에 관한 법률

제6조(단시간 근로자의 초과근로 제한) ① 사용자는 단시간 근로자에 대하여 「근로기준법」 제2조의 소정근로시간을 초과하여 근로하게 하는 경우에는 해당 근로자의 동의를 얻어야 한다. 이 경우 1주간에 12시간을 초과하여 근로하게 할 수 없다.
② 단시간 근로자는 사용자가 제1항의 규정에 따른 동의를 얻지 아니하고 초과근로를 하게 하는 경우에는 이를 거부할 수 있다.
③ 사용자는 제1항에 따른 초과근로에 대하여 통상임금의 100분의 50 이상을 가산하여 지급하여야 한다.

▌ 주5일(40시간) 근로제의 초과근로(상시근로자 수 5인 이상 사업장)

❖ 예시-1일 8시간, 주5일 근로제의 초과근로 사례(토요일 휴무일, 일요일 주휴일)

근로 시간	월	화	수	목	금	토 (휴무일)	일 (휴일)	주간 총근로	임금 지급
사례 A	8h	8h	8h	10h	8h	-	-	42h	43h
1일 초과근로	-	-	-	2h	-	-	-		
사례 B	8h	8h	8h	10h	6h	-	-	40h	41h
1일 초과근로	-	-	-	2h	-	-	-		
사례 C	8h	8h	8h	8h	4h	4h	-	40h	40h
1일 초과근로	-	-	-	-	-	-	-		
사례 D	8h	8h	8h	8h	4h	-	4h	40h	42h
1일 초과근로	-	-	-	-	-	-	-		
사례 E	8h	8h	10h	10h	8h	10h	-	54h	61h
1일 초과근로	-	-	2h	2h	-	2h	-		
사례 F	8h	8h	10h	10h	8h	-	10h	54h	62h
1일 초과근로	-	-	2h	2h	-	-	2h		

* 임금지급: 초과근로에 대해 50%(1일 8시간을 초과하는 휴일근로는 100%) 가산하여 산정

- 사례(A): 목요일에 1일 10시간 근무, 연장근로는 2시간
- 사례(B): 목요일에 10시간 근무, 금요일에 6시간 근무
  - 1주 총근로시간은 40시간이지만 목요일에 1일 8시간 초과한 연장근로가 2시간
- 사례(C): 금요일 조퇴로 4시간 근무, 토요일에 출근 4시간 근무
  - 토요일은 휴무일로 휴일근로에 해당하지 않는다. 1주 총근로시간이 40시간이고 1일 8시간을 초과 근무한 날도 없으므로 연장근로는 없다. 금요일 조퇴로 삭감되는 임금 4시간분과 토요일 근무로 추가된 4시간분은 상계된다.
- 사례(D): 금요일 조퇴로 4시간 근무, 일요일에 출근 4시간 근무
  - 일요일 4시간 근무는 휴일근로이므로 50%(2시간 = 4시간 × 0.5) 가산되어 6시간분 임금을 지급해야 한다. 1주 총 근로시간이 40시간이고 1일 8시간을 초과 근무한 날도 없어 연장근로는 없으나 휴일근로 가산 2시간분이 더 지급되어야 하므로 총 42시간분의 임금을 지급하여야 한다.
- 사례(E): 수, 목요일에 각각 2시간 연장근로, 토요일 10시간 근무
  - 1주간 40시간을 초과하여 근로한 연장근로는 14시간이다. 법정 연장근로 한도가 1주 12시간이므로 법 위반이다. 법 위반이어도 연장근로수당은 지급하여야 하며 연장근로 14시간에 대해 50% 가산된 21시간분(14시간 + (14 × 0.5)시간)의 연장근로수당을 지급해야 한다(1일 초과근로한 시간 합계 6시간은 주간 초과근로한 시간 14시간에 포함되므로 중복 지급하지 않는다).
- 사례(F): 수, 목요일에 각각 2시간 연장근로, 일요일 10시간 근무
  - 1주간 40시간을 초과하여 근로한 시간은 14시간으로 법정 연장근로 한도 12시간을 초과하여 법 위반이다. 휴일근로는 8시간까지는 50% 가산, 8시간 초과는 100% 가산되므로 일요일 근로 10시간에 대한 휴일근로수당은 16시간분(8시간 × 1.5 + 2시간 × 2.0)이고 여기에 수, 목요일 연장근로 4시간에 대해 연장근로수당 6시간분의 임금이 지급되어야 한다.
- 초과근로에 대한 연장근로수당과 휴일근로수당

구분		사례 A	사례 D	사례 E	사례 F
초과 근로 시간	연장근로시간	2h	-	14h	4h
	휴일근로시간	-	4h	-	10h
	합계	2h	4h	14h	14h
초과 근로 수당	연장근로수당	2 × 1.5	-	14 × 1.5	4 × 1.5
	휴일근로수당	-	4 × 1.5	-	8 × 1.5 + 2 × 2.0
	합계	3h	6h	21h	22h
임금 지급 시간		43h	42h	61h	62h

사례(E)의 토요일 초과근로를 11시부터 23시까지(휴게시간 13~14, 19~20, 2시간 가정) 근무하였다면, 또는 사례(F)의 일요일 초과근로를 12시부터 24시까지(휴게시간 13~14, 19~20, 2시간 가정) 근무하였다면 야간근로 가산수당은 각각 어떻게 될까?

야간근로 가산수당은 야간(저녁 10시부터 다음 날 새벽 6시까지)에 근로하였을 때 50% 가산되는 수당으로 연장근로 가산수당이나 휴일근로 가산수당과 중복하여 가산된다. 11시부터 23시까지 근무한다면 22시부터 23시까지는 야간근로이므로 야간근로 1시간에 대해 50% 가산하여 임금을 지급해야 한다. 마찬가지로 12시부터 24시까지 근무할 때는 22시부터 24시까지 2시간이 야간근로이므로 야간근로 2시간에 대한 임금을 50% 가산하여 지급해야 한다.

다만, 상시근로자 수 5인 미만 사업장에는 연장·야간·휴일근로 50% 가산 규정이 적용되지 않으므로 50% 가산 없이 추가 근무시간에 해당하는 임금만 더 지급하면 된다.

Case-3 주휴일(일요일)에 10시간 근무하면 얼마를 받게 될까?

▸ 상시근로자 수 5인 이상 사업장에서 시급 1만 원인 근로자가 주휴일(일요일)에 휴게시간을 제외하고 10시간 근무했을 때 얼마를 받게 될까?
  - 휴일근로수당은 8시간까지는 50%, 8시간 초과는 100% 가산되므로 16만 원이 지급된다.
  • 8시간 × 1.5 × 1만 원 = 12만 원
  • 2시간 × 2.0 × 1만 원 = 4만 원

Case-4 시급 1만 원인 일용직 근로자가 18시부터 다음날 10시까지 근무하면 일당은 얼마를 받아야 할까? (5인 이상 사업장, 휴게시간은 2시간 20~21시, 06~07시)

▸ 18시부터 다음날 10시까지 총 14시간 근무(휴게시간 2시간 제외)
  - 총 근로시간 14시간
  - 연장근로는 8시간을 초과한 6시간(6 = 14시간 - 8시간)
    연장근로에 대한 가산수당: 6시간 × 0.5 = 3시간
  - 야간근로는 22시부터 06시까지 8시간
    야간근로에 대한 가산수당: 8시간 × 0.5 = 4시간
  ⟹ 일당은 (14시간 + 3시간 + 4시간) × 1만 원 = 21만 원

Case-5 시급 1만 원인 일용직 근로자가 18시부터 다음날 09시까지 근무하면 일당은 얼마를 받아야 할까? (5인 이상 사업장, 휴게시간은 4시간 20~22시, 04~06시)

▸ 18시부터 다음날 09시까지 총 11시간 근무(휴게시간 4시간 제외)

- 총 근로시간 11시간
- 연장근로는 8시간을 초과한 3시간(3 = 11시간 - 8시간)
  연장근로에 대한 가산수당: 3시간 × 0.5 = 1.5시간
- 야간근로는 22시부터 06시까지 6시간(휴게시간 2시간 제외)
  야간근로에 대한 가산수당: 6시간 × 0.5 = 3시간
⟹ 일당은 (11시간 + 1.5시간 + 3시간) × 1만 원 = 15.5만 원

Case-6 주 40시간 근무 사업장에서 1주 소정근로시간이 30시간인 단시간 근로자는 1주간 15시간의 연장근로가 가능한가?

▶ 기간제 및 단시간 근로자 보호 등에 관한 법률 제6조(단시간 근로자의 초과근로 제한)에 따라 단시간 근로자는 소정근로시간 이외에 연장근로는 1주 12시간을 초과할 수 없다. 단시간 근로자는 노사 간 약정한 소정근로시간을 초과할 때는 주 40시간 이내라 해도 연장근로에 해당하여 50% 가산 연장근로수당을 지급해야 하고, 이러한 연장근로가 주 12시간을 초과하면 연장근로 한도 초과로 법 위반이 된다.
즉, 소정근로시간이 30시간인 단시간 근로자의 1주 연장근로는 12시간이 한도이고 30시간을 초과하여 근로한 시간에는 연장근로가산수당을 지급해야 한다.
* "단시간 근로자"란 1주 동안의 소정근로시간이 그 사업장에서 같은 종류의 업무에 종사하는 통상 근로자의 1주 동안의 소정근로시간에 비하여 짧은 근로자를 말한다.

Case-7 주 40시간 근로자가 추석 연휴에 매일 출근해서 연휴 3일간 총 24시간 근무했다. 연장근로는 1주 12시간이 한도인데 법(연장근로 한도) 위반 아닌가?

구분	근무일	추석연휴			근무일	휴무일	휴일
요일	월	화	수	목	금	토	일
근무	8	8	8	8	8	-	-

* 설, 추석 연휴는 근로기준법 제55조, 같은 법 시행령 제30조에 따라 유급휴일임

▶ 연장근로란 실근로시간을 기준으로 법정근로시간(1일 8시간, 1주 40시간)을 초과하는 근로시간을 말한다. 주중 휴일근로를 하더라도 그 시간이 법정근로시간(1일 8시간, 1주 40시간)을 넘지 않는다면 연장근로에 해당하지 않는다.
위와 같이 휴일인 화, 수, 목 근무는 법정근로시간(1일 8시간, 1주 40시간) 내의 근로로 연장근로에 해당하지 않는다. 그러나 휴일근로에 해당하므로 [유급휴일 100%<3일 × 8시간 = 24시간> + 실근로 제공 100%<3일 × 8시간 = 24시간> + 휴일근로 가산임금 50%<3일 × 8시간 × 50% = 12시간> = 60시간분 임금]을 지급해야 한다.
월급제 근로자라면 유급휴일 100%<24시간분>는 월급여에 이미 포함되어 있으므로 실

근로 제공 100%<8시간 × 3일 = 24시간분>와 휴일근로 가산임금 50%<12시간분>를 합한 36시간분 임금을 추가지급하면 된다.

Case-8 상시근로자 5인 이상 사업장에서 통상 근로자가 1일 8시간, 주4일 32시간 근무한다. 소정근로시간(1주 32시간) 외에 14시간(1일 2시간 × 4일 + 토요일 6시간, 토요일은 휴무일)을 더 근무하면 연장근로 한도(1주 12시간) 위반인가?

▸ 1주 소정근로시간(32시간)을 초과하여 근로한 시간은 14시간이지만 14시간 중 법정근로시간(1일 8시간, 1주 40시간)을 초과하는 것은 8시간(1일 8시간을 초과한 연장근로는 8시간, 1주 40시간 초과는 6시간)이므로 연장근로 한도(12시간) 위반은 아니다.

▌ 연소자와 임산부의 연장근로시간 제한

근로기준법은 연소자와 임산부의 장시간 근로를 억제하기 위해 연장근로시간을 제한하고 있다. 18세 미만 연소자의 근로시간은 1일 7시간, 1주일 35시간을 초과하지 못하며 연장근로도 1일 1시간, 1주 5시간 한도로 연장근로할 수 있다. 임신한 여성 근로자의 연장근로는 금지되며 산후 1년 미만인 여성 근로자는 1일 2시간, 1주 6시간, 1년 150시간을 한도로 연장근로할 수 있다.

근로자별 법정근로시간 및 연장·야간·휴일근로

구분		법정 근로시간	연장근로	야간·휴일근로
성인 (18세 이상)	남성	1일 8시간 1주 40시간	당사자 합의로 1주 12시간	별도 규정 없음(동의)
	여성			근로자 동의
연소자 (18세 미만)		1일 7시간 1주 35시간	당사자 합의로 1일 1시간 1주 5시간	원칙적 금지 단, 근로자 동의와 고용부 인가시 가능
임산부	임부	1일 8시간 1주 40시간	절대 금지	원칙적 금지 단, 근로자의 명시적 청구와 고용부 인가시 가능
	산후 1년 미만		당사자 합의로 1일 2시간 1주 6시간 1년 150시간 한도	원칙적 금지 단, 근로자 동의와 고용부 인가시 가능

* 임부는 탄력근로제 적용제외, 연소자는 탄력근로제와 선택적근로제 적용제외

6. 휴일, 휴가, 휴게시간

휴일과 휴가는 근로를 제공하지 않는 날이라는 점은 같다. 그러나 휴일은 원래부터 근로제공 의무가 없는 날(그래서 휴일근로는 휴일근로 가산수당 발생), 휴가는 원래 근로제공 의무가 있는 날(소정근로일)이지만 근로의무가 면제되는 날인 점에 차이가 있다. 노동법에서 정한 법정휴일은 3가지(주휴일, 공휴일, 근로자의 날)인데 모두 유급휴일(근로기준법 제55조 및 같은 법 시행령 제30조)이다.

휴가는 연차휴가, 출산전후휴가, 생리휴가 등이 있다. 연차휴가는 유급, 생리휴가는 무급이다. 휴게시간은 근로기준법 제54조에 따라 근로시간이 4시간인 경우에는 30분 이상, 8시간인 경우에는 1시간 이상의 휴게시간을 근로시간 도중에 주어야 한다. 근로시간 4시간 미만은 휴게시간 부여 의무가 없다. 휴게시간과 대기시간은 다르다. 대기시간은 근로시간이다. 근로자가 자유롭게 이용할 수 있어야 휴게시간이다. 휴게시간은 근로 제공이 없으므로 무급이 원칙이다. 통상적으로 09~18시까지 근무하는 때에는 점심시간 1시간이 휴게시간이다.

가. 휴일

휴일은 법정휴일과 약정휴일이 있다. **법정휴일은 주휴일, 근로자의 날, 공휴일, 대체공휴일이 있다. 법에서 정한 법정휴일은 모두 유급이다.** 약정휴일은 취업규칙이나 단체협약 등으로 노사간에 정한 휴일(회사 창립일, 노조창립일, 하계특별휴가, 경조사 휴가 등)을 말한다. 약정휴일은 유급 또는 무급으로 정할 수 있다. 단, 약정휴일도 휴일이므로 약정휴일에 근로하면 휴일근로가산수당이 지급되어야 한다.

1) 주휴일과 주휴수당

근로기준법 제55조에 따라 1주일간 소정근로일을 개근한 근로자에게는 주 1일의 유급휴일을 주어야 한다. 이것을 주휴일이라고 하며 통상적으로 일요일을 말하지만, 사업장 특성[2]에 따라 토요일이나 월요일 또는 수요일이 될 수 있다.

---

2) 주말에 영업해야 하는 대형음식점, 놀이시설, 휴양시설 등은 사업장 특성에 맞게 토요일, 일요일에 사업장을 운영하고 주휴일은 화요일 또는 수요일과 같이 다른 요일로 정할 수 있다.

어떤 요일이건 관계없이 주 1회 유급휴일을 부여하면 된다.

유급휴일의 의미는 근로자가 쉬는 날이지만 임금은 그대로 지급한다는 것이다. 즉, 월요일부터 금요일까지 소정근로일을 개근하여 근로한 근로자에게는 일요일 하루는 쉬더라도 임금(주휴수당)을 지급하라는 것으로 주5일 근무제라면 1주 5일 일한 근로자에게 주휴수당을 포함한 6일분 임금을 지급하는 것이다.

주5일 근무 사업장은 보통 1주 7일 중 토요일과 일요일을 쉰다. 이때 일요일은 주휴일, 토요일은 휴무일이 된다. 쉰다는 점에서는 같지만 주휴일(일요일)은 일하지 않더라도 유급으로 임금(주휴수당)이 지급되고 휴무일(토요일)은 무급이라는 점이 다르다.

주휴수당은 1주간 소정근로일을 개근하여야 지급되므로 만약 1주간 결근이 하루라도 있다면 주휴일은 유급으로 부여하지 않고 무급으로 부여한다. 그래서 주중 하루 결근하면 결근한 하루치 임금만 공제하는 것이 아니라 주휴수당까지 공제하여 2일 치 급여가 공제된다.

Case-9 근로자가 1주간 동안 조퇴 1회, 지각 3회로 9시간을 근무하지 않았으면 하루 결근으로 처리해서 주휴수당을 공제할 수 있을까?

▸ 결근이란 근로자가 소정근로일에 임의로 출근하지 않은 것을 말한다. 따라서 조퇴나 지각, 휴일, 휴가, 휴업은 결근이 아니므로 결근으로 처리할 수 없다.

Q-4 1주간 소정근로일을 개근하였다면 퇴직으로 1주를 초과한 날(8일째)의 근로가 예정되어 있지 않은 근로자도 주휴수당이 발생하는지?

A "사용자는 근로자에게 1주에 평균 1회 이상의 유급휴일을 보장"하되(근로기준법 제55조제1항) "1주 동안의 소정근로일을 개근한 자"에게 주도록 규정(같은 법 시행령제30조제1항)하고 있으므로 법령상 그다음 주까지 근로관계가 유지되어야 한다는 내용은 없으며 "1주에 평균 1회 이상의 유급휴일을 보장"한다는 규정은 최소한 1주 동안의 근로관계 존속을 전제로 한다고 봄이 타당함.

예시: 소정근로일이 월~금까지이며, 개근했고, 주휴일은 일요일인 경우,
• 월요일~금요일까지 근로관계 유지(토요일에 퇴직) → **주휴수당 미발생**
• 월요일~일요일까지 근로관계 유지(그 다음 월요일에 퇴직) → **주휴수당 발생**

- 월요일~그 다음 월일까지 근로관계 유지(그 다음 화요일에 퇴직) → 주휴수당 발생

(임금근로시간과-1736, 2021.8.4.)

Q-5 주 소정근로시간이 불규칙적이어서 주 소정근로시간이 변동되는 단시간 근로자에게도 유급 주휴일을 부여해야 하는지?

A 근로기준법 제55조 및 같은 법 시행령 제30조 규정에 따라 사용자는 1주 동안의 소정근로일을 개근한 근로자에게 평균 1회 이상의 유급휴일을 주어야 함. 다만, 같은 법 제18조제3항에 의거 4주간(4주간 미만으로 근로한 경우는 그 주간) 동안을 평균하여 1주간 소정근로시간이 15시간 미만인 경우에는 같은 법 제55조(1주 1회 이상 유급휴일)가 적용되지 않아 주휴일 부여 의무가 없음.

- 주휴일이 적용되지 않는 주 15시간 미만인 근로자에 해당하는지는 그 산정사유가 발생한 날 이전 4주간(4주간 미만 근로한 경우는 그 기간)을 평균하여 결정되므로 단시간 근로자의 고용관계가 지속되는 한, 각 주별 근로시간이 어떻게 배분되는지와 관계없이 산정사유가 발생한 날을 기준으로 이 원칙에 따라 판단함.

(근로기준정책과-2430, 2017.4.7.)

Q-6 4인 이하 사업장의 유급 주휴시간 산정 방법은?

A 근로기준법 제55조 및 같은 법 시행령 제30조의 규정에 따라 사용자는 1주 동안의 소정근로일을 개근한 자에게 1주일에 평균 1회 이상의 유급휴일을 주어야 하는바, 동 휴일에 대한 수당은 정상 근로일의 소정근로시간을 기준으로 산정하면 될 것임.

- 동 주휴 규정은 4인 이하 사업장에도 적용되는바, 주휴 규정의 목적이 근로자에게 휴식을 부여하는 것이며 근로시간에 상응한 보상이 아니라는 점, 근로시간 법제의 기본 원칙은 1일 8시간 1주 40시간이라는 점 등을 고려할 때,
주 40시간의 범위 내에서 근로형태가 통상적이고 규칙적인 경우에는 정상근로일의 소정 근로시간 수를 기준으로 산정하여 지급하되, 4인 이하 사업장에서 1일 8시간, 주 40시간을 초과하여 근로하기로 약정한 경우에도 1일 8시간분에 해당하는 주휴수당을 지급하면 될 것이며, 근로형태 및 일별 근로시간이 통상적이지 않은 경우에는 주 40시간에 비례산정한 주휴수당을 부여하면 될 것임.

(근로기준정책과-5106, 2016.8.17.)

Q-7 휴일·휴가로 인해 주 소정근로일을 전부 출근하지 않을 경우에는 주휴일에 대한 임금을 지불해야 하는지?

A 주 소정근로일에 연차휴가 등을 사용하여 전부 출근하지 않은 경우에는 개근이 성립하지 않으므로 주휴일에 대한 임금 지급의무가 없음.

그러나 휴일·휴가를 제외하고 단 하루라도 출근일이 있다면 개근에 해당하므로 주휴일에 대한 임금을 지급해야 함.

Q-8 병가 또는 업무상 재해로 인해 출근하지 않았을 때 해당주의 주휴일에 대한 임금을 지불해야 하는지?

A 병가는 업무상 재해와 다르게 근로자 본인 사정으로 소정근로일에 출근하지 않는 것임. 따라서 노사가 특별히 정한 것이 없다면 병가는 결근에 해당하므로 주휴일 임금(주휴수당)을 지급할 의무는 없음. 그러나 업무상 재해로 출근하지 못한 것은 근로자 사정에 의한 결근으로 볼 수 없으므로 그 주의 나머지 기간에 하루라도 출근하였다면 소정근로일을 개근한 것으로 보아 주휴일을 유급으로 하여야 함. 단, 업무상 재해로 1주를 전부 출근하지 않았다면 소정근로일을 개근한 것으로 볼 수 없으므로 주휴수당을 지급하지 않아도 위법은 아님.

Q-9 휴업시에도 주휴일에 대한 임금을 지불해야 하는지?

A 사용자의 귀책사유에 의한 휴업과 관련하여
1. 1주간의 소정근로일 전부를 휴업하지 아니한 경우 휴업한 날을 제외한 소정 근로일 전부를 개근하였다면 유급 주휴일을 부여해야 하며
2. 1주간 소정 근로일 전부를 휴업한 경우에는 그 소정근로일 개근시 부여하는 유급 주휴일도 휴업기간에 포함하여 휴업수당을 산정해야 함.

(근기68207-1138, 1998.6.5.)

▌주휴수당은 얼마를 지급해야 할까?

주휴수당으로 휴일 하루에 대한 1일 임금액을 지급한다. 1일 임금액이란, 예를 들어 주 5일, 1일 8시간 근무하는 통상적인 근로자는 8시간분 통상임금이 1일 임금액이다. 즉, 주휴수당은 정상 근로일의 소정근로시간을 기준으로 산정한다. 1일 소정 근로시간이 8시간(주 5일, 40시간 근무)이면 그 주의 실근로시간에 관계없이 소정근로시간 8시간분이 주휴수당이다. 1일 소정근로시간이 7시간(주 5일, 35시간 근무)이면 7시간, 1일 소정근로시간이 5시간(주 5일, 25시간 근무)이면 5시간분에 해당하는 통상임금을 주휴수당으로 지급해야 한다.

구분		월	화	수	목	금	토	일(주휴)	합계
사례 1	소정근로시간	8	8	8	8	8	0	0	40시간
	임금계산	8	8	8	8	8	0	8	48시간
사례 2	소정근로시간	5	5	5	5	5	0	0	25시간
	임금계산	5	5	5	5	5	0	5	30시간

* 임금계산: 1주간 소정근로시간과 주휴수당을 합하여 산정

그런데 주 2일 또는 3일만 일하거나 아르바이트로 주 40시간 미만 일하는 단시간 근로자는 주휴수당으로 얼마를 지급해야 할까? 단시간 근로자도 1일 소정근로시간수에 시급을 곱한 금액을 주휴수당으로 지급하여야 한다. 이때 단시간 근로자의 1일 소정근로시간 수는 근로기준법 시행령 별표2에 의거하여, **4주 동안의 소정근로시간을 그 기간의 통상 근로자의 총 소정근로일 수로 나눈 시간 수로** 한다.

단시간 근로자의 주휴수당 = 1일 소정근로시간수 × 단시간 근로자의 시급

⇒ 산정방법 ① $\dfrac{\text{단시간 근로자의 4주간 소정근로시간}}{\text{통상근로자의 4주간 총 소정근로일수}}$ × 단시간 근로자의 시급

⇒ 산정방법 ② 단시간 근로자의 1일 소정근로시간수는 통상 근로자의 1주 소정근로시간 (40시간) 대비 단시간 근로자의 1주 소정근로시간수의 비율로 산정할 수도 있다(단시간 근로자의 주간 소정근로시간수가 일정한 경우).

(예시1) 주 3일, 1일 5시간 근무하는 단시간 근로자 주휴수당은?(시급 1만 원)

① $\dfrac{4주 × (3일 × 5시간) = 60}{4주 × 5일 = 20}$ × 시급 1만 원 = 3만 원, 또는

② (3일 × 5시간) ÷ 40 × 8시간 × 시급 1만 원 = 3만 원

(예시2) 주 35시간 근무하는 단시간 근로자의 주휴수당은?(시급 1만 원)

① $\dfrac{4주 × 35시간 = 140}{4주 × 5일 = 20}$ × 시급 1만 원 = 7만 원, 또는

② 35시간 ÷ 40 × 8시간 × 시급 1만 원 = 7만 원

다만, 4주간(4주 미만으로 근로하는 경우에는 그 기간)을 평균하여 1주 소정근로시간이 15시간 미만인 근로자는 주휴, 연차휴가 규정이 적용되지 않으므로 주휴수당도 없다. 이때 1주 소정근로시간은 실제 근로한 시간이 아니라 소정근로시간(법정근로시간 범위 내에서 근로를 제공하기로 약정한 시간)을 말한다.

일용직 근로자와 달리 월급제 근로자의 월급에는 주휴수당이 포함되어 있다. 그래서 월급제 근로자가 결근하게 되면 결근한 주에 결근 하루치 임금뿐만 아니라 그 주의 주휴수당까지 2일분 임금이 공제된다. 일용직 근로자는 근로계약이 1일 단위로 체결되므로 일당에 주휴수당이 포함되어 있지 않다. 만약 일용직 근로자가 근로계약을 반복 체결해서 1주간 소정근로일을 개근하였다면 주휴수당을 별도로 추가 지급하여야 한다.

주 40시간 근무 월급제 근로자의 월 유급 시간 산정(= 월 통상임금 산정 기준시간)

⇒ (40시간 + 8시간<유급 주휴일>) × (365 ÷ 7 ÷ 12) = 208.57 ≒ 209시간

또는 48시간 × 4.345(1월간 평균 주수) = 208.57 ≒ 209시간

---

2) 공휴일과 대체공휴일

▌공휴일과 대체공휴일은 유급휴일

공휴일은 원래「관공서의 공휴일에 관한 규정」(대통령령)에 따라 공무원이 쉬는 날로서 관공서가 아닌 사기업 근로자들은 근무하는 날이었다. 그러나 근로기준법 개정(2018.3월)으로 현재는 상시근로자 수 5인 이상인 사업장에서는 「관공서의 공휴일에 관한 규정」에 따라 공휴일을 근로자들에게 유급 휴일로 보장하여야 한다.

공휴일을 유급 휴일로 보장하는 것이니, 근로자들이 공휴일에 쉬어도 임금은 공제하지 않고 그대로 지급해야 한다. 이 규정은 2022.1.1.부터는 상시근로자 수 5인 이상 사업장에도 전면 적용되었다. 따라서 근로자가 공휴일에 근로할 때는 휴일수당으로 임금을 공제 없이 지급함은 물론, 근로의 대가로 휴일근로에 대한 임금 100%에 가산수당 50%도 지급해야 한다.

근로기준법과 「관공서의 공휴일에 관한 규정」에 따라 유급휴일로 보장해야

하는 공휴일은 보통 달력에 빨간 글씨로 휴일 표시가 된 날이다. 구체적으로 보면 3·1절, 광복절, 개천절, 한글날, 1월 1일, 설날 전날, 설날, 설날 다음날(음력 12월 말일, 1월 1일, 2일), 부처님오신날(음력 4월 8일), 5월 5일(어린이날), 6월 6일(현충일), 추석 전날, 추석, 추석 다음날(음력 8월 14일, 15일, 16일), 12월 25일(기독탄신일), 「공직선거법」 제34조에 따른 임기만료에 의한 선거의 선거일(대통령선거일, 국회의원선거일, 지방의회의원선거일, 지방자치단체장선거일)이 있다.

다만, 이와 같은 공휴일은 근로기준법 제55조 제2항에 따라 근로자대표와 서면으로 합의하여 특정한 근로일로 대체할 수 있다.

월별 공휴일 현황(대체공휴일 및 선거일은 그 특성상 별도 지정됨)

월	공휴일	월	공휴일
1월	1.1	7월	-
2월	설(음력 12.31, 1.1, 1.2)	8월	8.15
3월	3.1	9월	추석(음력 8.14, 8.15, 8.16)
4월	-	10월	10.3, 10.9
5월	5.5, 음력 4.8	11월	-
6월	6.6	12월	12.25

특정한 몇몇 공휴일은 토요일이나 일요일과 겹치는 경우, 공휴일 다음의 첫 번째 비공휴일을 대체공휴일로서 유급휴일로 부여해야 한다. 대체공휴일을 부여해야 하는 공휴일은 두 종류이다. 3·1절, 8.15 광복절, 10.3 개천절, 10.9 한글날, 5.5 어린이날은 토요일 또는 일요일과 겹칠 때 대체공휴일을 부여해야 한다. 명절 연휴인 설 연휴(음력 12.31~1.2)와 추석 연휴(음력 8.14~8.16)는 일요일과 겹칠 때 대체공휴일을 부여한다. 그리고 대체공휴일이 토요일일 때에는 그 다음 첫 번째 비공휴일을 대체공휴일로 한다.

Q-10 「관공서의 공휴일에 관한 규정」의 공휴일 및 대체공휴일이 소정근로일인 경우, 이날 근로자가 출근하지 않으면 결근으로 볼 수 있나?

A 「관공서의 공휴일에 관한 규정」에 따른 공휴일 또는 대체공휴일은 근로기준법령에 따라 민간기업에서도 유급휴일로 보장해야 함.

- 따라서, 이날이 소정근로일로 정해져 있었다 하더라도 유급휴일로 보장해야 하며, 근로자가 출근하지 않더라도 결근으로 볼 수 없음.
- 다만, 부득이 근로제공이 필요한 경우에는 근로기준법 제55조제2항 단서에 따라 근로자대표와 서면합의로 다른 특정한 소정근로일과 휴일대체가 가능하며,
- 이때, 휴일대체는 적어도 24시간 전에 근로자에게 통보하여야 함.

(고용노동부 대체공휴일 확대적용 관련 주요 QnA, 2021.8.9.)

3) 근로자의 날

매년 5월 1일은 근로자의 날이다. 근로자의 날은 「근로자의 날 제정에 관한 법률」에서 유급휴일로 정하고 있다. 이 법은 모든 사업장에 적용되므로 4인 이하 사업장에도 적용된다. 근로자의 날은 유급휴일이므로 쉬는 날로 하되 임금을 공제하지 않는다. 또한 이날 근로하게 되면 휴일근로가 된다. 이 경우 상시근로자 수 5인 이상 사업장은 휴일근로에 대한 임금 지급으로 가산 수당도 지급해야 한다.

근로자의 날 제정에 관한 법률
5월 1일을 근로자의 날로 하고, 이 날을 『근로기준법』에 따른 유급휴일로 한다

법정 유급휴일의 적용

구분	주휴일	관공서 공휴일	근로자의 날
근거	근로기준법 제55조제1항	근로기준법 제55조제2항	근로자의 날 제정에 관한 법률
적용 사업장	모든 사업장	5인 이상 사업장	모든 사업장
적용 근로자	소정근로시간 1주 15시간 이상 근로자		모든 근로자
적용제외 근로자	근로기준법 제63조의 근로자 (감시단속적 근로자, 관리·감독 업무 또는 기밀취급업무 근로자, 농림·수산 종사자 등)		없음
유·무급 여부	1주 소정근로일을 개근한 경우 유급	유급	유급
휴일대체	가능(근로자 동의 또는 취업규칙등)	가능(근로자대표와 서면합의)	불가 (5월 1일 특정일)

* 휴일을 대체하면 당초 휴일은 통상근로일이 되어 휴일근로 가산대상이 아님. 휴일 대체 근무의 경우에도 1주 52시간을 초과하여 근로할 수 없음.

4) 약정휴일

약정휴일은 법으로 정한 휴일이 아니라 노사가 단체협약이나 취업규칙 등으로 자율적으로 정한 휴일이다. 회사창립기념일과 같이 회사마다 다르다. 약정휴일은 유급이나 무급으로 정할 수 있다. 별도로 정함이 없고 유급 관행이 없으면 무급이 원칙이다. 약정휴일도 근로자가 근무할 때는 휴일근로가 되며 상시근로자 수 5인 이상 사업장이라면 휴일근로 가산 수당을 지급하여야 한다.

Case-10 우리 병원은 목요일, 일요일을 쉬는 날로 정하고 월화수금토(주5일제) 근무입니다. 일요일은 주휴일로 알고 있는데 목요일은 휴일인가요 아니면 휴무일인가요?

▸ 근로기준법은 주 1회 유급휴일(주휴일)을 주도록 정하고 있음. 따라서 주 1일의 주휴일 이외의 쉬는 날에 대해서는 노사가 자율적으로 유급휴일 또는 무급휴일로 하거나 휴무일로 정할 수 있음.
  - 단, 휴일과 휴무일은 법적 효과가 다름. 휴무일과 달리 휴일(유·무급)로 정하면 휴일에 근로하였을 때는 휴일근로 가산수당을 지급해야 함.

나. 연차휴가

휴가란 원래 근로의무가 있는 소정근로일이지만 근로의무가 면제되어 쉬는 날이다. 원래부터 근로의무가 없는 휴일과 다른 점이다. 휴가는 법정 휴가와 약정 휴가가 있다. 근로기준법에서 정하고 있는 법정 휴가는 연차휴가, 출산전후휴가, 생리휴가가 있다. 약정 휴가는 노사가 단체협약이나 취업규칙으로 자율적으로 정할 수 있으며 경조사 휴가 등이 있다. 약정 휴가는 정하기에 따라 유급 또는 무급이다. 법정 휴가 중 연차휴가는 유급이지만 생리휴가는 무급이다.

1) 연차휴가 부여기준

사용자는 근로자에게 연차휴가를 유급으로 부여하여야 한다. 유급이므로 연차휴가 사용 시 쉬는 날이지만 급여를 공제하지 않는다. 연차휴가는 근로기준법 제60조에 따라 부여기준이 3가지가 있다.

▌ 연차휴가 부여기준 ①, ② - 출근율과 근로기간(1년 미만, 1년 이상)

1년간 소정근로일수의 80% 이상 출근한 근로자는 다음 연도 첫날에 15일의 연차휴가가 발생하고 80% 미만 출근한 근로자는 1년 중 개근한 달의 수만큼만 연차휴가가 발생한다. 근로기간이 1년 미만인 기간에는 1개월 개근 시 다음 달 첫날에 1일의 연차가 발생한다.

※ 소정근로일수 = 365일 - 주휴일(52일) - 휴무일(52일) - 공휴일 등 법정휴일 - 약정휴일·휴가

7.1일 입사 근로자의 근로기간과 출근율에 따른 연차휴가 발생

근무 상황＼기 간		7.1~7.31	8.1~8.31	9.1~9.30	10.1~10.31	11.1~익년 6.30	비고
1년 미만	근무상황 예시(ⓐ)	개근	결근 1회	지각1회* 조퇴1회	개근	개근	6.30일에 1년 이상 근무가 되어 6월 개근에 대한 연차는 미발생
	연차 발생	-	7월 개근 → 8.1에 1일 발생	8월 결근 → 9.1일에 미발생	9월 개근 → 10.1일에 1일 발생	10~5월 개근 → 매월(11~6) 1일에 1일씩 8일 발생	
1년 이상	근무상황 예시(ⓑ)	1년간 80% 미만 출근 ↴					
	연차 발생	1년 기간 중 개근한 달의 개수만큼 익년도 7.1일에 발생					
	근무상황 예시(ⓒ)	1년간 80% 이상 출근 ↴					
	연차 발생	15개의 연차가 익년도 7.1일에 발생					

* 지각, 조퇴는 여러 번 있어도 출근한 것이므로 결근으로 처리할 수 없으나 지각, 조퇴한 시간만큼 급여에서 공제하거나 연차를 사용한 것으로 처리할 수 있다.

입사 이후 1년 미만인 기간에는 근무상황 ⓐ에 따른 연차가 먼저 발생하고 이어서 1년 이상 근무 시 출근율 ⓑ 또는 ⓒ에 따라서 연차가 발생한다. 도표로 보는 것과 같이 1년 근무자의 연차휴가 일수는 근무기간 1년 미만일 때 개근한 달 수만큼 발생한 연차휴가 일수(ⓐ: 최대 11일)에 근무기간 1년 도달(6.30)시 1년간의 출근율(80% 이상 또는 80% 미만)에 따라 발생하는 연차휴가 일수(ⓑ 또는 ⓒ)를 더하면 된다.

즉, 입사 후 계속 근로기간이 1년이 된 근로자가 그 1년간 개근하였다면 근로기간 1년 미만일 때 매월 개근으로 발생한 연차일수 11일에 1년간 출근율 80% 이상 충족으로 발생한 15일의 연차일수가 더해져 다음해 첫째 날에 총 26일의 연차휴가가 발생한다.

Case-11 '18.1.1. 입사하여 '18.1~5월까지는 개근하고 나머지 달에는 매월 10일씩 결근하여 1년 차 출근율이 80% 미만인 경우 연차휴가는?

▸ '19.1.1일까지 총 10일의 연차휴가 발생
  - 1년 차에 1개월 개근 시 1일씩 발생한 휴가 5일 + 1년 차의 출근율이 80% 미만이므로 1년 차 기간중에 개근한 월수만큼 부여하는 휴가 5일

(고용노동부 개정 근로기준법 설명자료, 2018. 5)

연차휴가는 1년간의 근로기간에 대한 대가로 발생하는 것으로 1년을 초과한 이후 1년 미만의 기간에 대해서는 연차휴가가 발생되지 않는다. 예를 들면 1년 11개월 근무하고 퇴사 시 퇴직금은 11개월도 합쳐서 1년 11개월 전 기간을 대상으로 산정하는 데 반해 연차휴가는 1년간의 근속기간에 대해서만 발생하고 1년을 초과한 11개월에 대해서는 발생하지 않는다. 다만, 근속기간이 1년 미만인 경우에 한하여 1개월 개근 시 1일의 연차휴가가 발생하는 것이다.

▌ 연차휴가 부여기준 ③ - 근속년수에 따른 연차휴가 가산

근로자의 근속년수에 따라 연차휴가 일수가 차등되어 가산된다. 장기근속한 근로자의 연차휴가 일수가 더 많아진다. 근속기간이 1년, 2년인 근로자는 연차휴가가 1년 15일이지만 3년 이상 계속 근로한 근로자에게는 최초 1년을 초과하는 계속근로연수 2년마다 1일을 가산한 연차휴가를 주어야 한다. 즉, 근무 기간에서 최초 1년을 공제하고 매 2년마다 1일이 가산되므로 만으로 3년, 5년, 7년, 9년, 11년이 된 다음 날에 연차휴가가 1일씩 늘어나는 것이다. 가산되는 연차휴가 일수를 쉽게 산정하는 방법은 만 근속년수에서 1을 뺀 수를 2로 나누어 나오는 정수가 가산 일수가 된다. 이 경우 가산하는 휴가를 포함한 총 연차휴가 일수는 최대 25일이다.

근속년수에 따른 연차휴가

근속년수	1년	2년	3년	4년	5년	6년	7년	8년	9년	10년	11년
연차	15일	15일	16일	16일	17일	17일	18일	18일	19일	19일	20일
근속년수	12년	13년	14년	15년	16년	17년	18년	19년	20년	21년	22년 이상
연차	20일	21일	21일	22일	22일	23일	23일	24일	24일	25일	25일

* 근속년수에 따른 연차 가산일수 산정식: 가산일수 = (근속년수 - 1년) ÷ 2(소수점 이하 버림)

▮ 연차휴가 부여를 위한 출근율 산정

근로자가 80% 이상 출근했는지 판단은 1년 중 소정근로일수(근로하기로 정한 날의 수)에 대한 출근율로 산정한다. 이때 근로자가 업무상의 부상 또는 질병으로 휴업한 기간과 출산전후휴가(유사산휴가 포함) 및 육아휴직 기간은 결근이 아니라 출근한 것으로 보아야 한다.

사용자의 부당해고로 근로자가 출근하지 못한 기간은 근로자의 잘못이 아니므로 모두 소정근로일수에 포함하여 출근한 것으로 산정한다(대법, 2011다95519). 따라서 1년 전체가 부당해고 기간이거나 육아휴직 기간으로 출근하지 않았더라도 연차휴가는 정상적으로 발생한다.

출근율 판단을 위한 기간별 소정근로일수 포함 여부

기간 구분	소정근로일수	출근일수 포함
업무상 부상 또는 질병으로 휴업한 기간	소정근로일에 포함	○
부당해고 기간		○
출산전후휴가, 유·사산휴가, 육아휴직기간(1년)		○
예비군훈련기간, 민방위훈련기간		○
연차휴가, 생리휴가		○
근로자 귀책사유의 정당한 징계기간(정직 등)		결근으로 산정
주휴일, 근로자의날, 약정휴일, 약정휴가(경조휴가), 병역휴직	제외	제외

일부 특별한 사유가 있는 기간은 주휴일처럼 소정근로일수에서 제외한다. 이때는 특별한 기간을 제외하고 남은 소정근로일수만으로 출근율 80%를 산정하

되 연차휴가 부여 일수는 총 소정근로일수 대비 남은 소정근로일수의 비율에 본래 연차일수를 곱하여 부여한다.

주휴일처럼 출근율 산정을 위한 소정근로일에서 제외하는 특별한 기간

❖ **특별 사유로 소정근로일수에서 제외하는 기간 = 근로제공의무가 정지되는 기간**
① 사용자의 적법한 직장폐쇄기간 및 휴업 기간
② 근로자의 적법한 쟁의행위 기간(파업 기간)
③ 해외연수기간(개인적인 해외연수라도 회사의 승인이 있는 경우 포함)
④ 약정 육아휴직기간, 업무 외 질병·부상 휴직(임금근로시간과-1736, 2021.8.4.)

* 해외연수기간은 통상적인 근로관계 하에서의 근로제공 의무를 취업규칙 등에 의해 면제받는 것이므로 소정근로일은 아니며 이를 연차유급휴가 부여를 위한 출근율 산정 시 결근으로 처리해서는 안 될 것임. 따라서, 연차유급휴가 산정을 위한 출근율 산정 시 해외연수기간을 제외한 기간을 가지고 출근율을 산정해야 할 것임(근기 68207-2888, 2001.9.1)
* 약정 육아휴직기간이란 법정 육아휴직기간인 1년을 초과하여 부여하는 육아휴직기간, 업무 외 질병·부상 휴직은 사용자의 허락을 받은 기간을 말한다.

합법적인 쟁의행위(파업) 기간이나 사업주가 허락한 업무 외 질병·부상의 병가휴직 등 소정근로일수에서 제외되는 기간의 장단에 따라 연차휴가 계산에 차이가 있다. 위 표의 소정근로일수 제외 기간을 소정근로일수에 포함하여 결근처럼 출근 일수에서 제외하고 산정해도 출근율이 80% 이상이 된다면 연차휴가는 정상적으로 발생한다.

예를 들어 전년도 소정근로일이 240일인 근로자가 소정근로일 중 40일을 업무 외 질병으로 사업주 허락을 받아 병가휴직을 사용하고 나머지 기간은 개근한 경우를 가정해 보면, 병가휴직기간 40일을 결근처럼 출근 일수에서 제외하여 산정하여도 전체 소정근로일의 80% 이상을 출근했으므로[(240 − 40)/240 = 83%] 연차휴가는 정상적으로 발생한다(15개 + 가산일수). 즉, 연차 일수 산정 시 총 소정근로기간 대비 병가 기간을 제외한 기간의 비율로 산정[예시: 15일 × (240 − 40)/240 = 12.5일]하지 않는다.

그러나 병가휴직 등의 기간을 결근처럼 제외하고 산정하면 총 소정근로일 대비 출근율이 80% 미만이 되는 때에는, 예를 들어 위 사례의 병가가 80일이면 이를 결근처럼 제외하고 산정 시 총 소정근로일에 대한 출근율은 80% 미만 [(240 − 80)/240 = 66.6%]인데 이때는 병가 기간을 제외한 나머지 소정근로일(240 − 80 = 160일)의 출근율이 80% 이상인지에 따라 80% 이상 출근했다면, 정상적이면 발생했을 연차휴가(15일 + 가산일수)를 총소정근로일(240일) 대비 병가 기간을 뺀 소정근로일(160일)의 비율로 부여한다[예시: 15일 × (160/240) = 10일].

물론, 병가 기간을 제외한 나머지 소정근로일(160일)의 출근율이 80% 미만이면 개근한 달의 개수만큼만 연차가 발생(근로기준법 제60조제2항)한다.

▶ 총 소정근로일수에서 소정근로일 제외 기간을 뺀 나머지 소정근로일수의 출근율이
  - 80% 미만일 때: 개근한 달의 개수만큼만 연차 발생
  - 80% 이상일 때
    • 총 소정근로일수에서 소정근로일 제외 기간을 결근처럼 산정해도 80% 이상
      ⇒ 정상적인 연차 발생(15일 + 가산일수)
    • 총 소정근로일수에서 소정근로일 제외 기간을 결근처럼 산정 시 80% 미만 ⇒ 총 소정근로일 대비 소정근로일 제외 기간을 뺀 나머지 소정근로일의 비율로 연차 발생

Case-12 사업주가 2022년에 코로나로 3.1~5.31 기간을 휴업했다. 이 사업장에 2022.1.1.일 입사한 근로자가 휴업기간을 제외한 나머지 기간을 100% 출근하였다면 2023.1.1.까지의 연차휴가 발생은? (2022년 본래 총 소정근로일수 240일, 휴업한 세 달의 소정근로일수 60일)

▶ 1년 미만 근무 기간에 발생하는 연차: 11일 - 3일 = 8일 발생
▶ 휴업기간을 제외한 출근율은 100%이므로 연단위 연차휴가 발생
▶ 1년 이상 근무로 발생하는 연차: 15일 × (180일/240일) = 11.25일 발생
  - 소정근로일 제외기간을 결근처럼 산정시 출근율 75%(180/240)이므로 비율로 연차 발생

Case-13 사업주가 2022년에 코로나로 3.1~4.30 기간을 휴업했다. 이 사업장에 2022.1.1.일 입사 근로자가 휴업기간을 제외한 나머지 기간을 100% 출근하였다면 2023.1.1.까지의 연차휴가는? (2022년 본래 총 소정근로일수 240일, 휴업한 두 달의 소정근로일수 40일)

▶ 1년 미만 근무 기간에 발생하는 연차: 11일 - 2일 = 9일 발생
▶ 휴업기간을 제외한 출근율은 100%이므로 연단위 연차휴가 발생
▶ 1년 이상 근무로 발생하는 연차: 15일 발생
  - 소정근로 제외기간을 결근처럼 산정해도 출근율 83%(200/240)로 연차는 정상적 발생

`Case-14` 2018.1.1. 입사한 근로자가 2022년에 개인적인 해외여행으로 9.1~9.30까지 한 달간 결근한 경우 연차발생 개수는? (연간 소정근로일수 250일, 9월의 소정근로일수는 20일, 9월 결근기간 이외에 결근 없음)

▸ 출근율은 (250일 - 20일)/250일 = 92%이므로 연단위 연차휴가 발생
　- 단체협약이나 취업규칙에 특별한 규정이 없다면 해외여행 등 개인사정 결근은 소정근로일수 제외 기간이 아니므로 결근으로 산정
▸ 연차개수는 가산일 수 포함하여 17개

`Case-15` 2018.1.1. 입사한 근로자가 2022년에 개인적인 사정으로 3.1~8.31까지 6개월간 결근한 경우 연차발생 개수는? (연간 소정근로일수 240일, 매월의 소정근로일수는 20일, 3월~8월 기간 이외에 결근은 없음)

▸ 출근율은 (240일 - 120일)/240일 = 50%로 80% 미만이므로 개근한 달의 개수에 해당하는 연차일수 발생
▸ 연차개수는 6일(근속년수에 따른 가산휴가일수는 출근율 80% 이상일 때만 가산)

`Case-16` 2018.1.1. 입사한 근로자가 2022년에 사업주 허락을 받아 2.1~9.30까지 8개월 병가 휴직하고 나머지 기간은 개근한 경우 2023.1.1.일 발생하는 연차는? (2022년 총 소정근로일수 240일, 매월 소정근로일수 20일/ 고용노동부의 21.8월 변경된 지침(질병 휴직 등은 소정근로일수에서 제외)에 따름)

▸ 병가를 제외한 출근율은 80% 이상(개근)이므로 연단위 연차휴가 발생
　- 사업주 허락을 받은 업무외 질병·부상으로 인한 휴직 기간은 소정근로일수에서 제외
▸ 연차개수: 17일 × (80일/240일) = 5.7일
　- 소정근로일 제외기간을 결근처럼 산정시 출근율 33%(80/240)이므로 비율로 연차 발생

Q-11 직원 능력향상을 위해 교육과정(국내 및 국외)을 개설하고, 해당 직원을 선발하여 장기간 교육기관(대학 등)에 파견(교육기간동안 회사에서 경비 및 임금 지급)을 한 경우 연차휴가일수 산정방법은?

A 사용자는 「근로기준법」 제60조에 의하여 1년간 소정근로일의 출근율에 따라 8할 이상 출근한 경우 15일의 연차유급휴가를 주어야 하며
　- 연차유급휴가를 부여하기 위한 '소정근로일수'의 출근율을 판단함에 있어 당초 근무하기로 정하였지만, '특별한 사유로 근로제공의무가 정지된 날 또는 기간'은 소정근로일수 계산에서 제외되어야 함.

- 귀 질의내용만으로는 구체적 사실관계를 확인할 수 없어 정확한 답변은 곤란하나, 귀 공단의 직원 능력향상을 위한 연수(국내 및 국외)가 공단의 인정하에 이루어졌고, 교육과정을 수료 후 업무에 복귀하여 계속적으로 근무가 이루어진 경우라면 국내외 연수기간은 소정근로일에서 제외하는 것이 타당하며,
- 이 경우 연차유급휴가일수는 산정대상 기간(1년)중 국내외 연수기간을 제외한 나머지 소정근로일수에 대한 출근율에 따라 산출된 휴가일수에 당해 사업장의 연간 총 소정근로일수에 대한 당해 근로자의 출근일수 비율을 곱하여 산정 하여야 할 것으로 사료됨.

(근로기준과-529, 2011.1.31.)

Q-12 근로자의 정직, 직위해제 기간을 연차유급휴가 부여에 필요한 출근 일수에서 제외하여야 하는지?

A 연차유급휴가기간을 산정함에 있어 정직 및 직위해제 기간을 소정 근로일수에 포함시키되 출근일수에서 제외하도록 규정한 피고 공사의 취업규칙이 근로기준법에 정하여진 기준보다 근로자에게 불리하게 규정한 것이라고 볼 수 없고, 피고가 원고 및 선정자들에 대한 연차유급휴가기간을 산정함에 있어 위 취업규칙의 규정에 따라 정직 및 직위해제 기간을 출근일수에 산입하지 아니한 것이 부당하지 않다(소정근로일수에 포함하고 출근일수에는 산입하지 않는다).

(대법 2008다41666, 2008.10.9.)

Q-13 적법한 쟁의행위 기간이 포함된 경우의 연차유급휴가 산정방법은?

A 연차유급휴가를 부여하기 위한 1년간 8할 이상의 출근 요건은 1년간의 총 역일(曆日)에서 법령, 단체협약, 취업규칙 등에 의하여 근로의무가 없는 날로 정하여진 날을 제외한 나머지 일수, 즉 연간 근로의무가 있는 일수(이하 '연간 소정근로일수'라고 함)를 기준으로 그 중 근로자가 현실적으로 근로를 제공한 일수(이하 '출근일수'라고 함)가 얼마인지를 비율적으로 판단해야 함.
- 근로자의 출근일수가 연간 소정근로일수의 8할을 밑도는 경우에 한하여, 본래 평상적인 근로관계에서 8할의 출근율을 충족할 경우 산출되었을 연차휴가일수에 실질 소정근로일수를 연간 소정근로일수로 나눈 비율을 곱하여 산출된 휴가일수를 부여함이 합리적임(대법원 2019.2.14. 선고 2015다66052 판결, 2018.1.22. 근로기준정책과-550 참조).
- 정당한 쟁의행위 등으로 근로제공의무가 면제된 기간을 제외하더라도 근로자의 출근일수가 연간 소정근로일수의 80% 이상인 경우에는 법 제60조제1항에서 규정한 "1년간 80퍼센트 이상 출근"한 것이 명확하므로 연차휴가를 모두 부여(예: 15일)해야 함.
- 연간 소정근로일수의 80% 이상을 출근한 경우까지 연차휴가 일수를 비례적으로 차

2) 단시간 근로자의 연차휴가

사용자는 단시간 근로자에게도 연차휴가를 주어야 한다. 단시간 근로자란 '1주 동안의 소정근로시간이 그 사업장에서 같은 종류의 업무에 종사하는 통상 근로자의 1주 동안의 소정근로시간에 비해 짧은 근로자'를 말한다(근로기준법 제2조).

단시간 근로자의 근로조건은 그 사업장의 같은 종류의 업무에 종사하는 통상 근로자의 근로시간을 기준으로 산정한 비율에 따라 결정되어야 한다(근로기준법 제18조). 이에 따라 단시간 근로자의 연차휴가는 통상근로자의 근로시간(8시간)을 기준으로 산정한 비율에 따라 부여한다.

단시간 근로자의 연차휴가 산정

$$\Rightarrow \text{통상근로자의 연차휴가일수} \times \frac{\text{단시간 근로자의 소정근로시간}}{\text{통상근로자의 소정근로시간}} \times 8\text{시간}$$

단, 4주 동안(4주 미만으로 근로하는 경우에는 그 기간)을 평균하여 1주 동안의 소정근로시간이 15시간 미만인 근로자를 '초단시간 근로자'라고 하는데 '초단시간 근로자'에게는 유급 연차휴가와 유급 공휴일(대체 공휴일 포함) 및 주휴일, 퇴직금 제도가 적용되지 않는다(근로기준법 제18조). 이때 '초단시간 근로자'인지 여부는 실근로시간이 아니라 당초 근로계약 시에 약정한 소정근로시간을 기준으로 판단한다.

Case-17 2022. 1. 1. 입사하여 1년간 1일 4시간, 주5일(주 20시간) 근무하는 단시간 근로자가 12. 31까지 개근한 경우 1년 미만 기간에 대한 연차휴가는?

▸ 1년 미만 기간에 대한 연차는 개근 한 달에 1일이 발생

   - 1년 개근시 11일 발생

   * 12월 개근은 근무기간 1년 이상이 되므로 월 단위 연차가 아닌 연 단위 연차가 2023.1.1.일 발생

▸ 단시간 근로자의 연차휴가: 44시간

   - $11일 \times \dfrac{20시간}{40시간} \times 8시간 = 44시간$

   - 단시간 근로자의 연차 1일은 소정근로시간에 해당하는 시간을 부여

Case-18 2022. 1. 1. 입사하여 1년간 1일 5시간, 주4일 근무한 단시간 근로자가 12. 31까지 개근할 경우 1년 미만 기간에 대한 연차휴가는?

▸ 단시간 근로자의 연차휴가: 44시간

   - 1년 미만 기간을 개근할 경우 11일 연차 발생

   - $11일 \times \dfrac{20시간}{40시간} \times 8시간 = 44시간$

   - 이 단시간 근로자의 소정근로시간은 4시간임. 만약 1일 5시간의 연차를 사용하면 8.8일(44시간 ÷ 5시간 = 8.8)을 사용할 수 있음.

Case-19 2018. 1. 1. 입사하여 근속년수가 만 5년 차인 단시간 근로자가 2022년 한 해 동안 1일 4시간, 주5일 근무하면서 12. 31까지 80% 이상 출근한 경우 연 단위 연차휴가는?

▸ 1년간 출근율 80% 이상이면 가산일수를 포함하여 연차 17일 발생

▸ 단시간 근로자의 연차휴가: 68시간

   - $17일 \times \dfrac{20시간}{40시간} \times 8시간 = 68시간$

   - 1일 연차로 4시간 사용 시 17일을 사용(68시간 ÷ 4시간 = 17일)

Case-20 위 (Case-19)의 근로자가 2023. 1. 1.부터 주 40시간 근무(1일 8시간)하는 정규직으로 전환하여 근무한다. 2023년에 사용할 수 있는 연차휴가는?

▸ 전년 출근율에 의해 2023.1.1.발생한 연차 68시간을 사용할 수 있다.

   - 1일 연차로 8시간 사용 시 8.5일을 사용

    (2023년 연차휴가 사용: 68시간 ÷ 8시간 = 8.5일)

단시간 근로자가 통상근로자로 전환된 경우의 연차휴가

(고용노동부 임금근로시간과-520, 2022.3.3.).

단시간 근로자의 연차휴가는 시간 단위로 정산·관리한다

▸ 1일 6시간, 1주 30시간 근무하여 15일의 연단위 연차유급휴가가 발생한 단시간 근로자가 이듬해에 1일 8시간, 1주 40시간의 통상근로자로 전환된 경우 연차휴가 부여는?

 - 단시간 근로자는 근로기준법 시행령 제9조 제1항 별표2에서 규정한 「단시간 근로자의 근로조건 결정기준 등에 관한 사항」 제4호(나목)에 따라 연차유급휴가를 산정하여야 함.

   단시간 근로자의 연차휴가 = 통상 근로자의 연차휴가일수 × (단시간 근로자의 소 정근로시간/통상근로자의 소정근로시간) × 8시간

 - 이렇게 산정한 <u>단시간 근로자의 연차유급휴가는 시간 단위로 산출되므로 시간단위 로 정산 및 관리</u>되어야 할 것임.

▸ 귀 질의 관련 1일 6시간, 1주 30시간을 근로한 단시간 근로자가 동법 제60조 제1항에 따라 발생하는 연차유급휴가는 90시간(15일 × 30/40 × 8시간)이며, 동 근로자가 통상근로자(1일 8시간, 1주40시간)로 전환된 이후에 1일의 연차 휴가를 사용한 경우라면, 사용일의 1일 소 정근로시간에 해당하는 8시간을 사용한 것(90시간에서 8시간을 차감)으로 보아야 할 것임.

3) 연차휴가 사용권 발생일 및 연차휴가미사용수당

연차는 전년도 출근율에 따라 금년에 연차가 발생하여 1년간 사용할 수 있고 사용하지 못한 연차는 내년에 연차미사용수당으로 받는다.

기간별 연차휴가 발생 및 연차미사용수당 지급

구분	연차 관련 내용
D-1 (전년도) 2022.1.1. ~ 12.31.	• 연 단위 연차 발생 여부 판단(출근율)을 위한 출근 기간
D (금년도) 2023.1.1. ~ 12.31.	• 전년(D-1년) 출근율에 따라 1.1.일에 연차 발생 • 전년 출근율에 따라 발생한 연차를 사용하는 기간(1년)
D + 1 (내년도) 2024.1.1. ~ 12.31.	• 전년(D년)에 미사용한 연차는 연차미사용수당으로 지급

입사 후 기간별 연차휴가 발생 및 연차미사용수당 지급 예시

구 분	입사 D-1년도	D년도	D+1년도	D+2년도
연차 휴가 발생 및 사용	매월 만근시 익월 첫날에 월 단위 연차 1일 발생(최대 11일) 및 사용	D년도 첫날에 D-1년도 출근율에 따른 연 단위 연차휴가 발생(최대15일), 사용	D+1년도 첫날에 D년도 출근율에 따른 연 단위 연차휴가 발생(최대15일) 및 사용	D+2년도 첫날에 D+1년도 출근율에 따른 연차휴가 발생(최대16일) 및 사용 ※ 가산휴가 1일
연차 휴가 미사용 수당 지급	-	D-1년도에 발생한 월 단위 연차 중 미사용일수에 대해 연차미사용수당 발생 (D-1년도 마지막달 급여의 통상임금으로 D년도 첫달에 지급)	D년도에 발생한 연차 중 미사용일수에 대해 연차미사용수당 지급 (D년도 마지막달 급여의 통상임금으로 D+1년 첫달에 지급)	D+1년도에 발생한 연차 중 미사용일수에 대해 연차미사용수당 지급(D+1년도 마지막달 급여의 통상임금으로 D+2년 첫달에 지급)

4) 근로계약기간이 1년 365일이면 연차휴가 11일, 366일이면 26일

최근 연차휴가 관련 대법원의 주요 판례가 있었다. 이 판례에 따라 노동부의 관련 지침도 변경(2021.12.15. 임금근로시간과−2861)되었다. 대법원에 따르면 연차휴가는 1월 또는 1년간 근로를 마친 다음 날 발생한다. 연차휴가 미사용수당은 연차휴가 발생 후 사용할 수 있는 기간(1년)이 경과된 후 미사용 연차에 대해 지급된다. 그런데 다음 연도나 다음 달 첫날에 근로관계가 없으면 연차휴가가 발생하지 않는다는 것이다. 즉, 근로계약 기간이 1년 365일인 경우 다음날(366일째) 근로관계가 없어 연단위 연차(예: 15일)가 발생하지 않고 따라서 이에 대한 연차휴가 미사용수당도 청구할 수 없게 된다. 이 지침 적용은 정규직, 계약직 모두 같다. 또한 모든 근속 년에도 적용되므로 3년 차, 9년 차 등 N년 차 근무 시에 만 1년(365일)만 근무하고 퇴직하여 다음 연도 첫날에 근로관계가 없으면 해당 연단위 연차가 발생하지 않는다. 반면 근로관계가 하루 더 있어 만 1년 1일(366일)을 근무하고 퇴직하면 연차가 발생한다. 단 하루 차이로 연차가 크게 달라지는 것이다.

Q-14 1년 기간제 근로계약 체결 근로자의 연차휴가일수는 11일? 또는 26일?

A 연차휴가를 사용할 권리 또는 연차휴가수당 청구권은 근로자가 전년도에 출근율을 충족하면서 근로를 제공하면 당연히 발생하는 것으로, 연차휴가를 사용할 해당 연도가 아니라 그 전년도 1년간의 근로에 대한 대가에 해당한다.

다만 연차휴가를 사용할 권리는 다른 특별한 정함이 없는 한 그 전년도 1년간의 근로를 마친 다음 날 발생한다고 보아야 하므로 그 전에 퇴직 등으로 근로관계가 종료한 경우에는 연차휴가를 사용할 권리에 대한 보상으로서의 연차휴가수당도 청구할 수 없다. 따라서 <u>1년 기간제 근로계약을 체결한 근로자에게는 최대 11일의 연차휴가가 부여된다</u>고 보아야 한다.

(대법 2021다 227100, 2021.10.14. 선고)

관련 고용노동부 행정(변경)지침 요약(2021.12.15. 임금근로시간과-2861)

① 1년간 80%의 출근율로 주어지는 15일의 연차는 그 1년간의 근로를 마친 "다음날" 발생하고, 계속근로 1년 미만일 때 1개월 개근 시 1일씩 주어지는 연차도 그 1개월의 근로를 마친 "다음날" 발생한다.

② 이번 판례는 계약직의 경우이나, 정규직의 경우에도 동일하게 해석한다.

- 즉, 정규직도 1년(365일) 근로한 후 퇴직하면 1년간 80%의 출근율에 따라 주어지는 15일의 연차에 대한 미사용 수당을 청구할 수 없고, 다음날인 366일째 근로관계 존속 후 퇴직하면 15일 연차 전부에 대해 수당으로 청구할 수 있다.
- 계속근로 1년 미만일 때 1개월 개근 시 1일씩 주어지는 연차도 그 1개월의 근로를 마친 다음날 근로관계 존속 후 퇴직해야 퇴직 전월의 개근에 대한 연차 미사용수당 청구가 가능하다.

③ 정규직이 마지막 근무하는 해에 1년(365일) 근무하고 퇴직하는 경우, 80% 출근율을 충족하더라도 그에 따라 주어지는 **15일의 연차**와 3년 이상 근속자에게 주어지는 **가산 연차**에 대한 미사용 수당을 모두 **청구할 수 없다.**

☞ **예시**

▶ 2022.1.1. 입사자가 2022.12.31.까지 1년365일 근무(퇴직일은 2023.1.1.)한 경우
   - 종전의 행정해석: 26일 발생
     • 1년 미만 연차 11일(매월 개근 시) + 1년 단위 연차(80% 이상 출근 시) 15일 발생
   - 변경된 행정해석: 11일 발생
     • 1년 미만 연차 11일(매월 개근 시) + 1년 단위 연차(80% 이상 출근 시) 미발생

(참고) 2022.1.1. 입사하여 2023.1.1까지 근무하고 퇴직(1년 + 1일 근무, 퇴직일은 2023.1.2.)한 경우에는 종전과 같이 26일(1년미만 연차 11일 + 1년 단위 연차(80% 이상 출근 시) 15일) 발생

> **Case-21** 1년 1일을 근로하고 퇴직한 근로자의 연차휴가일수는?

▸ 이 경우 1년의 근로를 마친 다음날(366일째) 근로관계가 있으므로 1년 미만일 때 1개월 개근 시마다 주어지는 연차 최대 11일(제60조제2항)과 함께, 1년간 80% 이상 출근율 요건을 충족하면 15일의 연차(제60조제1항)도 발생하여 최대 26일이 됨.

　※ 제60조제1항: 1년간 출근율 80% 이상일 때 부여
　　제60조제2항: 입사일로부터 1개월 단위 개근(결근이 없는 경우)일 때 1일 부여

▸ 이에 따라 근로자가 1년 1일을 근로하고 퇴직할 경우, 미사용한 연차휴가 모두(최대 26일)를 수당으로 청구할 수 있음.

> **Case-22** 만 7개월 근로(예: 1.1~7.31.) 후 퇴직한 경우 발생되는 연차휴가일수는?

▸ 제60조제2항에 따라 1년 미만인 근로자가 1개월 개근 시마다 발생하는 1일의 연차휴가도 그 1개월의 근로를 마친 다음날 근로관계가 있어야 발생함.

▸ 따라서, 7개월째는 개근한 경우라도 그 다음날(8.1.) 근로관계가 없으므로 연차휴가일수는 최대 6일만 발생함.

5) 연차휴가의 사용시기

연차휴가는 근로자가 청구한 시기에 주어야 한다. 다만, 근로자가 청구한 시기에 휴가를 주는 것이 사업 운영에 막대한 지장이 있는 경우에는 그 시기를 변경할 수 있다. 근로자에게 연차휴가를 부여하지 않으면 형사처벌 대상이 된다. 사용기간에 사용하지 못한 연차휴가는 연차휴가 미사용수당으로 통상임금을 지급해야 한다.

연차휴가 규정은 강행 규정이므로 약정휴일이나 약정휴가 부여를 이유로 연차휴가 일수를 15일보다 적게 주거나 무급으로 할 수 없다. 연차유급휴가는 상시근로자 수 5인 이상인 사업장에 적용되므로 4인 이하 사업장은 연차휴가를 유급으로 부여할 의무는 없다.

근로기준법 개정 이전에는 민간 기업체가 공휴일을 쉬면서 연차로 대체하여 차감하는 경우도 있었으나 법 개정으로 2022년부터 5인 이상 사업장에는 공휴일 및 대체공휴일이 연차와 별개인 법정 유급휴일이 됨에 따라 연차로 차감할 수 없게 되었다.

연차휴가는 발생일로부터 1년간 사용할 수 있다. 연차휴가 발생 후 1년이 경과하면 연차휴가는 소멸한다. 이때 사용하지 못한 연차휴가에 대하여는 연차휴가 미사용수당을 지급해야 한다. 근로자가 사용하지 못한 미사용 연차 1일에 대해 지급하는 연차휴가 미사용수당은 연차휴가를 사용할 수 있는 기간(발생일로부터 1년)의 마지막 달 급여의 통상임금 기준으로 1일분 통상임금을 지급한다.

단, 근속기간 1년 미만인 기간에 발생하는 월 단위 연차휴가는 입사일로부터 1년까지가 연차 사용기간이다. 즉, 월 단위 개근에 따라 다음 달 첫날 발생하는 연차휴가(최대 11일)는 전부 입사 후 1년이 되는 날에 휴가 사용기간이 만료된다. 입사 후 첫 달 개근으로 발생한 연차 1일과 입사 후 11번째 달 개근으로 발생한 연차 1일은 모두 사용기간이 입사 후 1년까지로 같아서 입사 후 1년이 경과하면 모두 소멸하는 것이다.

월 단위 연차휴가 중 미사용 연차에 대하여는 휴가청구권이 있는 마지막 달의 급여 기준으로 통상임금을 계산(근로개선정책과-4218, 2013.7.19.)하여 익월에 지급하는 것이 원칙이다.

Case-23 '21.1.1.입사자가 '21.1월 개근으로 '21.2.1.에 연차 1일이 발생하였다. 이 연차는 언제까지 사용할 수 있나?

▸ 당해 '21.12.31.까지 사용 가능
  - 근로기간이 1년 미만인 기간에 월 단위로 발생한 연차는 입사일로부터 1년간 미사용 시 한꺼번에 소멸
※ 법 제60조제2항에 따라 계속 근로기간이 1년 미만인 기간 동안 월 단위로 발생(1개월 개근시 1일)한 연차휴가(최대 11일)는 해당 근로자의 입사일로부터 1년 동안 사용하지 않으면 휴가청구권이 소멸됨(미사용 연차는 연차휴가미사용수당으로 지급).
  - 근로자는 1년 차에는 근로기간 1년 미만인 기간 동안 발생한 연차휴가(최대 11일)를 사용하고 2년 차에는 최초 1년간 근로에 따라 발생한 연차휴가(최대 15일)만 사용하게 됨.
(고용노동부 개정 근로기준법 설명자료, 2020. 3)

---

6) 연차휴가미사용수당 선지급의 문제점

사업장에서 포괄임금제로 연차휴가미사용수당을 월급이나 연봉에 포함해 미

리 선지급하는 경우가 있다. 이 방법은 법적으로 불가능한 것은 아니지만 연차휴가 부여 의무를 위반할 여지가 크고 수당을 지급하고도 또다시 지급하여야 하는 상황도 있을 수 있어서 바람직하지 않다. 예를 들어 연봉에 연차휴가미사용수당의 금액이나 개수를 구체적으로 명시하지 않고 '연봉에 연차휴가미사용수당 포함' 또는 '연차휴가수당 포함'이라는 막연한 문구로 근로계약하는 경우에는 연차휴가미사용수당이 미지급된 것으로 간주한다.

또한 연차를 1, 2개 사용한 근로자나 10개 사용한 근로자나 선지급한 수당의 사후정산이 없어 연차 사용의 차이에도 불구하고 급여의 차이가 없다면 연차휴가미사용수당이 지급되지 않은 것으로 볼 여지가 크다. 아울러 연차휴가미사용수당을 선지급하였어도 근로자가 연차 사용을 청구하면 허용해야 하며 만약 선지급을 이유로 연차 사용을 허용하지 않는다면 연차휴가미사용수당 지급과 관계없이 연차휴가 부여 의무 위반으로 형사처벌 대상이 된다.

Q-15 대다수 버스 업체들이 휴가청구권이 발생한 시기에 수당을 미리 지급(선지급)하고 있음.
- 그에 따라, 임금인상이 이루어진 해의 경우 휴가청구권이 소멸한 시기에 인상된 통상임금으로 수당을 산정(후지급)하면 그 차액이 발생함.
- 이 경우, 사업주가 그 차액을 지급하여야 하는지, 즉 미지급 시 임금체불로 볼 수 있는지 여부

A 사용자는 근로자가 연차유급휴가 청구권이 발생한 때로부터 1년간 연차유급휴가를 모두 소진하지 아니하였을 때는 연차유급휴가 청구권이 소멸된 날의 다음날에 연차유급휴가미사용수당을 지급하여야 함.
귀 질의의 경우와 같이 사용자가 근로자들에게 연차유급휴가미사용수당을 미리 지급하였더라도, 이후 임금인상 등의 이유로 통상임금이 상승하여 연차유급휴가청구권이 소멸된 날의 다음날 기준으로 산정한 연차유급휴가미사용수당과 <u>차액이 발생할 경우에는 그 차액만큼은 지급하여야 할 것임.</u>
아울러, 연차유급휴가미사용수당이 미리 지급되었다고 하더라도 <u>근로자의 휴가청구권 자체가 없어지는 것은 아니므로 사용자는 근로자가 휴가를 청구하는 경우에는 이를 거부할 수 없음.</u>

(근로개선정책과-3077, 2012-06-13)

---

7) 연차휴가의 회계연도 기준 부여

연차 유급휴가는 연 단위로 발생하므로 근로자별 입사일 기준으로 1년마다 산정하는 것이 원칙이나, 현실적인 노무관리 편의상 단체협약 또는 취업규칙으로 정하여 회계연도 기준으로 관리할 수도 있다. 회계연도 기준으로 연차휴가를 관리할 경우, 통상 1월 1일을 기준으로 전체 근로자의 연 단위 연차 유급휴가를 일괄 산정하여 부여하되, 연도 중 입사한 근로자에게 불리하지 않게 하여야 한다.

회계연도 기준으로 부여할 경우, 입사 후 1년 미만인 근로자는 입사일을 기준으로 1개월 개근 시마다 1일의 월 단위 연차휴가를 부여하고 다음 연도 1.1일에 전년도(입사년도)의 근속기간에 비례하여 유급휴가를 부여한다. 이후 연도부터는 회계연도를 기준으로 연차휴가를 부여하면 된다.

'22.7.1. 입사 근로자의 회계연도(1.1.~12.31.) 기준 연차 산정

구분 \ 발생시점	22.8	22.9	22.10	22.11	22.12	23.1	23.2	23.3	23.4	23.5	23.6	23.7
연단위 연차						7.5일						
월단위 연차	1	1	1	1	1	1	1	1	1	1	1	
누계(일)	1	2	3	4	5	13.5일						18.5일

근로기간 1년 미만
- → 월 단위 연차는 직원의 입사일을 기준으로 1개월 개근 시 1일의 연차 부여(매달 개근 시, 2023년 6월 개근까지 총 11일의 연차 유급휴가 발생)
- → 연 단위 연차는 처음 맞는 1.1일에는 1년이 안 되므로 근속기간에 비례(입사년도 재직일수/365 × 15일)한 연차 부여

근로기간 1년 이상 3년 미만
- → 매해 1.1.일에 15일의 연차휴가를 부여

근로기간 3년 이상
- → 매해 1.1.일에 기본 15일의 유급 휴가에 최초 1년을 초과하는 매 2년 마다 1일을 가산한 연차 휴가 부여(최대 25일)

시기별 연단위 연차 부여 예시

'22.7.1.　　'23.1.1.　　'24.1.1.　　'25.1.1.　　'26.1.1.

입사　　7.5일 부여　　15일　　15일　　16일

7.5일 = 15일 × (전년 재직일수<184>/365)

▌ 연차휴가의 회계연도 기준 부여 시 정산

연차휴가는 근로자의 입사일을 기준으로 부여하는 것이 원칙이므로 노무관리 편의상 회계연도 기준으로 연차휴가를 부여할 때에는 입사일 기준보다 불리하지 않도록 하여야 한다.

만약, 회계연도 기준으로 운영하다가 퇴직 시점에 정산한 결과, 총 연차휴가 일수가 근로자의 입사일을 기준으로 산정한 휴가일수에 미달하는 경우에는 그 미달하는 일수에 대하여 연차휴가미사용수당으로 정산하여 지급하여야 한다(근로개선정책과-5352, 2011.12.19..).

반대로 입사일 기준으로 산정한 연차일수보다 회계연도 기준으로 산정한 연차일수가 더 유리한 경우에는 회계연도 기준에 따라 연차휴가미사용수당을 지급해야 한다.(근로개선정책과-5802, 2009.12.31.). 다만, 회계연도 기준으로 부여하는 사업장 취업규칙 등에서 "퇴사시 연차일수는 입사일 기준으로 재산정하여 정산한다"는 별도의 규정이 있다면, 회계연도가 유리해도 입사일 기준으로 정산할 수 있다.

이 경우에는 '퇴사시 입사일 기준으로 연차휴가일수를 정산하며 정산결과, 연차 초과사용분이 있으면 임금에서 상계하여 공제함에 동의한다'는 내용을 근로계약서나 별도의 서면으로 작성해 두면 다툼이나 오해의 소지를 방지할 수 있다.

'22.7.1. 입사자의 회계연도 vs 입사일 기준 연차 산정 비교

회계연도 기준 (퇴사일이 '26.8.30)			입사일 기준					
			(퇴사일이 '26.8.30)			(퇴사일이 '26.5.1)		
구분	발생일	연차	구분	발생일	연차	구분	발생일	연차
1년미만	매월1일	11.0	1년미만	매월1일	11.0	1년미만	매월1일	11.0
1회계년	'23.1.1.	7.5	1년근무	'23.7.1.	15.0	1년근무	'23.7.1.	15.0
2회계년	'24.1.1.	15.0	2년근무	'24.7.1.	15.0	2년근무	'24.7.1.	15.0
3회계년	'25.1.1	15.0	3년근무	'25.7.1	16.0	3년근무	'25.7.1	16.0
4회계년	'26.1.1	16.0	4년근무	'26.7.1	16.0	4년근무	'26.7.1	0.0
합계		64.5	합계		73.0	합계		57.0

Q-16 회계연도 기준 연차휴가 부여방법 및 취업규칙 불이익 변경 해당 여부?

A 근로기준법 제60조의 연차유급휴가의 부여 요건인 출근율의 산정기준일은 근로자의 개인별 입사일을 기준으로 정하는 것이 원칙이나, 노무관리 편의를 위하여 취업규칙 등에 의하여 전 근로자에게 회계연도(1.1~12.31)를 기준으로 일률적으로 정할 수도 있음.

- 이때 중도 입사자에 대하여는 입사한 지 1년이 되지 않는 기간에 대하여도 연 단위 연차유급휴가를 일할 계산하여 부여하고, 퇴직연도에 있어서는 개별 근로자의 입사일을 기준으로 산정한 연차유급휴가일수와 취업규칙 등에 따라 부여한 연차유급휴가일수를 비교하여 부족할 경우에는 추가로 연차유급휴가를 부여하는 등 근로자에게 불이익하지 않도록 하여야 함.

귀 질의와 같이 취업규칙으로 연차유급휴가를 회계연도(1.1~12.31) 기준으로 하고 있는 사업장에서 2006.9.1부터 2007.12.31까지 근무한 근로자라면, **취업규칙에서 퇴직시점에 입사일 기준으로 재산정한다는 별도의 단서가 없는 이상** 연차유급휴가는 2006.9.1부터 2006.12.31까지의 기간에 대하여 5일을, 2007.1.1부터 2007. 12.31까지의 기간에 대하여 15일을 각각 부여하여야 할 것임.

연차유급휴가를 회계연도 기준에서 개별 근로자의 입사일 기준으로 하거나 퇴사시점에 입사일 기준으로 재산정하도록 취업규칙을 변경하는 것은 회계연도 중에 입사한 일부 근로자에게는 연차유급휴가 일수가 줄어들게 되는 결과를 가져오므로 취업규칙의 변경 시 불이익변경 절차를 거쳐야 할 것으로 사료됨.

(임금근로시간정책팀-489, 2008.02.28.)

8) 연차휴가 사용 촉진 제도로 연차휴가 미사용수당 지급의무 면제

연차휴가 사용 촉진 제도란 연차휴가 사용기간 만료 전에 근로자에게 연차 휴가 사용을 요청하여 연차 사용을 촉진하고, 사용자의 사용 요청에도 불구하고 근로자가 연차휴가를 사용하지 않을 때는 사용자가 사용 시기를 지정·통보하여 연차휴가를 사용하게 하는 제도이다. 근로기준법에서 정한 연차 사용 촉진 절차와 방식을 준수하여 시행하면 그 효과로 미사용 연차에 대한 보상 의무가 사라진다. 즉, 사용자가 연차휴가 사용 촉진을 적정하게 시행하여 사용 촉진 효력이 있는 때에는 근로자가 연차휴가를 사용하지 않아 사용기간이 만료된 미사용 연차휴가가 남아 있더라도 사용자의 연차휴가미사용수당 지급 의무가 면제되는 점이 이 제도의 특징이다. 연차 사용 촉진은 1차 촉진과 2차 촉진이 있다. 1차, 2차 촉진을 모두 일정에 맞게 서면으로 실행해야 연차 사용 촉진 효력이 인정된다.

연차 사용 1차 촉진을 하는 방법은 사용자가 연차휴가 발생일로부터 사용기간(1년)이 끝나기 6개월 전을 기준으로 10일 이내에 근로자 개개인 별로 사용하지 않은 연차 일수를 통지하고, 근로자가 그 사용 시기를 정하여 사용자에게 통보하도록 서면으로 촉구하여야 한다.

근로자가 촉구(1차 촉진)를 받은 때부터 10일 이내에 사용하지 아니한 휴가의 사용 시기를 정하여 사용자에게 통보하지 않으면 사용자는 2차 촉진으로 휴가 사용 가능 기간이 끝나기 2개월 전까지 그 근로자가 사용하지 아니한 휴가의 사용 시기를 사용자가 지정하여 근로자에게 서면으로 통보하여야 한다. 만약 근로자가 촉구(1차 촉진)를 받은 때부터 10일 이내에 사용하지 아니한 휴가 중 일부의 사용 시기만을 정하여 사용자에게 통보한 경우에는 사용자는 휴가 사용 가능 기간이 끝나기 2개월 전까지 나머지 휴가의 사용 시기를 지정하여 개별 근로자에게 서면으로 통보하여야 한다.

사용자가 위와 같은 사용 촉진 조치를 하였음에도 근로자가 연차휴가를 사용하지 아니하고 사용기간이 만료된 때에는 사용자는 그 사용하지 아니한 연차휴가에 대하여 보상할 의무가 없다(근로기준법 제61조). 단, 사용 촉진은 사내 공고나 연명부 알림을 통해 촉진할 경우 인정되지 않는다. 사용 촉진은 꼭 서면으로

개별 근로자에게 통보해야 효력이 있다. 문자로 하는 통보는 인정되지 않으며 전자 이메일 통보는 개별 근로자의 수신 여부가 확인되는 경우에만 인정이 되므로 서면으로 진행하는 것이 바람직하다.

1년 이상 근로자의 연 단위 연차휴가 사용 촉진 절차

(1월 1일 입사자 기준)

사용자	시기	근로자
< 1차 촉진 > 개인별 연차 미사용 일수 고지 및 연차 사용시기 지정·통보 요구	7.1.~7.10. (6개월 전, 10일간)	-
-	7.11.~7.20. (10일 이내)	사용시기 지정 · 통보
< 2차 촉진 > 근로자의 사용시기 미통보 시 사용자가 사용시기 지정·통보	7.21.~10.31.까지 (2개월전까지)	-

연차휴가 사용 촉진은 입사 후 1년 이상 직원과 1년 미만인 직원으로 나누어서 따로 촉진해야 한다. 입사 후 1년 미만의 직원은 매월 개근 시 다음 달에 1일의 연차유급휴가가 발생하는데 이 연차휴가의 사용기간은 입사일로부터 1년까지로 1년 이상 근무자에게 발생하는 연단위 연차와 소멸시기가 다르기 때문이다.

주의할 점은 연차사용 촉진 절차 진행 중 근로자가 지정된 휴가일에 출근했는데 이때 사용자가 노무수령을 거부한다는 의사를 적극적으로 명확하게 표시하지 않은 경우에는 회사가 연차휴가 사용촉진제도를 시행하였음에도 불구하고 연차휴가미사용수당을 보상할 의무를 부담한다(대법원 2019다279283, 2020.2.27.). 따라서 노무수령 거부의사를 명백하게 표시하여야 하며, 노무수령 거부의사 표시 방법으로는 연차휴가일에 해당 근로자의 출입을 통제하거나 최소한 책상이나 컴퓨터에 '노무수령 거부의사 통지'화면이 나타나도록 하여 해당 근로자가 사용자의 노무수령 거부의사를 인지할 수 있도록 표시하여야 한다(근로기준과 −351, 2010.3.22.).

1년 미만 근로자의 월 단위 연차휴가 사용 촉진 절차

(1월 1일 입사자 기준)

사용자	시기		근로자
	최초 9일	나머지 2일	
< 1차 촉진 > 개인별 연차 미사용일수 고지 및 사용시기 지정·통보 요구	10.1.~10.10. (3개월 전, 10일간)	12.1.~12.5. (1개월 전, 5일간)	-
-	10.11.~10.20. (10일 이내)	12.6.~12.15. (10일 이내)	사용시기 지정·통보
< 2차 촉진 > 근로자의 사용시기 미통보 시 사용자가 사용시기 지정·통보	10.21~11.30까지 (1개월전까지)	12.16~12.21까지 (10일 전까지)	-

　　1년 미만 근로자는 최초 발생 9일과 나머지 2일에 대한 촉진 시기가 다른 점을 유의해야 한다. 그리고 사용 촉진의 1차, 2차 촉진 시기 준수 여부는 통보 발송 시점이 아니라 근로자에게 도달한 시점을 기준으로 한다. 따라서 서면 통보는 해당 시기 내에 근로자에게 도달하도록 해야 한다. 또한 연차사용 촉진 조치로 연차휴가 사용시기를 지정해 근로자에게 통보하였다 하더라도 근로자가 연차휴가 사용 지정일 이전에 퇴사하는 경우에는 이는 정상적으로 연차휴가를 사용한 것이 아니므로 미사용 연차휴가에 대한 수당을 지급해야 한다.

Q-17 연차 사용 촉진 절차에 따라 근로자가 연차 사용일로 정하여 통보한 날짜에 출근하여 근무한 경우에 연차휴가미사용수당 지급여부는?

A 연차휴가 미사용은 근로자의 자발적인 의사에 따른 것이어야 한다. 근로자가 지정된 휴가일에 출근하여 근로를 제공한 경우 사용자가 휴가일에 근로한다는 사정을 알고도 노무의 수령을 거부한다는 의사를 명확하게 표시하지 않았거나 근로자에 대하여 업무 지시를 하였다면 특별한 사정이 없는 한 근로자가 자발적인 의사에 따라 휴가를 사용하지 않은 것으로 볼 수 없어 <u>사용자는 근로자가 이러한 근로의 제공으로 인해 사용하지 아니한 휴가에 대하여 여전히 보상할 의무를 부담</u>한다.

(대법 2019다279283, 2020.2.27)

Q-18 1년 미만 연차휴가(최대 11일) 중 나중에 발생한 연차휴가를 먼저 사용한 것으로 처리할 수 있는지?

A 근로자가 연차휴가를 사용하는 경우 <u>선입선출에 따라 먼저 발생한 휴가를 사용하는 것으로 처리하는 것이 원칙</u>이나,

- 취업규칙이나 단체협약 등 노사합의 또는 근로자의 신청(청구)이나 동의가 있으면 나중에 발생한 연차휴가를 먼저 사용한 것으로 처리할 수 있음.

Q-19 사용자의 1차 촉진에 따라 근로자가 사용시기를 지정했으나, 남은 휴가 일수의 일부만 시기를 정하여 사용자에게 통보한 경우, 근로자가 사용시기를 지정하지 않은 연차에 대하여도 금전보상의무가 면제되는지?

A 법 제61조에 따라 사용자는 근로자가 1차 촉진(사용시기 지정 촉구)을 받은 날로부터 10일 이내에 사용시기를 정하여 통보하지 않은 경우에는 2차 촉진(사용자가 사용시기를 지정하여 근로자에게 통보)을 해야 미사용 연차휴가에 대한 보상의무가 면제됨

사용자의 1차 촉진(사용시기 지정 촉구)에 따라 근로자가 남은 연차휴가 중 일부에 대하여만 사용시기를 정하여 사용자에게 통보하였다면, 나머지 연차휴가에 대하여는 사용시기를 정하여 통보하지 않은 것이 됨. 따라서 <u>근로자가 사용시기를 정하지 않은 나머지 연차휴가에 대하여 2차 촉진(사용자가 사용시기를 지정하여 근로자에게 통보)을 해야 이에 대한 금전보상의무가 면제되는 것임.</u>

Q-20 회계연도 기준으로 연차휴가를 부여하는 경우, 연도 중 입사자에게 2년 차에 부여하는 연차휴가에 대한 사용촉진이 가능한지?

A 회계연도 기준으로 연차휴가를 부여하는 경우 연도 중 입사자에게 2년 차에 부여하는 연차휴가는 1년 이상 근로자의 연차(15일)를 1년차 근속기간(입사일~12.31.)에 비례하여 부여한 것으로, 법 제60조제1항에 따라 발생하는 1년 이상 근로자의 연차에 해당하므로, 법 제61조제1항에 따른 연차사용촉진이 가능

Q-21 취업규칙에 연차사용촉진제도를 새롭게 규정하는 것이 취업규칙 불이익 변경에 해당하는지?

A 취업규칙에 정한 바가 없더라도 법 제 61조에 따라 연차사용촉진이 가능하므로 <u>취업규칙에 연차사용촉진제도를 새롭게 규정하는 것은 법에 따른 내용을 반영하는 것으로, 불이익 변경으로 보기는 어려움.</u>

(고용노동부 1년 미만 연차휴가 사용 촉진 관련 주요 Q&A, 2020.5)

Q-22 기간제 근로자의 근로계약 기간이 1년 미만인 경우에도 연차 사용 촉진이 가능한지?

A 안 됨. 법 제61조제2항은 "최초 1년의 근로기간이 끝나는 날"을 기준으로 사용 촉진을 하도록 하고 있고, "최초 1년의 근로기간이 끝날 때까지" 연차휴가를 사용하지 않으면 보상의무가 소멸된다고 규정하고 있으므로, 1년간의 근로가 예정되어 있지 않은 계약기간 1년 미만의 기간제 근로자에게는 연차 사용 촉진이 적용된다고 볼 수 없음.
- 단, 1년 미만 근로계약을 체결하였다 하더라도, 근로계약 갱신 또는 계약기간 연장 등으로 근로관계의 단절 없이 1년 이상의 근로가 예정되어 있는 경우라면 법 제61조 제2항에 따른 연차사용촉진 조치를 할 수 있음.

(고용노동부 1년 미만 연차휴가 사용 촉진 관련 주요 Q&A, 2020.5)

Q-23 취업규칙에 1년 미만 연차휴가를 "입사한 다음해의 12.31.까지" 사용가능하도록 규정한 경우에도 연차 사용 촉진이 가능한지?

A 가능함. 법 제61조제2항은 "계속하여 근로한 기간이 1년 미만인 근로자의 제60조제2항에 따른 유급휴가"를 연차 사용 촉진의 대상으로 규정하고 있으므로, 취업규칙 등 노사합의로 법 제60조제7항에 따른 연차휴가의 사용기간을 늘인 경우에도 "계속하여 근로한 기간이 1년 미만인 근로자의 제60조제2항에 따른 유급휴가"인 이상 연차 사용 촉진은 가능
- 한편, 법 제61조제2항은 "최초 1년의 근로기간이 끝나는 날"을 기준으로 이전 3개월 (또는 1개월) 전 사용 촉진을 하도록 규정하고 있으므로, 취업규칙 등 노사합의에 따라 사용기간이 연장되었더라도, <u>"최초 1년의 근로기간이 끝나는 날"을 기준으로 사용촉진을 해야 할 것임.</u>
- 즉, 노사합의로 1년 미만 연차휴가의 사용기간을 연장하더라도 "입사한 다음 해의 12.31."을 기준으로 사용 촉진하거나, "최초 1년의 근로기간이 끝나는 날"을 기준으로 사용 촉진하면서 휴가 사용시기를 최초 1년의 근로기간이 끝나는 날 이후부터 입사한 다음 해의 12.31. 사이에 지정하는 것은 허용되지 않음.

(고용노동부 1년 미만 연차휴가 사용 촉진 관련 주요 Q&A, 2020.5)

Q-24 앞의 사례에 따라 연차사용 촉진을 한 이후에도 "입사한 다음 해의 12.31.까지"는 사용이 가능한지?

A 가능함. 연차 사용 촉진에 따른 효과는 <u>"보상의무가 소멸"되는 것이지, 연차휴가 자체가 소멸되는 것으로는 볼 수 없고,</u> 노사 간 연차수당을 지급하는 대신 이월하여 사용토록 하거나, 사용기간을 연장하는 합의도 유효하므로('09.2.20, 근로조건지도과-1046 등) 사용자의 연차 사용 촉진에 따라 해당 연차휴가에 대한 보상의무는 "최초 1년의 근로기간이 끝"난 후에 소멸되나,
- 노사합의에 따른 사용기간까지는 여전히 사용이 가능하다고 보는 것이 타당함.

(고용노동부 1년 미만 연차휴가 사용 촉진 관련 주요 Q&A, 2020.5)

연차 사용 촉진 제도는 사용자가 임의로 시행할 수 있는 제도이긴 하나 만약, 단체협약으로 사용자의 일방적인 연차휴가 사용 촉진 조치를 금지하고 있거나 노사간의 합의 또는 협의가 있어야 한다고 규정하고 있는 경우에는 그에 따라야 한다. 단체협약으로 연차휴가 사용 강요 금지와 미사용 연차유급휴가에 대한 수당지급을 규정한 경우에는 사용자는 법상의 연차휴가 사용 촉진 조치를 할 수는 있으나, 미사용 휴가일수에 대하여는 수당을 지급하여야 한다(임금근로시간 정책팀-2239, 2007.6.28.).

다. 휴게시간

휴게시간이란 근로시간 도중에 근로자가 사업주의 지휘감독에서 벗어나 자유롭게 사용할 수 있는 시간을 말한다. 근로기준법 제54조에서는 근로시간이 4시간인 경우에는 30분 이상, 8시간인 경우에는 1시간 이상의 휴게시간을 근로시간 도중에 주도록 하고 있으며 이 휴게시간은 근로자가 자유롭게 이용할 수 있다고 규정하고 있다.

일반적으로 오전 9시부터 오후 6시까지 근무하는 사업장에서 점심식사 시간을 1시간 부여하는 것이 이 규정에 적합한 것이다. 만약 점심식사 시간을 1시간 미만으로 예를 들어 30분만 부여한다면 법 위반으로 처벌 대상이 되는 것은 물론이고 30분 근로에 대해서는 연장근로 가산임금을 지급하여야 한다.

7. 유연근로와 근로시간 적용제외

가. 유연근로

산업사회에서 정보사회로 빠르게 변화하면서 산업현장에는 근로시간 운영에 유연한 대응의 필요성이 커지고 이에 따라 1997년 3월 근로기준법 개정 시에 유연근로제가 도입되었다. 대표적인 유연근로제도로는 탄력적 근로시간제와 선택적 근로시간제가 있다.

1) 탄력적 근로시간제

탄력적 근로시간제란 일정 단위기간을 정하고 그 기간 내에서 일이 많은 주

(일)의 근로시간을 늘리는 대신 다른 주(일)의 근로시간을 줄여서 평균적으로 법정 근로시간(주40시간) 이내로 근로시간을 맞추는 근무제도이며 시기별(성수기, 비수기, 계절) 업무량 편차가 큰 업종에 효율적이다.

탄력적 근로시간제를 법정 요건에 맞게 합법적으로 시행할 경우 특정 주(일)에 법정 근로시간(1일 8시간, 1주 40시간)을 초과하더라도 단위 기간 내 평균 근로시간이 법정 근로시간 범위 이내이면 연장근로로 보지 않으므로 연장근로수당이 지급되지 않는다. 단, 탄력적 근로시간제에서도 야간근로(오후 10시부터 다음날 오전 6시 사이의 근로)에 대해서는 가산수당을 지급해야 한다. 단위기간은 ① 2주 이내 ② 3개월 이내 ③ 3개월 초과 6개월 이내가 있다.

가) 2주 이내 탄력적 근로시간제

사용자가 2주 이내 단위의 탄력적 근로시간제를 실시하기 위해서는 취업규칙(취업규칙에 준하는 것을 포함한다)에서 정하는 바에 따라 2주 이내의 일정한 단위 기간을 평균하여 1주 간의 근로시간이 40시간을 초과하지 아니하는 범위에서 특정한 주에 40시간을, 특정한 날에 8시간을 초과하여 근로하게 할 수 있다. 다만, 특정한 주의 근로시간은 48시간을 초과할 수 없다. 또한 취업규칙에 "회사는 업무의 사정에 따라 2주 이내의 단위 기간을 설정하여 탄력적 근로시간제를

2주 이내 단위 탄력적 근로시간제 취업규칙 예시

제○○조(탄력적근로시간제)
① 회사는 ○월부터 ○월까지 ○개월 동안 생산직 사원에 대하여 다음 각 호에 정하는 바에 따라 2주 단위의 탄력적 근로시간제를 시행한다.
1. 주당 근무시간: 첫째 주 ○○시간, 둘째 주 ○○시간
2. 첫째 주의 1일 근무시간: ○요일부터 ○요일까지 ○○시간(○○:○○부터 ○○:○○까지)
3. 둘째 주의 1일 근무시간: ○요일부터 ○요일까지 ○○시간(○○:○○부터 ○○:○○까지)
② 회사는 제1항에 따라 사원이 첫째 주에 ○○시간을 근무한 경우 8시간을 초과한 시간에 대하여는 가산수당을 지급하지 아니한다.
③ 15세 이상 18세 미만의 사원과 임신 중인 여성사원은 탄력적 근로시간제를 적용하지 아니한다.
④ 본 제도의 유효기간은 제도 적용 시점부터 1년으로 한다.

도입할 수 있다" 등과 같이 선언적 규정만을 명시하여 놓고 사용자가 필요한 시기에 임의로 제도를 도입하는 것은 적법하게 도입한 것으로 볼 수 없다.

나) '3개월 이내', '3개월 초과 6개월 이내' 탄력적 근로시간제

'3개월 이내' 및 '3개월 초과 6개월 이내' 탄력적 근로시간제는 3개월 이내 또는 3개월 초과 6개월 이내의 단위기간을 평균하여 1주간의 근로시간이 40시간을 초과하지 않는 범위에서 특정주에 40시간, 특정일에 8시간을 초과하여 근로할 수 있는 제도이다. 다만, 특정한 주의 근로시간은 52시간, 특정일의 근로시간은 12시간을 초과하여 근로할 수는 없다. 이 제도는 장시간의 집중근로가 장기간 가능하므로 회사의 일방적인 운영보다는 노사간 공감대 형성이 중요하며, 법에 따라 취업규칙이 아니라 근로자대표와 서면합의로 대상 근로자의 범위, 3개월 이내 단위 기간, 단위 기간의 근로일과 근로일별 근로시간, 서면합의 유효기간 등을 정하여 실시하여야 한다.

'3개월 초과 6개월 이내' 탄력적 근로시간제는 '3개월 이내' 탄력적 근로시간제와 실시요건 등이 유사하나 다만, ① 근로일 종료 후 다음 근로일 개시 전까지 근로자에게 연속하여 11시간 이상의 휴식 시간을 주어야 하며 ② 각 주의 근로일이 시작되기 2주 전까지 근로자에게 해당주의 근로일별 근로시간을 통보하여야 하고 ③ 사용자는 탄력근로제 도입시 기존 임금수준이 저하되지 않도록 임금보전방안을 마련해 지방노동청에 신고해야 하는 점 등에서 차이가 있다.

탄력적 근로시간제에서 근로자가 소정근로일에 결근한 경우에는 그 날에 근로하기로 정한 시간만큼을 무급으로 처리하며, 주휴일의 유급임금은 일급 통상임금으로 지급하는 것이 원칙이다. 즉, 탄력적 근로시간제를 적용받는 근로자가 특정일에 결근한 경우 주휴일에 대하여는 일급 통상임금만큼을 무급으로 처리하면 된다.

연차휴가는 시간 단위가 아닌 일 단위로 부여 하여야 하므로 근로일별로 근로시간이 다른 탄력적 근로시간제에 있어서도 근로자대표와의 서면합의 또는 취업규칙에 달리 정함이 없다면 1일의 연차휴가를 사용한 것으로 보아야 할 것이다. 이에 관하여 노사 간 갈등을 피하기 위해서는 근로자대표와 서면합의 또는 취업규칙에 1일 연차유급휴가 사용 시간에 관한 합리적 기준을 정하는 것이 필요하다.

3개월 이내 탄력적 근로시간제 노사합의서 예시

주식회사 ○○ 대표이사 _____와 근로자대표 _____는 3월 단위 탄력적 근로시간제에 관하여 다음과 같이 합의한다.

제1조(목적) 이 합의서는 근로기준법 제51조제2항에 따라 3월 단위 탄력적 근로시간제를 실시하는데 필요한 사항을 정하는 것을 목적으로 한다.

제2조(적용대상자) 이 합의서의 내용은 전체 생산직 근로자에 적용한다.

제3조(단위기간) 이 합의서의 단위기간은 매분기 초일부터 매분기 말일까지로 한다.

제4조(근로시간) 3월 단위 탄력적 근로시간제 단위기간에 있어서 1일의 근로시간, 시업시간, 종업시간 및 휴게시간은 다음과 같다.

구분		1일 근로시간	시업시간	종업시간	휴게시간
○월	1일~말일	7시간(월~금)	09:00	17:00	12:00~13:00
○월	1일~말일	8시간(월~금)	09:00	18:00	12:00~13:00
○월	1일~말일	9시간(월~금)	09:00	19:00	12:00~13:00

제5조(휴일) 단위기간 중 주 2일(토·일요일)은 휴무하되, 휴일은 일요일로 한다.

제6조(적용제외) 연소근로자(15세 이상 18세 미만)와 임신 중인 여성근로자에게는 본 합의를 적용하지 아니한다.

제7조(연장근로 가산임금) 근로일별 근로하기로 정한 시간을 초과한 경우 통상임금의 50%를 가산임금으로 지급한다.

제7조(연장·야간·휴일근로) 연장·야간·휴일근로에 대해서는 근로기준법 제56조 및 취업규칙 제○○조에 따라 가산하여 지급한다.

제8조(유효기간) 이 합의서의 유효기간은 ○○○○년 ○월 ○일부터 1년간으로 한다.

20○○. . .

주식회사 ○○ 대표이사   (인)   근로자대표   (인)

유의할 점은 탄력적 근로시간제의 단위기간 중 전출, 퇴사 또는 전입, 입사 등의 사정으로 근로자가 근로한 기간이 그 단위기간보다 짧은 경우에는 그 단위기간 중 해당 근로자가 근로한 기간을 평균하여 1주간에 40시간을 초과하여 근로한 시간 전부에 대하여 가산임금을 지급하여야 한다. 또한 탄력적 근로시간제는 연소자(15세 이상 18세 미만, 취직인허증을 보유한 15세 미만)와 임신 중인 여성 근로자에 대해서는 적용할 수 없다.

단위기간별 탄력적 근로시간제 비교

구분	2주 이내 탄력적 근로시간제	3개월 이내 탄력적 근로시간제	3개월 초과 6개월 이내 탄력적 근로시간제
의의	2주 이내 단위기간을 평균하여 1주 근로시간이 40시간을 초과하지 않는 범위에서 특정 주에 40시간, 특정일에 8시간을 초과하여 근로	3개월 이내 또는 3개월 초과 6개월 이내의 단위기간을 평균하여 1주간의 근로시간이 40시간을 초과하지 않는 범위에서 특정주에 40시간, 특정일에 8시간을 초과하여 근로	
실시요건	① **취업규칙**(10인 이상 사업장) 또는 이에 준하는 것(10인 미만 사업장)에 규정함 ② 특정주 48시간을 초과하지 못함	① 근로자대표와 **서면합의** 　- 대상근로자 범위, 단위기간, **근로일 및 근로일별 근로시간**, 서면합의 유효기간 ② 단위기간 3개월 이내 ③ 특정주 52시간, 특정일 12시간을 초과하지 못함	① 근로자대표와 **서면합의** 　- 대상근로자 범위, 단위기간, **단위기간의 주별 근로시간**, 서면합의 유효기간 ② 3개월 초과 6개월 이내 (4개월, 5개월, 6개월 등) ③ 특정주 52시간, 특정일 12시간을 초과하지 못함
유효기간 설정	유효기간을 정할 의무 없음	근로자대표와의 서면합의로 정함	
1주 최장 근로시간	**60시간**(48 + 연장12) *연장근로: 1주 12시간 가능	**64시간**(52 + 연장12시간) *연장근로: 1주 12시간 가능	
연장근로 되는 경우 (가산임금 지급)	단위기간을 평균한 1주 근로시간을 40시간으로 정한 경우 아래의 어느 하나에 해당하면 연장근로 ① 단위기간을 평균한 1주 간의 근로시간이 40시간 초과 ② 특정주의 근로시간이 48시간 초과	단위기간을 평균한 1주 근로시간을 40시간으로 정한 경우 아래의 어느 하나에 해당하면 연장근로 ① 단위기간을 평균한 1주 간의 근로시간이 40시간 초과 ② 특정주의 근로시간이 52시간 초과 　특정일의 근로시간이 12시간 초과 ③ 서면합의로 정한 단위기간의 근로일 및 근로일별 근로시간 초과	
임금보전 방안 강구	① 사용자는 탄력근로제 도입 경우 기존 임금수준이 저하되지 않도록 임금보전방안을 강구해야 함 ② 고용노동부장관은 필요한 경우 임금보전방안을 제출하게 하거나 이를 직접 확인할 수 있음		사용자는 탄력근로제 도입시 기존 임금수준이 저하되지 않도록 임금보전방안을 마련해 **지방노동관서에 신고***
중도 입·퇴사 등	중도 입·퇴사, 전환배치 등으로 탄력근로제의 단위기간이 중단되거나, 단위기간 중도에 탄력근로제를 적용받게 된 경우에는 탄력근로제를 적용받은 실 근로기간에 대해 그 기간 평균 **1주 40시간을 초과한 시간**에 대해서 통상임금의 50% 이상을 할증		
적용제외	① 연소자(15세 이상 18세 미만), 취직인허증을 보유한 15세 미만 ② 임신 중인 여성근로자		

* 위반시 과태료 부과(단, 근로자대표와 서면합의로 임금보전방안을 마련한 경우 생략 가능)

2) 선택적 근로시간제

선택적 근로시간제란 취업규칙(취업규칙에 준하는 것을 포함)에 따라 업무의 시작 및 종료 시각을 근로자의 자율적인 결정에 맡기기로 한 근로자에 대하여 근로자대표와의 서면합의에 따라 1개월(신상품 또는 신기술의 연구개발 업무의 경우에는 3개월로 한다) 이내 정산 기간을 평균하여 1주간의 근로시간이 법정근로시간(1주 40시간, 1일 8시간)을 초과하지 아니하는 범위 내에서 1주 및 1일의 법정근로시간(1주 40시간, 1일 8시간)을 초과하여 근로하게 할 수 있는 제도이다.

선택적 근로시간제에서는 일 또는 주에 법정 근로시간을 초과해서 근로해도 법에 위반되지 않는다. 연장근로 여부는 정산 기간 이후에야 알 수 있으며 연장근로 가산수당을 지급해야 하는 시간은 정산기간에 있어 총 법정근로시간(소정근로일수 × 8시간)을 초과한 시간이 된다.

선택적 근로시간제를 시행하기 위해서는 취업규칙 또는 이에 준하는 것에 업무의 시작 및 종료 시각을 근로자 결정에 맡긴다는 내용과 맡기기로 한 근로자를 기재하여야 하고 근로자대표와 서면합의로 ① 대상 근로자의 범위(15세 이상 18세 미만의 근로자는 제외한다) ② 정산기간 ③ 정산기간의 총 근로시간 ④ 반드시 근로하여야 할 시간대를 정하는 경우에는 그 시작 및 종료 시각 ⑤ 근로자가 그의 결정에 따라 근로할 수 있는 시간대를 정하는 경우에는 그 시작 및 종료 시각 ⑥ 표준근로시간(유급휴가 등의 계산 기준으로 사용자와 근로자대표가 합의하여 정한 1일의 근로시간을 말한다) 등을 정하여야 한다.

선택적 근로시간제를 취업규칙 또는 서면합의 없이 실시하는 등 법적인 요건에 맞지 않게 시행할 경우, 선택적 근로시간제 효력을 인정받지 못하여 법정근로시간(1주 40시간, 1일 8시간)을 초과한 시간에 대해 연장근로 가산수당을 지급하여야 한다. 선택적 근로시간제는 완전선택적 근로시간제와 부분선택적 근로시간제가 있다. 완전선택적 근로시간제는 정산기간 중 업무의 시작 및 종료시각이 근로자의 자유로운 결정에 맡겨져 있고 사용자가 관여하지 않는 제도이다. 부분선택적 근로시간제는 일정한 시간대를 정하여 그 시간(의무적 근로시간대)에는 근로자가 사용자로부터 시간적 구속과 업무지시를 받고 나머지 시간(선택적 근로시간대)은 근로자가 자유롭게 결정한다.

선택적 근로시간제와 다른 제도와의 차이

선택적 근로시간제	자유출퇴근제	시차출퇴근제

• 근로일별 근로시간의 배분과 업무의 시작 및 종료시각을 근로자의 재량에 맡기는 제도
• 1일 8시간, 1주 40시간의 근로시간이 적용되지 않아 이 시간을 초과하더라도 연장근로가산수당 미발생
	• 출근시간이 일단 설정되면 그 날의 근로시간에 따라 퇴근시간이 자동적으로 결정되므로 출근시각만 근로자 재량에 맡기는 제도
	• 1일 8시간, 1주 40시간의 근로시간이 적용되어 이 시간을 초과하는 경우 연장근로가산수당 발생
		• 회사에서 정한 시간에 근무해야 하는 제도
		• 기존 09:00부터 18:00까지 근무했던 사업장이 1일 8시간을 유지하되, 출퇴근시간을 조정하는 경우
		  - 08:30~17:30,
		    09:30~18:30 등
		• 1일 8시간, 1주 40시간의 근로시간이 적용되어 이 시간을 초과하는 경우 연장근로가산수당 발생

출처: 고용노동부 유연근로시간제 가이드, 2018년

선택적 근로시간제 취업규칙 예시

제○○조(선택적 근로시간제)

① 회사는 다음 각 호의 어느 하나에 해당하는 사원에 대하여는 사원대표와 서면으로 합의한 내용에 따라 근로기준법 제52조에 따른 선택적 근로시간제를 시행할 수 있다. 선택적 근로시간제 시행 사원에 대하여는 업무의 시작 및 종료 시각을 사원의 결정에 맡기기로 한다.

1. 영업팀 사원
2. 소프트웨어 개발팀 소속 사원
3. 연구소 연구개발팀 소속 사원
4. 디자인·설계팀 소속 사원

② 회사가 선택적 근로시간제를 시행하는 경우에는 정산 기간을 평균하여 1주간의 근로시간이 40시간을 초과하지 아니하는 범위에서 1주에 40시간, 1일에 8시간을 초과하여 근로하게 할 수 있다.

③ 제1항 및 제2항에 따라 정산 기간을 평균한 1주간의 근로시간이 40시간을 초과하지 않는 경우, 특정한 날 또는 주에 법정근로시간을 초과한 시간에 대하여는 가산수당을 지급하지 아니한다.

④ 15세 이상 18세 미만의 사원은 선택적 근로시간제를 적용하지 아니한다.

선택적 근로시간제 서면합의서 예시

주식회사 ○○○ 대표이사 _____와 근로자대표 _____는 선택적 근로시간제에 관하여 다음과 같이 합의한다.

제1조(목적) 이 합의서는 근로기준법 제52조와 취업규칙 제○조에 의해 선택적 근로시간제에 필요한 사항을 정하는 것을 목적으로 한다.

제2조(적용범위) 선택적 근로시간제는 과장급 이상의 관리·감독 및 영업업무에 종사하는 자를 대상으로 한다.

제3조(정산기간) 근로시간의 정산기간은 매월 초일부터 말일까지로 한다.

제4조(총 근로시간) '1일 8시간 × 해당 월의 소정근로일수(휴일·휴무일은 제외)'로 계산한다.

제5조(표준근로시간) 1일의 표준근로시간은 8시간으로 한다.

제6조(의무시간대) 의무시간대는 오전 10시부터 오후 4시까지로 한다. 다만, 정오부터 오후 1시까지는 휴게시간으로 한다.

제7조(선택시간대) 선택시간대는 시작시간대 오전 8시부터 10시, 종료시간대 오후 4시부터 7시로 한다.

제8조(가산수당) 업무상 부득이한 경우에 사용자의 지시 또는 승인을 받고 휴일 또는 야간시간대에 근무하거나, 제4조의 근무시간을 초과하여 근무한 시간에 대해 가산수당을 지급한다.

제9조(임금공제) 의무시간대에 근무하지 않은 경우 근무하지 않은 시간만큼 임금을 공제하며, 의무시간 시작시간을 지나 출근하거나 의무시간 종료 전에 퇴근한 경우에는 지각, 조퇴로 처리한다.

제10조(유효기간) 이 합의서의 유효기간은 ○○○○년 ○월 ○일부터 1년간으로 한다.

20○○.   .   .

근로자대표   (인)   주식회사 ○○○ 대표   (인)

출처: 고용노동부 유연근로시간제 가이드, 2018년

선택적 근로시간제는 근로일 및 근로시간 대에 따라 업무량 편차가 있고 업무 조율이 가능한 소프트웨어 개발, 사무관리, 연구, 디자인, 설계 업무 및 출·퇴근 등에 엄격한 제한을 받지 않는 관리·감독업무 종사자, 근로의 양보다 질이 중시되는 전문직 종사자에 적용이 가능하다.

선택적 근로시간대를 도입하더라도 출근율에 따라 주휴일과 연차휴가를 부여하여야 하며 휴일·휴가수당은 표준근로시간(예: 1일 8시간)에 해당하는 임금으로 계산한다.

의무적 근로시간대가 휴일 또는 야간근로시간대(오후 10시~오전 6시)에 걸쳐 있는 경우에는 그 시간에 대한 휴일 또는 야간근로 가산수당을 지급하여야 하고 또한, 선택적 근로시간대가 휴일 또는 야간근로시간대에 걸쳐 있는 경우에도 그 시간대에 이루어진 근로에 대해서는 휴일 또는 야간근로 가산수당을 지급하여야 한다.

3) 사업장 밖 간주근로시간제

사업장 밖 간주근로시간제란 근로자가 출장이나 그 밖의 사유로 근로시간의 전부 또는 일부를 사업장 밖에서 근로하여 근로시간을 산정하기 어려운 경우에 소정근로시간을 근로한 것으로 간주하는 제도이다. 다만, 그 업무를 수행하기 위하여 통상적으로 소정근로시간을 초과하여 근로할 필요가 있는 경우에는 그 업무의 수행에 통상 필요한 시간을 근로한 것으로 보아야 하며 또한 근로자대표와의 서면합의를 한 경우에는 그 합의에서 정하는 시간을 그 업무의 수행에 통상 필요한 시간으로 본다.

사업장 밖 간주근로시간제는 ① 사업장 밖 근로로서 ② 근로시간을 산정하기 어려운 경우에 ③ 근로한 것으로 인정하는 시간을 정하여 실시할 수 있다. 탄력적·선택적 근로시간제는 근로시간 조정 및 배분 등을 통한 근로시간 형태의 변화가 있으나, 사업장 밖 간주근로시간제는 현재 근로시간 형태의 변경 없이 근로시간을 계산하는 방법만 편리하게 정하는 제도로서 이 제도에서는 근로자가 실제 근로한 시간과 관계 없이 ① 소정근로시간 ② 업무수행에 통상적으로 필요한 시간 ③ 노·사가 서면으로 합의한 시간 중 어느 하나를 근로시간으로 간주하는 것이다.

사업장 밖 간주근로시간제에서도 연장·휴일·야간근로가 발생한 경우 가산수당을 지급하여야 하고, 휴일·휴가는 출근율에 따라 별도로 부여하여야 한다.

이 제도는 근로자의 개별적 동의를 받아 실시하는 것이 가능하며, 반드시 취업규칙을 변경할 필요는 없다. 다만, 통상근로자와 비교하여 근로시간 산정 방법이나 임금·수당의 계산 방법 등 제도 운영과정에서 혼란을 방지하기 위해 취업규칙에 관련 내용을 명시하는 것이 바람직하다.

사업장 밖 간주근로시간제 서면합의서 예시

주식회사 ○○ 대표이사 _____와 근로자대표 _____는 취업규칙 제○○조에 따라, 근로자에 대하여 사업장 밖 근로를 시키는 경우의 근로시간 산정에 관하여 다음과 같이 합의한다.

제1조(대상의 범위) 이 합의서는 영업부 및 판매부에 속하는 사업으로 주로 사업장 밖의 업무에 종사하는 자에게 적용한다.

제2조(인정근로시간) 제1조에 정한 직원이 통상근로시간의 전부 또는 일부를 사업장 밖에 있어서의 업무에 종사하고, 근로시간을 산정하기 어려운 경우에는 휴게시간을 제외하고 1일 9시간을 근로한 것으로 본다.

제3조(휴게시간) 제1조에 정한 직원에 대해 취업규칙 제○○조에 정한 휴게시간을 적용한다. 다만, 업무에 따라서는 정해진 휴게시간에 휴게할 수 없는 경우는 별도의 시간대에 소정의 휴게를 부여하는 것으로 한다.

제4조(휴일근로) 제1조에 정한 직원이 특별한 지시에 따라 취업규칙 제○○조에 정한 휴일에 근무한 경우에는 회사는 취업규칙 제○○조에 기초하여 휴일근로 가산수당을 지급한다.

제5조(야간근로) 제1조에 정한 직원이 특별한 지시에 따라 야간(22:00~06:00)에 근무한 경우에는 취업규칙 제○○조에 기초하여 야간근로 가산수당을 지급한다.

제6조(연장근로) 제2조에 따라 근무로 인정된 시간 중 소정근로시간을 넘는 시간에 대해서는 취업규칙 제○○조에서 정한 연장근로 가산수당을 지급한다.

제7조(유효기간) 이 합의서의 유효기간은 ○○○○년 ○월 ○일부터 1년간으로 한다.

20○○.   .   .

주식회사 ○○ 대표이사   (인)   근로자대표   (인)

4) 재량근로시간제

업무의 특성상 업무수행 방법(업무 수단이나 시간 배분 등)을 근로자의 재량에 맡길 필요가 있는 업무에서 사용자가 근로자대표와의 서면합의로 정한 시간을 근로한 것으로 간주하는 제도이다. 재량근로제 대상 업무는 사용자가 임의적으로 정하는 것이 아니라, 근로기준법 시행령 제31조와 고용노동부의 고시(재량근로의 대상 업무)에서 규정한 업무에 한한다.

재량근로제 대상 업무(근로기준법 시행령 제31조)

1. 신상품 또는 신기술의 연구개발이나 인문사회과학 또는 자연과학분야의 연구 업무
2. 정보처리시스템의 설계 또는 분석 업무
3. 신문, 방송 또는 출판 사업에서의 기사의 취재, 편성 또는 편집 업무
4. 의복·실내장식·공업제품·광고 등의 디자인 또는 고안 업무
5. 방송 프로그램·영화 등의 제작 사업에서의 프로듀서나 감독 업무
6. 그 밖에 고용노동부장관이 정하는 업무
   - 회계·법률사건·납세·법무·노무관리·특허·감정평가·금융투자분석·투자자산 운용 등의 사무에 있어 타인의 위임·위촉을 받아 상담·조언·감정 또는 대행을 하는 업무(자격 및 면허, 자격증 소지자에 한함)

재량근로시간제 하에서는 실제 근로시간과 관계 없이 **노·사가 서면합의한 시간을 근로시간으로 간주**하게 되는데 재량근로 대상 업무에 해당하고, 사용자와 근로자대표 간 서면합의가 있더라도, 업무수행 수단이나 근로시간 배분 등에 관해 근로자에게 재량성이 없다면 적법한 재량근로시간제 제도운영으로 볼 수 없다. 재량근로시간제가 무효가 되면, 근로시간에 관한 일반적인 규정(근로기준법 제50조 등)이 적용되므로 실제 근로가 법정근로시간(1일 8시간, 1주 40시간)을 초과하여 근로한 시간은 연장근로가 되어 가산수당을 지급해야 한다.

서면합의로 정한 간주근로시간은 법정근로시간 및 연장근로시간의 한도 내에서 정해져야 하며, 휴일·야간근로에 관한 규정은 그대로 적용된다. 따라서, 서면합의에서 정한 근로시간(근로자가 실제는 더 많이 근로했거나 더 적게 일해도 간주된 근로시간이 바뀌지 않음)이 법정근로시간(1일 8시간, 1주 40시간)을 초과하는 경우 연장근로 가산수당을 지급하여야 하며, 휴일·야간근로가 노사합의로 정한 근무시간대에 포함되어 있거나 사용자의 지시·승인에 의해 이루어지는 경우에는

가산수당을 지급하여야 한다. 또한, 재량근로제 하에서도 휴일·휴가·휴게는 별도로 부여하여야 한다.

재량근로시간제와 다른 제도와의 차이

구분	탄력적 근로시간제	선택적 근로시간제	재량근로시간제
개념	근로시간 배분 관련	근로시간 배분 관련	근로시간 결정 관련
적용대상	특정업종 제한 없음 (연소자·임부 제외)	특정업종 제한 없음 (연소자 제외)	시행령, 관련 고시에서 정한 업무
운영	단위기간(6월 이내)	정산기간(1월 이내)	업무수행방법, 시간배분에 대해 구체적 지시를 하지 않음
근로시간 제한·산정	근로일 및 근로일별 근로시간	총 근로시간	서면합의에서 정한 근로시간
서면합의 주요 내용	• 대상근로자 범위 • 단위기간(6월 이내) 근로일 및 근로일별 근로시간 • 서면합의 유효기간	• 대상근로자 범위 • 정산기간, 총근로시간 • 의무근로시간대 • 선택근로시간대 • 표준근로시간	• 업무수행방법은 근로자 재량에 맡김 • 근로시간 산정은 서면합의로 정한 바에 따름

출처: 고용노동부 유연근로시간제 가이드, 2018년

재량근로시간제 취업규칙 예시

제○조(재량근로시간제 적용) ① 재량근로시간제는 사용자가 근로자대표와 서면합의로 정하는 대상 근로자에게 적용한다.

② 제1항에 따라 재량근로시간제가 적용되는 근로자(이하 "재량근로자"라 한다)에 대해서는 실제 근로시간에도 불구하고 사용자와 근로자대표간 서면합의에서 정하는 근로시간을 근로한 것으로 본다.

③ 제2항의 노사 합의에서 정하는 근로시간이 근로기준법 제50조제1항에서 정한 시간을 초과하는 부분에 대해서는 통상임금의 100분의 50 이상의 가산수당을 지급한다.

④ 재량근로시간제 적용을 받는 근로자는 구체적인 시간 배분을 근로자 자율로 결정하는 것으로 한다.

⑤ 재량근로자의 휴게, 휴일, 휴가는 제○조에서 정한 바에 의하되, 휴게시간은 재량근로자의 재량에 의하여 시간변경이 가능한 것으로 한다.

⑥ 재량근로자의 휴일 또는 야간 근로가 미리 소속 부서장의 허가를 얻어 이루어지는 경우에는 근로기준법에서 정하는 바에 따른 가산수당을 지급한다.

재량근로시간제 서면합의서 예시

주식회사 ○○ 대표이사 ○○○와 근로자대표 ○○○는 근로기준법 제58조제3항에 기반하여 재량근로시간제에 관하여 다음과 같이 합의한다.

제1조(적용 대상 업무 및 근로자) 본 합의는 각 호에서 제시하는 업무에 종사하는 근로자에게 적용한다. 사용자가 대상 업무를 수행할 근로자를 신규로 채용하는 경우에는 해당 근로자가 본인이 수행할 업무가 재량근로시간제 대상 업무에 해당된다는 것을 알 수 있도록 채용 공고 또는 근로계약서 등 적절한 수단을 통하여 고지한다.

1. 본사 연구소에서 신상품 또는 신기술 연구개발 업무에 종사하는 근로자
2. 본사 부속 정보처리센터에서 정보처리시스템의 설계 또는 분석 업무에 종사하는 근로자

제2조(업무의 수행방법) ① 제1조에서 정한 근로자에 대해서는 원칙적으로 그 업무수행의 방법 및 시간 배분의 결정 등을 본인에 위임하고 회사 측은 구체적 지시를 하지 않는다. 다만, 연구과제의 선택 등 종사할 기본적인 업무 내용을 지시하거나 일정 단계에서 보고할 의무를 지울 수 있다.

② 제1항에도 불구하고, 업무 수행의 방법 및 시간 배분과 관련이 없는 직장 질서 또는 회사 내 시설 관리에 대한 지시 등은 할 수 있다.

제3조(근로시간의 산정) 제1조에서 정한 근로자는 취업규칙 제○조에서 정하는 근로시간에 관계없이 1일 ○시간(간주근로시간)을 근로한 것으로 본다.

제4조(연장근로수당) 제3조의 간주근로시간이 근로기준법 제50조에서 정한 근로시간을 초과하는 부분에 대해서는 가산수당을 지급한다.

제5조(휴일 및 야간근로) ① 제1조에서 정한 근로자가 회사에 출근하는 날에는 입·퇴실 시에 ID카드에 의한 시간을 기록해야 한다.

② 제1조에서 정한 근로자의 휴일 또는 야간(22:00~06:00) 근로가 미리 소속 부서장의 허가를 얻어 이루어지는 경우에는 취업규칙 제○조의 정한 바에 따라 가산수당을 지급한다.

제6조(휴게, 휴일 및 휴가) 제1조에서 정한 근로자의 휴게, 휴일 및 휴가는 취업규칙에서 정하는 바에 의하되, 휴게시간은 재량근로제 적용 근로자의 재량에 의하여 시간변경이 가능한 것으로 한다.

제7조(유효기간) 이 합의서의 유효기간은 ○○○○년 ○월 ○일부터 ○○○○년 ○월 ○일까지로 하되, 유효기간 만료 1개월 전까지 개정 관련 별도 의견이 없는 경우에는 그 후 1년간 자동갱신 되는 것으로 하며, 그 이후에도 또한 같다.

20○○.   .   .

주식회사 ○○ 대표이사   (인)   근로자대표   (인)

5) 보상휴가제

사용자와 근로자대표가 서면합의에 따라 연장·야간 및 휴일근로에 대해 임금을 지급하는 대신 임금액에 해당하는 유급휴가를 부여하는 제도이다. '유급휴가'로 보상해야 할 부분은 연장·야간·휴일에 근로한 시간과 그에 대한 가산시간까지 포함하여야 한다.

즉, 연장이나 야간 또는 휴일근로시간이 4시간인 경우 50% 가산한 시간을 포함하여 6시간분의 유급휴가로 보상하여야 하고 연장근로시간이면서 야간근로인 시간이 2시간인 경우에는 각각 50%를 가산한 시간을 포함한 4시간분의 유급휴가로 보상하여야 한다.

보상휴가제 노사합의서 예시

주식회사 ○○ 대표이사 _____와 근로자대표 _____는 근로기준법 제57조에 따른 보상휴가에 대하여 다음과 같이 합의한다.

제1조 보상휴가의 기준이 되는 연장·야간·휴일근로의 기준일은 매월 1일부터 말일까지로 하고 보상휴가는 익월에 실시함을 원칙으로 하되, 그 시기는 근로자의 자유의사에 따른다. 단, 근로자가 지정한 시기가 사업운영에 막대한 지장을 줄 경우 사용자는 그 시기를 변경할 수 있다.

제2조 가산수당 외에 모든 연장·야간·휴일근로분에 대해서도 적용함을 원칙으로 하고, 개별근로자가 명시적으로 청구하는 경우 휴가 대신 임금으로 지급할 수 있다.

제3조 만약 근로자가 익월에 보상휴가를 일부라도 사용치 않을 경우에는 미사용분에 대해 금전보상을 실시해야 한다.

제4조(유효기간) 이 합의서의 유효기간은 ○○○○년 ○월 ○일부터 1년간으로 한다.

주식회사 ○○ 대표이사   (인)   근로자대표   (인)

보상휴가제는 임금 지급 대신 휴가를 부여하는 제도이므로 근로자가 휴가를 사용하지 않은 때에는 그에 대한 임금을 지급해야 한다. 보상휴가는 연차와 달라 사용자가 휴가 사용 촉진 조치를 통해 임금지급 의무를 면제받을 수 없다.

나. 근로시간 적용제외

1) 근로시간 규정의 적용이 제외되는 업종과 직종

사업의 성질이나 업무 특성으로 근로기준법의 근로시간 제한 규정 등의 적용이 적합하지 않은 업종·직종이 있다. 근로기준법은 이러한 업종·직종에 대해서 근로시간, 휴게, 휴일에 관한 규정을 적용 제외하고 있다.

근로기준법

제63조(적용의 제외) 이 장과 제5장에서 정한 근로시간, 휴게와 휴일에 관한 규정은 다음 각 호의 어느 하나에 해당하는 근로자에 대하여는 적용하지 아니한다.
1. 토지의 경작·개간, 식물의 식재(植栽)·재배·채취 사업, 그 밖의 농림 사업
2. 동물의 사육, 수산 동식물의 채취·포획·양식 사업, 그 밖의 축산, 양잠, 수산 사업
3. 감시(監視) 또는 단속적(斷續的)으로 근로에 종사하는 사람으로서 사용자가 고용노동부 장관의 승인을 받은 사람
4. 대통령령으로 정하는 업무에 종사하는 근로자

* 대통령령으로 정하는 업무에 종사하는 근로자란 "사업의 종류에 관계없이 관리·감독 업무 또는 기밀을 취급하는 업무"에 종사하는 근로자를 말한다.

위 규정에 따라 토지 경작·개간 등 농림업 종사 근로자, 축산·양잠·수산 사업에 종사하는 근로자 및 감시·단속적 근로자로 고용노동부 장관의 승인을 받은 근로자, 관리·감독 업무 및 기밀 취급업무에 종사하는 근로자는 근로시간(1일 8시간, 1주 40시간, 연장근로 12시간 한도 등)과 휴일(유급 주휴일), 휴게시간에 관한 규정의 적용이 배제된다. 따라서 이러한 업종의 사업장은 근로시간 및 연장근로 제한 규정이 적용되지 않아 1일 8시간이나 1주 40시간을 초과하여 근로하게 할 수 있으며 연장근로(또는 휴일근로)를 하더라도 연장근로(또는 휴일근로)시간 자체에 대한 임금만 지급하면 되고 50%의 가산수당은 지급의무가 없다. 주 1회의 유급 주휴일 부여 규정도 적용 제외되므로 주휴수당도 없다.

그러나, 야간근로에 대한 50% 가산수당은 적용 제외되지 않으므로 근로시간이 야간근로(저녁 10시부터 다음날 06시까지)에 해당하는 때에는 야간근로 가산수당을 지급하여야 한다.

농림·축산·양잠·수산 사업 및 감시·단속적 근로자, 관리감독직, 기밀취급 업무 담당자에 적용이 제외되는 근로시간, 휴일, 휴게 규정

적용이 제외되는 규정	적용이 되는 규정

1. 근로시간(제50조 등)
   - 1일 8시간, 1주 40시간 초과 가능
   - 연소자 근로시간 제한 미적용
   - 임산부, 18세미만 휴일근로 제한 없음. 단, 야간근로는 불가
   - 산후 1년 미만 여성 시간외근로 제한 미적용
   - 임신기(임신후 12주 이내 또는 36주 이후) 근로시간 단축 적용 없음
2. 연장근로 제한(제53조)
   - 1주 12시간 초과 가능
3. 연장·휴일근로 50% 가산 임금(제56조)
   - 연장·휴일근로 가산 수당 적용 배제
4. 휴게시간 부여(제54조)
5. 주휴일 유급 부여(제55조 제1항)
6. 공휴일 유급 부여(제55조 제2항)
7. 유연근로시간제
   - 탄력적근로, 선택적근로, 간주근로시간제, 재량근로시간제, 보상휴가제 미적용
	1. 여성, 임산부, 18세 미만자에 대한 야간근로금지 규정
	   - 근로자 동의(임부는 명시적 청구) 가 있으면 가능
	
	2. 야간근로 50% 가산 임금
	
	3. 연차휴가 유급 부여
	4. 생리휴가 부여
	5. 출산전후휴가 부여
	6. 근로자의 날 유급휴일 부여
	7. 취업규칙 등으로 정한 약정휴일

2) 감시·단속적 근로자

감시(監視)적 근로자란 감시업무를 주 업무로 하며 정신적·육체적 피로가 적은 업무에 종사하는 자를 말한다. 수위, 경비원, 물품감시원 등과 같이 상태적으로 심신의 피로가 적은 업무에 종사하는 근로자가 해당된다. 다만, 감시적 업무이기는 하나 잠시도 감시를 소홀히 할 수 없는 고도의 정신적 긴장이 요구되는 경우는 제외되며 또한 감시적 업무라도 타 업무를 반복하여 수행하거나 겸직하는 경우는 제외된다. 사용자가 감시적 근로자를 고용하기 위해서는 감시적 근로자 승인요건을 갖추어 노동청에 「감시적 근로 종사자에 대한 적용제외 승인 신청서」(근로기준법 시행규칙 별지 제7호서식)를 제출하여 승인받아야 한다. 감시적 근로자 승인요건은 1일 근로시간이 12시간 이내이거나 일정 요건에 해당하는 격일제(24시간) 근로일 것과 수면 또는 휴게시설이 있을 것, 근로자가 감시적 근로자로서 근로시간, 휴게, 휴일에 관한 규정이 적용제외되는 것에 동의할 것 등이다.

감시적 근로자 승인 기준

① 1일 근로시간(휴게시간 제외)이 12시간 이내인 경우 또는 다음 각 목의 어느 하나에 해당하는 격일제(24시간 교대) 근무일 것

    가. 수면 또는 자유로이 이용할 수 있는 휴게시간을 8시간 이상 확보

    나. 가의 요건이 확보되지 않더라도 아파트, 연립주택, 다세대주택, 기숙사 경비원에 있어서는 당사자간 합의가 있고 다음날 24시간 휴무가 보장된 경우

② 근로자가 자유로이 이용할 수 있는 별도의 수면 또는 휴게시설 확보. 다만, 수면 또는 휴식을 취할 수 있는 충분한 공간과 시설이 마련되어 있는 경우에는 별도의 장소에 마련하지 않아도 적합한 것으로 본다.

    <수면 또는 휴게시설 기준>

    가. 적정 실내 온도를 유지할 수 있는 냉·난방 시설을 갖출 것

    나. 유해물질이나 휴식을 취하기 어려울 정도의 소음에 노출되지 않을 것

    다. 식수 등 최소한의 비품을 비치하고, 주기적인 청소 등을 통해 청결을 유지하며, 각종 물품을 보관하는 수납공간으로 사용하지 않을 것

    라. 야간에 수면 또는 휴게시간이 있는 경우에는 몸을 눕혀 수면 또는 휴식을 취할 수 있는 충분한 공간과 침구 등 필요 물품이 구비되어 있을 것

③ 근로자가 감시적 근로자로서 근로시간, 휴게, 휴일에 관한 규정의 적용이 제외된다는 것을 근로계약서 또는 확인서 등에 명시하고 근로자에게 다음 각 목의 근로조건을 보장하는 경우

    가. **휴게시간**(수면시간 포함)이 **근로시간 보다 짧을 것**. 다만, 사업장의 특성상 불가피성이 인정되고 휴게시간에 사업장을 벗어나는 것이 허용되는 경우에는 예외로 한다.

    나. 휴게시간 보장을 위해 외부 알림판 부착, 소등 조치, 고객(입주민) 안내 등의 조치를 취할 것

    다. **월평균 4회 이상의 휴(무)일을 보장할 것**

단속(斷續)적 근로자란 평소의 업무는 한가하지만 기계고장 수리 등 돌발적인 사고발생에 대비하고 간헐적·단속적으로 근로가 이루어져 휴게시간이나 대기시간이 많은 업무에 종사하는 근로자를 말한다. 단속적 근로자도 노동청에 「단속적 근로 종사자에 대한 적용제외 승인 신청서」를 제출하여 승인받아야 한다. 단속적 근로자 승인요건은 1일 실근로시간이 8시간 이내로 전체 근무 시간의 절반 이하이거나 일정 요건에 있는 격일제(24시간) 근로일 것과 수면 또는 휴게시설이 있을 것, 근로자가 근로시간, 휴게, 휴일 규정이 적용제외됨에 동의할 것 등이다.

단속적 근로자 승인 기준

① 실 근로시간이 8시간 이내이고 전체 근무시간의 절반 이하일 것. 다만, 격일제(24시간 교대) 근무 경우에는 당사자간 합의가 있고, 실 근로시간이 전체 근무시간의 절반 이하이면서 다음날 24시간 휴무가 보장될 것.

② 근로자가 자유로이 이용할 수 있는 별도의 수면 또는 휴게시설 확보.
   다만, 수면 또는 휴식을 취할 수 있는 충분한 공간과 시설이 마련되어 있는 경우에는 별도의 장소에 마련하지 않아도 적합한 것으로 본다.

   <수면 또는 휴게시설 기준은 감시적 근로자와 동일함>

③ 근로자가 단속적 근로자로서 근로시간, 휴게, 휴일에 관한 규정의 적용이 제외된다는 것을 근로계약서 또는 확인서 등에 명시하고 근로자에게 다음 각 목의 근로조건을 보장하는 경우
   가. 휴게시간(수면시간 포함)이 근로시간 보다 짧을 것. 다만, 사업장의 특성상 불가피성이 인정되고 휴게시간에 사업장을 벗어나는 것이 허용되는 경우에는 예외로 한다.
   나. 휴게시간 보장을 위해 외부 알림판 부착, 소등 조치, 고객(입주민) 안내 등의 조치를 취할 것
   다. 월평균 4회 이상의 휴(무)일을 보장할 것

감시·단속적 근로자에 대한 근로시간 등 적용 제외 승인은 사업장 관할 지방고용노동청에 신청하여야 한다. 노동청의 담당 근로감독관은 감시·단속적 근로자에 대한 적용제외 승인 신청서를 접수하면 사업장에 현지 출장하여 근로실태를 확인하고 승인 기준에 합당한지를 조사하여야 한다. 다만, 승인기준에 미달하는 것이 명백하거나 사용자가 동일하고 신청서 접수일 이전 1년 이내에 승인 대상 사업장에 현지 출장조사를 실시한 경우에는 현지 출장조사를 생략할 수 있다. 감시·단속적 근로자에 대한 적용제외 승인은 신청일로 소급하여 승인할 수 있다. 그러나 신청일 이전으로 소급할 수는 없다.

감시·단속적 근로자로 고용노동청 승인을 받으면 근로시간과 휴일, 휴게에 관한 근로기준법 규정이 적용배제되어 연장근로·휴일근로에 대한 50% 가산임금이 발생하지 않으며(야간근로 가산임금은 발생) 유급 주휴일도 적용되지 않아 주휴수당이 없다.

주의할 점은 감시·단속적 근로자라 하더라도 고용노동청의 승인을 받지 않은 근로자에 대해서는 근로시간, 휴일, 휴게에 관한 규정이 적용이 배제되지 않

으므로 연장근로 · 휴일근로 가산임금이 지급되어야 하고 주휴일도 유급으로 부여하여야 한다.

8. 임금

가. 임금은 근로의 대가

근로자가 사용종속관계를 계약하는 것은 그 대가로 임금을 받기 때문이다. 임금은 근로자의 생계유지와 생활 안정의 기본이 된다. 그래서 노동법은 임금에 대한 여러 가지 보호장치를 두고 있다. 그런데 어떤 금품이 임금에 해당하고 노동법의 보호 대상인지가 문제이다.

근로기준법에서는 "'임금'이란 사용자가 근로의 대가로 근로자에게 임금, 봉급, 그 밖에 어떠한 명칭으로든지 지급하는 모든 금품을 말한다."고 정의하고 있다(근로기준법 제2조제1항제5호). 대법원도 "임금이란 사용자가 근로의 대가로 근로자에게 지급하는 일체의 금품으로서, 근로자에게 계속적 · 정기적으로 지급되고 그 지급에 관하여 단체협약, 취업규칙, 급여규정, 근로계약, 노동관행 등에 의하여 사용자에게 지급의무가 지워져 있다면 그 명칭 여하를 불문하고 임금에 해당된다"고 하였다(대법 2012다94643, 2013.12.18./ 대법 2011다20034, 2012.2.9.)

임금은 사용자가 근로자에게 근로의 대가로 지급하는 것이다. 여기에서 "근로"는 근로자가 실제로 일한 시간만을 의미하는 것은 아니다. 실제로 일한 시간은 물론이고 일하기 위해서 사업주의 업무지시를 이행할 준비를 하고 있는 대기시간도 근로시간에 해당한다.

근로기준법
제50조(근로시간) ③ 근로시간을 산정하는 경우 작업을 위하여 근로자가 사용자의 지휘 · 감독 아래에 있는 대기시간 등은 근로시간으로 본다.

즉, 근로자가 근로시간이나 대기시간과 같이 자신의 노동력을 사용자가 처분 가능한 상태에 놓아두면 실제 일을 하지 않았다 하더라도 "근로"에 해당이 되어 임금을 지급해야 한다. 근로자가 업무를 성공적으로 수행하여 성과가 있을 때는 물론이고 별다른 성과가 없었다 하더라도 자신의 노동력을 사용자에게 제공한 "근로"시간에 대해서는 임금을 지급해야 하는 것이다. 만약 근로자가 업무에 착오나 실수로 회사에 손해를 끼쳤다 하더라도 손해배상 책임은 별론으로 하고 해당 근로에 대한 임금은 전액 지급하여야 한다.

임금은 근로시간, 휴일, 휴가 등과 함께 근로계약서에 명시하여야 하는 근로조건 중 하나이다. 그런데 노동법을 잘 알지 못하는 사업주는 근로계약서를 작성하지 않거나 작성하더라도 임금 조항을 위법한 내용으로 작성해서 법적 효력이 인정되지 않는 경우가 있다. 이런 경우, 임금 지급과 관련하여 예상하지 못한 문제가 발생한다.

예를 들어 임금액에 퇴직금을 포함하여 매월 분할지급한다는 내용으로 근로계약서를 작성하는 경우, 그 효력이 인정되지 않아 근로자 퇴사 시에 퇴직금을 또 지급해야 한다(대법 2017다290613, 2020.8.27.). 임금에 연장근로수당, 휴일근로수당 등 법정수당이 모두 포함되어 있다는 내용으로 작성하는 것도 문제가 될 소지가 매우 크며 또한 임금을 최저임금 미만으로 정하는 때에는 최저임금법 위반으로 무효가 되고 임금을 최저임금으로 정한 것으로 간주하게 된다. 대부분의 노동법 규정에는 법적 강제력이 있어서 노사 양 당사자가 약정한 계약이 노동법을 위반한 것일 때에는 이를 무효로 하고 노사 양 당사자의 의사에도 불구하고 노동법 해당 규정이 강제 적용된다.

법적으로 효력이 없어 무효가 되는 근로계약 사례
① 최저임금 미만으로 임금을 정한 근로계약
② 연장·휴일·야간근로수당이나 주휴수당, 연차수당이 없는 조건으로 근로계약을 하거나 월급에 모두 포함된 것으로 정하는 근로계약
③ 월급여액에 퇴직금을 포함해서 매월 분할지급하는 근로계약
④ 1년마다 퇴직금 중간정산을 하는 근로계약

①의 사례에서 최저임금에 미치지 못하는 금액으로 임금(시급 또는 주급, 월급)을 약정하여 근로계약한 경우에는 비록 근로자가 동의하였다 하더라도 법적으로 무효인 근로계약이 된다(최저임금법 제6조). 이때에는 노사가 약정한 임금은

무효가 되고 고용노동부에서 매년 고시하는 최저임금액에 해당하는 임금(시급 또는 주급, 월급)을 근로자에게 지급하여야 한다.

②의 경우, 근로계약서에 "월급여에 연장·휴일·야간근로수당을 포함한다"는 문구를 기재한 것만으로는 연장근로수당 등을 지급한 것이 인정되지 않는다. 연장근로와 휴일근로 각각 몇 시간분에 대해 얼마의 연장근로수당과 휴일근로수당을 지급하는 것인지 구체적인 내용을 정하지 않고 막연하게 "포함한다"고 정한 근로계약은 "막연하기 때문에 법적으로 무효"가 되고 따라서 연장근로수당을 지급한 것으로 인정되지 않아 추가로 지급하여야 할 것이다. 주휴수당과 연차수당은 법에서 정한 요건이 충족되면 발생하는 법정수당이므로 노사가 처음부터 지급 의무가 없는 것으로 정한 약정은 무효이다. 또한 연차휴가미사용수당은 연차를 사용하고 남은 미사용연차에 대해 보상하는 수당이므로 연차를 많이 사용한 사람이나 사용하지 않은 사람이 아무 차이가 없다면 연차휴가미사용수당으로 지급된 것으로 보기 어렵다. 특히 포괄임금제나 연봉제는 법정 제도가 아니라 현장의 관례로 형성된 제도라서 노동법 위반의 소지가 있다는 점을 유의해야 한다.

③과 ④의 경우, 퇴직금은 퇴직할 때 비로소 확정되는 금품으로서 아직 발생하지도 않은 금품을 미리 지급하는 "퇴직금 분할지급"은 무효이다. 특히 퇴직금 중간정산은 법(근로자퇴직급여보장법 시행령 제3조)에서 중간정산할 수 있는 사유를 한정하였기 때문에 이러한 법정사유 이외에 사업주가 임의로 중간정산하여 지급한 퇴직금은 중간정산 효력이 없고 근로자 퇴직 시에 다시 퇴직금을 지급해야 한다. 또한 중간정산 사유에 해당하는 근로자가 중간정산을 신청한다 해도 사업주가 중간정산에 응해야 할 법적 의무는 없으므로 응하지 않아도 되는 것이다.

근로자퇴직급여 보장법 시행령 제3조(퇴직금의 중간정산 사유)–(요약)

1. 무주택자인 근로자가 본인 명의로 주택을 구입하는 경우
2. 무주택자인 근로자가 전세금, 보증금을 부담하는 경우
3. 근로자(배우자, 부양가족 포함)의 6월 이상 요양 의료비를 부담할 경우

4. 5년 이내에 근로자가 파산선고를 받은 경우

5. 5년 이내에 근로자가 개인회생절차개시 결정을 받은 경우

6. 임금을 줄이는 제도(임금피크제)를 시행하는 경우

6의2. 소정근로시간 단축에 따라 3개월 이상 계속 근로하기로 한 경우

6의3. 근로시간의 단축으로 근로자의 퇴직금이 감소되는 경우

* 사용자는 퇴직금 중간정산 시 관련 증명서류를 근로자 퇴직 후 5년간 보존하여야 한다.

▮ 사업주가 지급하는 금품 중 임금이 아닌 금품

임금은 근로의 대가로 사업주에게 근로계약서나 취업규칙, 단체협약, 관행 등에 의해 지급의무가 있는 금품이다. 그러므로 근로의 대가가 아닌 금품 또는 지급 의무가 없는 금품은 임금이 아니다.

---

① 근로의 대가가 아닌 금품
- (은혜적 금품) 결혼축의금, 조의금 등 경조사비는 특별한 일이 발생하면 지급하는 것으로서 근로의 대가는 아니다.
- (실비변상 금품) 출장업무에 사용된 경비를 보전하기 위해 지급하는 교통비, 숙박비 등 실비변상적인 금품은 임금이 아니다.
- (기타 금품) 선택적 복지포인트는 복지제도로서 임금이 아니다.

② 지급의무가 없는 금품
- 근로계약서 등에 지급의무가 정해져 있는 상여금은 임금이지만 지급의무 없이 사업주가 임의적으로 지급한 상여금은 임금이 아니다.

✿ 참고: 임금과 근로소득은 다르다.
▶ 임금은 근로기준법 제2조에서 정의하고 있고 여러 가지 보호장치를 두고 있는 반면, 근로소득은 세금부과를 목적으로 소득세법 제20조에서 규정하고 있다.
- 연장근로수당은 그 전액이 근로기준법상 임금에 해당하나 소득세법에서는 일정 요건(생산직 근로자 등에 해당하고 연 240만 원 이하)이면 근로소득에서 제외된다. 또한 식대도 전직원에게 정기적, 일률적, 고정적으로 지급되면 임금에 해당하지만 월 20만 원까지의 식대는 근로소득에서 제외되는 점이 다르다.

핵심 노동법 한 권으로 끝내기

▌ 명절 휴가비, 하기 휴가비도 지급의무가 있으면 임금이다

설이나 추석 명절 휴가비(상여금, 떡값 등 명칭 여하에 불문)가 근로계약이나 취업규칙, 단체협약 등에 지급 근거를 두고 있어 근로의 대가로서 사용자에게 지급의무가 있는 것이라면 임금에 해당한다. 이러한 임금은 퇴직금 산정 시 **정기·고정적 상여금과 마찬가지로 연간 지급된 총액의 12분의 3(3개월분)에 해당하는 금액은 평균임금에 산입**해야 한다.

Q-25 명절 휴가비, 하기 휴가비도 지급의무가 있으면 임금인가?

A 단체협약에 따라 전 사원들에게 매년 설 휴가비, 추석 휴가비 각 15만 원, 하기 휴가비 25만 원을 지급하여 왔고, 노사합의에 따라 선물비를 연 20만 원 상당으로 책정한 후 그에 상응하는 선물을 현품으로 지급하여 온 사실이 있는 바, 이러한 휴가비 및 선물비는 단체협약, 노사합의 및 관행에 따라 일률적·계속적·정기적으로 지급된 것으로서 그 월평균액이 퇴직금 산정의 기초가 되는 평균임금에 포함된다.

(대법원 2004다41217, 2005. 9. 9.)

나. 임금 지급의 4대 원칙

근로자 생계의 원천이 되는 임금 지급에는 4가지 원칙이 있다. 임금 지급은 사업주 재량이 아니라 노사간 약정에 근거해서 법에서 정한 원칙에 맞게 지급해야 한다. 근로기준법은 임금 지급의 4대 원칙을 정해 놓고 있다. 이를 위반할 때는 형사처벌 대상이 된다. 4대 원칙이란 ① 통화(현금) 지급 ② 근로자에게 직접지급 ③ 전액 지급 ④ 매월 1회 이상 일정 기일 지급이다.

근로기준법

제43조(임금 지급) ① 임금은 통화로 직접 근로자에게 그 전액을 지급하여야 한다. 다만, **법령 또는 단체협약**에 특별한 규정이 있는 경우에는 임금의 일부를 공제하거나 통화 이외의 것으로 지급할 수 있다.

② 임금은 매월 1회 이상 일정한 날짜를 정하여 지급하여야 한다. 다만, 임시로 지급하는

임금, 수당, 그 밖에 이에 준하는 것 또는 대통령령으로 정하는 임금에 대하여는 그러하지 아니하다.

1) 통화로 직접, 전액을 지급

임금은 바로 사용이 가능한 현금으로 지급해야 한다. 현금처럼 사용이 가능한 자기앞 수표로 지급하는 것도 가능하나 바로 사용할 수 없는 약속어음이나 주식 등 유가증권으로 지급하는 것은 법 위반이다. 임금에 해당하지 않는 부정기적 상여금이나 성과급은 현금이 아닌 상품권이나 현물 지급이 가능하다.

임금은 해당 근로자에게 직접 지급해야 한다. 근로자의 은행계좌로 입금하는 것은 직접 지급한 것으로 본다. 근로자가 월급여를 채권자인 제3자에게 양도하였다고 말하더라도, 사용자는 제3자가 아닌 근로자에게 직접 임금을 지급해야 한다. 사용자가 근로자에게 받을 돈이 있는 채권자에게 임금을 지급하는 것은 법 위반이다.

임금은 그 전액을 지급해야 한다. 일부를 공제하고 지급하는 것은 법 위반이다. 다만, 법령 또는 단체협약에 특별한 규정이 있는 경우에는 임금의 일부를 공제하거나 통화 이외의 것으로 지급할 수 있다. 법에 근거한 세금, 4대 보험료의 원천징수는 임금 지급원칙 위반이 아니다. 단체협약에 의한 조합비 원천징수(check-off)도 관련 법(근로기준법 제43조)에 의해 가능하므로 법 위반이 아니다. 근로자의 지각이나 조퇴, 결근, 휴직 등의 사유로 노사가 약정한 소정근로시간이 이행되지 않은 때에는 무노동 무임금 원칙에 따라 당연히 임금을 공제할 수 있다.

전액지급 원칙 위반은 노동청에 민원신고가 종종 접수된다. 예를 들어 사고 등으로 직원이 회사에 입힌 손해를 사업주 임의로 임금에서 상계하여 공제 후 지급해서는 안 된다. 손해배상 등의 임금 공제에 근로자의 동의가 없다면 임금을 전액 지급한 후 별도로 받거나 민사상 청구를 해야 한다. 또한 법령과 단체협약 이외에는 취업규칙이나 근로계약서에 있는 임의적인 공제 근거 규정은 효력이 없다.

2) 매월 정기지급 원칙

임금은 매월 1회 이상 정기지급일에 지급해야 한다. 2개월에 1회 지급하거나 정기지급일 없이 임의적인 수시 지급은 법 위반이다.

3) 임금의 공제와 상계

> **Q-26** 택시업체에서 취업규칙과 근로계약으로 정하면 기준운송수입금 미달액을 임금에서 공제할 수 있는지 여부?
>
> **A** 근로기준법 제43조 제1항에 의하면 임금은 직접 근로자에게 그 전액을 지급하여야 하므로, 사용자가 임의로 근로자에게 지급하여야 할 임금 중 일부를 공제하지 못하는 것이 원칙이고, 이는 경제적·사회적으로 종속관계에 있는 근로자를 보호하기 위한 것이다. 다만, 사용자는 같은 항 단서에 따라 법령 또는 단체협약에 특별한 규정이 있는 경우에는 예외적으로 임금의 일부를 공제하여 지급할 수 있지만, 그 예외의 경우를 넓게 인정하게 되면 임금을 생계수단으로 하는 근로자의 생활안정을 저해할 우려가 있으므로 그에 해당하는지 여부는 엄격하게 판단하여야 한다.
> 위와 같은 근로기준법 제43조의 규정 형식이나 취지, 그 법적 성격 등에 비추어 보면, 취업규칙이나 근로계약에 임금의 일부를 공제할 수 있는 근거를 마련하였다고 하더라도 그 효력이 없다고 보아야 한다
>
> (대법 2022다219540, 2022.12.1.)

사용자가 계산의 착오 등으로 임금을 초과 지급하였을 때도 전혀 공제할 수 없는 것일까? 임금에서는 공제하지 않는 것이 원칙이다. 일단 임금은 전액 지급하고 난 후 근로자에게 초과 지급된 내용을 설명해서 반환받거나, 근로자가 반환에 동의하지 않으면 민사소송을 제기해야 한다. 다만 대법원은 "초과지급된 시기와 임금의 정산, 조정의 실질을 잃지 않을 만큼 **합리적으로 밀접되어 있고** 금액과 방법이 미리 예고되는 등 근로자의 **경제생활의 안정을 해할 염려가 없는 경우**"에는 공제가 **가능하다**고 하였다.

Q-27 사용자가 초과지급된 임금의 부당이득반환청구권을 자동채권으로 하여 근로자의 임금 또는 퇴직금 채권과 상계할 수 있는지 여부?

A 일반적으로 임금은 직접 근로자에게 전액을 지급하여야 하는 것이므로 사용자가 근로자에 대하여 가지는 채권으로서 근로자의 임금채권과 상계를 하지 못하는 것이 원칙이나, 계산의 착오 등으로 임금이 초과 지급되었을때 그 행사의 시기가 초과지급된 시기와 임금의 정산, 조정의 실질을 잃지 않을 만큼 합리적으로 밀접되어 있고 금액과 방법이 미리 예고되는 등 근로자의 경제생활의 안정을 해할 염려가 없는 경우나 근로자가 퇴직한 후에 그 재직중 지급되지 아니한 임금이나 퇴직금을 청구할 경우에는 사용자가 초과지급된 임금의 부당이득반환청구권을 자동채권으로 하여 상계할 수 있다 할 것이다.

(대법 93다38529, 1993.12.28.)

Q-28 노동조합이 수재의연금을 급여에서 0.5%씩 일괄 공제하는데 동의해 달라는 서명날인을 받은 바, 서명 불참 조합원이 이의 제기 시 문제가 있는 것인지?

A 단체협약에 의하여 임금의 일부를 공제하는 경우라 하더라도 단체협약에 조합비 등과 같이 임금공제 대상항목을 구체적으로 특정하여 규정하고 있어야 할 뿐 아니라 근로자 본인의 동의가 있어야 하는 것임. 즉, 사용자는 근로자 과반수로 조직된 노동조합의 대표자 동의만으로는 개별근로자의 임금의 일부를 공제할 수 없는 것임.
이와 같이 단체협약에 임금공제 항목으로 수재의연금이 특정되어 있지 않은 경우라 하더라도 사용자는 개별근로자의 임금공제 동의서에 기초하여 수재의연금을 임금에서 공제하였다면 근로기준법의 규정에 의한 임금전액 지급원칙에 위배되는 것으로 볼 수는 없을 것임.
그러나, 조합원 개인이 명시적인 의사표시에 의하여 임금공제를 거부하는 경우에는 당해 조합원에 대하여 임금공제를 할 수 없는 것임.

(임금 68207-667, 2002.09.04.)

다. 임금 지급 대장과 임금 명세서 교부

근로기준법 개정(2021.5.18.개정, 11.19 시행)으로 새롭게 도입된 내용 중 하나가 임금명세서 교부 의무이다. 그동안은 임금지급대장만 작성하면 되었으나 근로기준법 개정으로 2021.11.19.일부터 모든 사업장은 임금명세서를 근로자에게 교부해야 한다. 이를 위반할 경우 과태료가 부과된다. 과태료는 명세서 미교부 개월 수와 미교부 근로자 수에 따라 늘어나므로 수백만 원이 부과될 수도 있다.

이 규정은 근로자가 1명이라도 있는 모든 사업장에 적용된다.

근로기준법

제48조(임금대장 및 임금명세서) ① 사용자는 각 사업장별로 임금대장을 작성하고 임금과 가족수당 계산의 기초가 되는 사항, 임금액, 그 밖에 대통령령으로 정하는 사항을 임금을 지급할 때마다 적어야 한다.

② 사용자는 임금을 지급하는 때에는 근로자에게 임금의 구성항목·계산방법, 제43조제1항 단서에 따라 임금의 일부를 공제한 경우의 내역 등 대통령령으로 정하는 사항을 적은 **임금 명세서를 서면(전자문서 및 전자거래 기본법 제2조의 제1호에 따른 전자문서를 포함한 다)으로 교부하여야** 한다.

근로기준법 시행령(제27조의2)에서 정한 임금명세서 기재사항 6가지

구분 사항	기재 내용
근로자 특정	1. 성명, 생년월일, 사원번호(근로자를 특정할 수 있는 정보)
임금 정기 지급	2. 임금지급일
임금 총액 및 항목별 금액	3. 임금총액 4. 기본급, 각종수당 상여금, 성과금, 그 밖의 임금의 구성항목별 금액
항목별 계산 방법	5. 임금의 구성항목별 금액이 출근일수, 시간 등에 따라 달라지는 경우에는 임금의 구성항목별 금액의 계산방법(연장근로, 야간근로 또는 휴일근로의 경우에는 그 시간 수를 포함한다)
임금 공제 내역	6. 임금공제 항목별 금액과 총액(근로소득세, 4대보험료, 조합비 등 공제내역)

근로기준법 시행령(제27조)에서 정한 임금대장 기재사항 10가지

구분 사항	기재 내용
근로자 특정	1. 성명 2. 생년월일, 사원번호(근로자를 특정할 수 있는 정보) 3. 고용연월일 4. 종사하는 업무
임금 및 가족수당의 계산기초 사항	5. 임금 및 가족수당의 계산기초가 되는 사항
임금계산 기초사항	6. 근로일수 7. 근로시간수 8. 연장근로, 야간근로, 휴일근로 시간 수
임금 항목별 내역	9. 기본급, 각종 수당, 그 밖의 임금 내역별 금액(통화 이외의 것으로 지급된 임금이 있는 경우, 그 품명 및 수량과 평가총액)
임금 공제 내역	10. 임금공제 항목별 금액과 총액(근로소득세, 4대보험료, 조합비 등 공제내역)

임금대장 및 임금명세서 위반 시 과태료 부과기준

위반 행위	과태료 금액		
	1차 위반 시	2차 위반 시	3차 이상
• 임금대장 작성의무 위반 　- 임금대장 미작성 　- 임금대장에 기재하여야 할 사항을 일부 　　적지 않은 경우	 30만 원 20만 원	 50만 원 30만 원	 100만 원 50만 원
• 임금명세서 교부 의무 위반 　- 임금명세서 미교부 　- 임금명세서에 기재사항 일부 미기재 또는 　　사실과 다르게 기재, 교부한 경우	 30만 원 20만 원	 50만 원 30만 원	 100만 원 50만 원

* 부과 예시: 근로자 10명에게 임금명세서 미교부시 과태료는 30만 원 × 10명 = 300만 원

라. 임금의 소멸시효

임금에 대한 근로자의 권리는 임금 발생일로부터 3년이 지나면 소멸한다. 민사상 채권의 소멸시효가 10년(상법상 상사 소멸시효는 5년)인 것에 비하면 짧다. 근로자가 퇴직 시 받지 못한 임금이나 퇴직금이 있다면 3년 이내에 소송을 제기해야 소멸시효를 중단시킬 수 있다. 그렇지 않으면 3년 경과 이후에는 못 받은 임금에 대해 법적으로 받을 권리가 소멸하게 되는 것이다.

> * 임금·퇴직금의 소멸시효는 노동청에 진정서·고소장 제출로 중단되지 않는다. 소멸시효는 민법에 따라 재판상 청구, 압류·가압류, 가처분, 승인 등이 있어야 중단된다(민법 제168조).

마. 임금 개념의 종류

임금은 근로자가 제공한 근로의 대가이다. 노동법은 임금을 몇 가지 법적 개념이 다른 용어로 부른다. 통상임금, 평균임금, 최저임금이 그것인데 이들의 법적 의의는 차이가 있으며 각각 쓰임새가 다르다.

통상임금이란 근로자에게 정기적이고 일률적으로 소정(所定)근로 또는 총 근로에 대하여 지급하기로 정한 시간급, 일급, 주급, 월급 금액 또는 도급 금액을 말한다(근로기준법 시행령 제6조). 실무에서 통상임금은 사용자와 근로자가 사전에 약정한 시급 임금 값이다. 통상임금은 그래서 연장·야간·휴일근로 가산수당, 연차수당, 해고예고수당을 산정할 때 기준금액으로 사용된다.

평균임금이란 이를 산정하여야 할 사유가 발생한 날(퇴직, 휴업) 이전 3개월 동안 그 근로자에게 지급된 임금의 총액을 그 기간의 총일수로 나눈 금액을 말한다(근로기준법 제2조). 근로자가 취업한 후 3개월 미만인 경우도 이에 준한다. 즉 평균임금은 기본급, 자격수당, 상여금, 연장·야간·휴일근로수당 등 이미 지급된 3개월간의 총임금을 그 기간의 일수로 나누어 평균 금액을 산정한 것이다. 지급되지 않은 체불임금도 이미 지급 의무가 발생한 임금이므로 평균임금에 포함된다.

통상임금과 평균임금 활용

구분	활용	지급 기준
통상임금	연장·야간·휴일근로수당 연차유급휴가수당 연차휴가미사용수당 해고예고수당 육아휴직급여	통상임금의 50% 가산 지급 통상임금 1일분 지급 통상임금 1일분 지급 통상임금 30일분 이상 지급 통상임금의 80%~50%(고용보험에서 지급)
평균임금	퇴직금 휴업수당 실업급여	계속근로연수 1년에 대해 평균임금 30일분 이상 지급 평균임금 70%이상(통상임금 초과시 통상임금) 지급 평균임금 60%(단, 상한액 66,000원 하한액 60,120원)

최저임금은 근로자 보호와 생활 안정을 위해 국가가 정하는 임금의 최저한도이다. 최저임금법에 따라 고용노동부장관이 매년 8월에 내년도 최저임금액을 고시한다. 2023년에 적용하는 최저임금은 시급 9,620원, 일급 76,960원(일 8시간 기준), 월급 2,010,580원(월 209시간 기준), 2024년 최저임금은 시급 9,860원, 월급 2,060,740원이다.

사용자는 최저임금 수준 이상의 임금을 지급해야 한다. 이보다 적은 금액을 지급할 때는 최저임금법에 따라 형사처벌(3년 이하의 징역 또는 2천만 원 이하의 벌금) 대상이 되며 최저임금에 미치지 못한 금액은 법적인 체불임금이 되고 지급 의무가 발생한다. 최저임금법은 강제 적용되는 강행법규로 근로자와 최저임금액에 미달하는 임금으로 근로계약 한 경우 그 계약의 임금 부분은 무효가 되고 최저임금액이 급여가 된다.

통상임금, 평균임금, 최저임금 비교

구분	개념
통상임금	**사전에 소정근로에 대해 지급하기로 약정한 임금** - 근로계약, 취업규칙, 단체협약 등으로 소정근로에 대해 지급이 약정된 임금 - 정기적, 고정적, 일률적으로 지급되는 성질 - 시간급 산정이 원칙
평균임금	**사후에 실제로 지급된 임금** - 사유발생일 이전 3개월간 지급받은 임금을 그 기간의 총일수로 나눈 금액 - 통상임금에 더하여 연장·야간·휴일 근로수당 등 소정근로 이외 근로에 지급된 임금까지 포함한 임금 - 일급액 산정이 원칙
최저임금	**임금의 최저한도액** - 최저임금 이상의 임금을 지급해야 하는 강제성이 있음 - 시간급 산정이 원칙

통상임금, 평균임금, 최저임금은 그 산정 방법이나 활용이 다르다. 특히 통상임금은 각종 법정수당의 산정기준이 된다. 그래서 여러 가지 수당, 상여금, 성과급 등 임금 항목이 통상임금에 해당하는지에 대한 노사간 다툼과 소송이 종종 발생한다. 상여금 항목이나 성과급, 자격수당 등이 통상임금에 포함되면 이에 연동되는 연장·야간·휴일근로수당도 함께 많아진다. 대법원 판례는 통상임금을 폭넓게 인정하고 있다. 따라서 상여금, 성과급 등의 급여항목을 도입하거나 정비할 때는 통상임금과 법정수당의 관계도 꼼꼼하게 검토해야 한다.

1) 통상임금

가) 통상임금의 개념

통상임금은 근로자의 소정근로시간에 대해 지급하기로 약정한 임금으로서, 연장·야간·휴일근로 가산임금 등 각종 법정 수당 지급액을 산정할 때 기준이 된다.

근로기준법 시행령 제6조

① 법과 이 영에서 "통상임금"이란 근로자에게 정기적이고 일률적으로 소정(所定)근로 또는 총 근로에 대하여 지급하기로 정한 시간급 금액, 일급 금액, 주급 금액, 월급 금액 또는

도급 금액을 말한다.

② 제1항에 따른 통상임금을 시간급 금액으로 산정할 경우에는 다음 각 호의 방법에 따라 산정된 금액으로 한다.

1. 시간급 금액으로 정한 임금은 그 금액

2. 일급 금액으로 정한 임금은 그 금액을 <u>1일의 소정근로시간 수</u>로 나눈 금액

3. 주급 금액으로 정한 임금은 그 금액을 <u>1주의 통상임금 산정 기준시간 수(1주의 소정근로시간과 소정근로시간 외에 유급으로 처리되는 시간을 합산한 시간)</u>로 나눈 금액

4. 월급 금액으로 정한 임금은 그 금액을 <u>월의 통상임금 산정 기준시간 수(1주의 통상임금 산정 기준시간 수에 1년 동안의 평균 주의 수를 곱한 시간을 12로 나눈 시간)</u>로 나눈 금액

5. 일·주·월 외의 일정한 기간으로 정한 임금은 제2호부터 제4호까지의 규정에 준하여 산정된 금액

6. 도급 금액으로 정한 임금은 그 임금 산정 기간에서 도급제에 따라 계산된 임금의 총액을 해당 임금 산정 기간(임금 마감일이 있는 경우에는 임금 마감 기간을 말한다)의 <u>총 근로 시간 수</u>로 나눈 금액

7. 근로자가 받는 임금이 제1호부터 제6호까지의 규정에서 정한 둘 이상의 임금으로 되어 있는 경우에는 제1호부터 제6호까지의 규정에 따라 각각 산정된 금액을 합산한 금액

시급 통상임금을 산정하는 일반적인 방법(요약)

① 시급제: 시간급 금액으로 정한 그 금액

② 일급제: 일급 임금 ÷ 1일의 소정근로시간수

③ 주급제: 주급 임금 ÷ (1주 소정근로시간수 + 유급처리<주휴>시간)

④ 월급제: 월급여 ÷ [(1주 소정근로시간수 + 유급처리<주휴>시간) × (365 ÷ 7 ÷ 12)]

⑤ 도급제: 임금 산정 기간에서 도급제에 따라 계산된 임금의 총액을 해당 임금 산정 기간의 총 근로시간수로 나눈 금액

통상임금은 사용자와 근로자가 약정한 '소정근로시간'에 대해 지급하기로 정한 임금이다. '소정근로시간'이란 법정 근로시간의 범위에서 근로자와 사용자간에 정한 근로시간이다.

법정 근로시간은 법에서 정한 근로시간으로 근로기준법 제50조(근로시간)에서 "1주간의 근로시간은 휴게시간을 제외하고 40시간을 초과할 수 없다", "1일의 근로시간은 휴게시간을 제외하고 8시간을 초과할 수 없다"라고 정하고 있다. 즉 1일 8시간, 1주 40시간이 법정 근로시간이다(18세 미만자의 근로시간은 1일에 7시간,

1주에 35시간).

　그러므로 소정근로시간은 법정 근로시간 범위 내인 1일 8시간, 주 40시간이 일반적이다. 만약 어떤 사업장에서 근로계약 시에 근로시간을 1일 9시간 주 45시간으로 약정했다면 이 경우에도 소정근로시간은 1일 8시간, 주 40시간이고 여기에 연장근로 1일 1시간, 주 5시간을 더 하기로 약정한 것으로 간주된다. 그래서, 이때 근로자의 임금에는 소정근로시간 8시간분의 임금과 소정근로시간을 초과한 연장근로 1일 1시간에 대한 50%의 가산수당을 더한 금액이 된다. 즉, 1일 임금은 9.5시간분(8 + 1 × 1.5), 1주 임금은 47.5시간분(40 + 5 × 1.5), 주휴수당을 포함한 1주 임금은 55.5시간분(40 + 5 × 1.5 + 8<주휴수당>)이다.

　연장근로는 1주간 12시간 한도로 할 수 있다(근로기준법 제53조). 즉, 1주 소정근로시간 40시간에 연장근로시간 12시간을 더한 1주 52시간이 법에서 정한 근로시간의 최대한도이다(18세 미만자는 1주 소정근로 35시간, 연장근로 주 5시간 한도). 유연근로시간제, 특별연장근로 인가, 감시·단속적 근로자 등 예외적인 경우에만 주 52시간을 초과하여 근로할 수 있다. 소정근로시간을 1일 4시간 주 20시간으로 정할 수도 있다. 소정근로시간이 통상 근로자보다 짧은 근로자는 단시간 근로자로 「기간제 및 단시간 근로자 보호 등에 관한 법률」의 보호를 받는다.

　나) 통상임금의 판단기준

　통상임금은 "노사간 약정한 소정근로시간에 대해 지급하기로 한 임금"인데 평균임금이나 최저임금과는 다르게 ① 고정성 ② 정기성 ③ 일률성 등 세 가지 성질을 갖는다. 상여금이나 성과금, 하계휴가비도 이런 세 가지 성질을 모두 갖고 있다면 통상임금으로 인정된다.

　① 고정성: 지급 여부가 사전에 확정되어 있다.
　고정성은 성과, 실적이나 기타 다른 추가적인 조건과 관계없이 소정근로에 대한 지급여부가 사전에 확정된 것을 말한다. 따라서 사전에 확정되지 않았거나 추가적인 조건을 달성해야 지급되는 특별상여금, 명절 휴가비 등은 고정성이 없어 통상임금이 아니다.

② 정기성: 일정 기간마다 정기적으로 지급된다.

정기성은 일정한 기간마다 정기적으로 지급되는 성질을 말한다. 매월 정기적으로 지급되는 금품은 당연히 통상임금이며 매월이 아니어도 분기, 반기 또는 연 단위로 지급되는 금품도 일정한 기간마다 정기적으로 지급된다면 통상임금이 된다(고정성, 일률성이 충족된다면). 반면 부정기적으로 지급되거나 지급 여부, 지급액 등을 사전에 예측할 수 없는 성과급은 통상임금이 아니다.

③ 일률성: 일정한 기준, 조건에 해당하면 일률적으로 지급된다.

일률성이란 일정한 기준에 있는 모든 근로자에게는 일률적으로 지급되는 성질을 말한다. 가족수당을 예로 들면 모든 재직 근로자에게 가족수와 관계없이 일정 금액을 똑같이 지급하는 가족수당은 통상임금이다. 그러나 가족 수에 따라 달라지는 가족수당은 다른 조건(가족수)에 따라 지급액이 달라지므로 일률성이 없어 통상임금이 아니다.

근속수당은 근속기간에 따라 동일 근속기간 근로자들에게는 일률적으로 지급된다면 일률성이 인정되어 통상임금으로 볼 수 있으나 만약 지급조건에 개근한 근로자만을 대상으로 지급한다는 조건이 추가된다면 일률성이 없고 고정성도 없어 통상임금으로 볼 수 없다. 고정성이 없거나 정기성 또는 일률성이 없다면 통상임금이 아닌 것이다. 반면 사업장에서 근로의 대가로 고정적, 정기적, 일률적으로 지급하는 금품은 그 명칭이 업무수당, 자격수당, 근속수당, 상여금, 식대, 가족수당 등 어떠한 명칭이든지 명칭에 관계없이 통상임금이다.

Q-29 근속수당과 교통비는 통상임금인가?

A 이 사안의 교통비는 실제 근무일수에 따라 그 지급액이 달라지기는 하지만 소정근로를 제공하기만 하면 일정액을 지급받을 것이 확정되어 있는 고정적 임금으로 통상임금에 해당한다.

그러나 승무원들 중 해당 월에 13일 이상을 승무한 근로자만을 대상으로 하여, 그 중 6개월을 초과하여 근무한 자에게는 매월 330,000원의 상여금을, 1년 이상 계속 근무한 자에게는 1년당 10,000원씩을 가산한 근속수당을 지급한 사실을 볼 때, 이 상여금과 근속수당은 그 지급 여부가 실제 근무성적에 따라 좌우되므로 고정적 임금이라고 할 수 없어 통상임금에 해당하지 않는다.

(대법 2013다10017, 2014.8.20.)

Q-30 연봉제에서의 통상임금 산정방법은?

A 귀 질의는 임금체계를 연봉제로 변경하면서 현 직급 및 호봉에 해당하는 기본급, 상여금, 가계지원비, 효도휴가비, 장기근속수당, 시간외근로수당 등 연간 산정된 총액의 합으로 되어 있으며 매월 급여지급일에 위 기본연봉급의 1/12를 지급하는 것으로 보임. 이와 같이 연봉제로 임금체계를 변경하여 기본급에 각종수당을 포함하여 기본연봉으로 통합하고 기본연봉의 1/12를 매월 분할하여 지급할 경우에는, 매월 지급되는 기본연봉을 통상임금으로 보아야 할 것임. 다만, 기본연봉 안에 연장근로시간에 대한 임금까지 포함되어 있는 경우에는 이를 통상임금의 범주에서 제외하여야 할 것으로 보임.

(임금근로시간정책팀-3347, 2006.11.14.)

다) 통상임금 산정과 활용

월급제나 일급제는 시급 통상임금을 계산해서 연장근로수당 등 법정수당의 산정기준으로 활용하게 된다. 월급제 근로자의 시급 통상임금은 월 급여 중 "통상임금"을 "월 통상임금 산정 기준시간 수"로 나눈 금액이 된다. 통상임금 산정 기준 시간수는 소정근로시간에 소정근로시간외에 유급으로 처리되는 시간을 합산한 시간을 말한다. 그런데 통상임금 산정이 쉽지 않은 이유는 첫째, 통상임금에 해당하는 금품인지 판단과 둘째, 통상임금 산정 기준시간수를 정확히 해야 하기 때문이다. 통상임금에 해당하는 금품의 범위는 대법원 판례로 조금씩 확대되고 있다. 근로계약 시 임금에 연장·휴일·야간근로수당 등 통상임금 이외의 금품을 포함하여 정한 때에는 연장근로 등에 대한 50% 가산 지급 등 시급 통상임금 산정 기준시간을 정확히 산출해야 한다. 주 40시간 근로하는 월급제 근로자의 "월 통상임금 산정 기준시간 수"는 연간 월평균 주 수(365 ÷ 7 ÷ 12 = 4.345주)에 1주 소정근로시간(8시간 × 5일 = 40)과 소정근로시간은 아니나 유급처리 시간(주휴수당 8시간)을 합한 시간을 곱한 것이다. 1일 8시간, 주 5일(주40시간) 근무하는 일반적인 사업장은 주휴수당 지급 시간(8시간)을 포함하여 "월 통상임금 산정 기준시간 수"는 209시간이다.

월 통상임금 산정 기준시간 수 = (40 + 8) × (365 ÷ 7 ÷ 12) = 209시간
* 월 소정 근로시간: 1일 8시간 × 주 5일 × 4.345주 = 174시간
월 유급처리(주휴) 시간: 1주 8시간 × 4.345주 = 35시간

Q-31 고정적으로 지급되는 연장근로수당이 통상임금인지?

A 근로자들이 현실적으로 시간외 근로를 하고 있다는 전제 아래, 다만 영업직 근로자들의 업무특성상 실제 시간외 근로시간을 측정하기 곤란한 사정을 고려하여 시간외 근로수당을 정액제 내지 정률제로 지급하기로 한 점, 그 금액산출기준도 현실적인 시간외 근로를 전제로 하는 근기법 규정을 기초로 하고 있는 점 등에 비추어, 시간외 근로수당은 실제 시간외 근로에 관계없이 정기적·일률적으로 지급하기로 정하여진 고정급인 통상수당으로 볼 수 없다.

(대법 2002.4.12, 2001다72173).

라) 단시간 근로자의 통상임금 산정

"단시간 근로자"란 1주간 소정근로시간이 그 사업장의 같은 종류 업무에 종사하는 통상근로자의 1주간 소정근로시간에 비하여 짧은 근로자를 말한다. 예를 들어 통상근로자의 소정근로시간이 주 40시간인 사업장에서 소정근로시간이 주 24시간(1일 8시간, 주3일) 또는 주 35시간(1일 7시간, 주5일)인 근로자는 단시간 근로자이다.

단시간 근로자 개념은 사업장에 비교 대상인 통상근로자가 있음을 전제로 한다. 모든 통상근로자가 주 40시간 근로자인 것은 아니다. 따라서 근로시간이 주 40시간보다 짧으면 모두 단시간 근로자인 것도 아니다. 1주 소정근로가 35시간

(1일 7시간, 주 5일)인 근로자의 경우, 만약 그 사업장의 같은 종류 업무에 종사하는 근로자가 모두 똑같이 1주 35시간 근무한다면 이 근로자는 1주 소정근로시간이 35시간인 통상근로자이고 단시간 근로자가 아니다. 이처럼 통상근로자가 1주 소정근로시간이 35시간(1일 7시간, 5일 근무)일 경우, 같은 사업장의 동종업무에 1주 35시간 미만(예: 1일 6시간, 5일 근무)으로 근로하는 근로자가 있다면 단시간 근로자에 해당한다.

Q-32 편의점에서 사업주 부부를 제외하고 3명의 아르바이트 직원이 있다. 이들은 모두 판매업무를 수행하는데 아르바이트 직원을 통상근로자로 볼 수 있는지?

구분	근무일수	근무시간	소정근로시간	비고
A 직원	주 5일	23시~08시	주 35시간	기간제
B 직원	주 5일	18시~23시	주 25시간	"
C 직원	주 2일(주말)	23시~08시	주 16시간	"

A 사업장에 1주 40시간으로 소정근로시간을 정한 근로자가 없는 경우에는 해당 사업장에서 같은 종류의 업무에 종사하는 근로자 중 1주 동안의 소정근로시간이 가장 긴 근로자를 통상근로자로 보고 그 근로자보다 1주 동안의 소정근로시간이 짧은 근로자를 단시간 근로자로 판단함.

이 편의점은 아르바이트 직원 중 A의 소정근로시간이 35시간으로 소정근로시간이 가장 긴 근로자이므로 A가 통상근로자에 해당함(B, C는 단시간 근로자).

(고용노동부 단시간 근로자의 초과근로 관련 지침, 2014.9)

중요한 점은 단시간 근로자의 연장근로에 대한 가산수당 지급 문제이다. 1주 소정근로시간이 35시간(1일 7시간)인 근로자가 주중에 5시간(1일 1시간)을 연장근로하여 1주 40시간을 근무하였을 때, 단시간 근로자라면 가산수당(50% 가산)을 추가 지급하여야 한다(기간제 및 단시간 근로자 보호 등에 관한 법률 제6조). 그러나 단시간 근로자가 아닌 통상근로자라면 연장근로가 법정 근로시간 이내(주 40시간) 근로이므로 가산 수당을 지급하지 않아도 된다. 단시간 근로자는 상대적인 개념이므로 비교 대상인 통상근로자가 있는지를 먼저 살펴야 하며 비교 대상인 통상근로자가 없다면 소정근로시간이 짧더라도 단시간 근로자가 아닌 점을 유의해야 한다.

근로기준법 제18조에서 "단시간 근로자의 근로조건은 그 사업장의 같은 종류의 업무에 종사하는 통상근로자의 근로시간을 기준으로 산정한 비율에 따라 결정되어야 한다"고 규정하고 있다. 따라서 주휴, 연차유급휴가, 해고예고수당, 퇴직금 등 통상근로자에게 적용되는 근로조건은 단시간 근로자에게도 근로시간 비율로 적용이 되어야 한다. 다만 단시간 근로자 중 1주 소정근로시간이 4주를 평균하여 15시간 미만인 **초단시간 근로자에 대해서는 주휴, 연차유급휴가, 퇴직금 제도가 적용제외**되어 발생하지 않는다.

단시간 근로자는 매일의 소정근로시간이 같지 않거나 1주 중 특정요일만 출근하는 다양한 형태로도 근무하므로 통상임금 산정을 위한 1일 소정근로시간수(통상임금 산정기준시간수)를 통상근로자와 다른 방식으로 산출하여야 한다. 근로기준법 시행령 제9조 및 별표 2에 따라 단시간 근로자의 1일 통상임금은 1일 소정근로시간 수에 시간급 임금을 곱하여 산정하고 이때 **1일 소정근로시간 수는 4주간의 소정근로시간을 다 더하여 이를 그 기간의 통상근로자의 4주간의 총 소정근로일수로 나눈 값**으로 한다.

$$\text{단시간 근로자 1일 소정근로시간} = \frac{\text{단시간 근로자의 4주간 소정근로시간}}{\text{통상근로자의 4주간 총 소정근로일수}}$$

마) 통상임금 산정 사례

다음 사례들은 여러 형태의 통상임금 산정 사례이다. 임금 계산(또는 근로시간 계산)에서 소수점 이하에 대한 계산 방법은 특별히 규정한 것이 없다. 소수점 이하 계산 방식에 따라서 값은 차이가 다소 있을 수 있음을 감안하자.

Case-24 근로자가 1일 10시간 일하고 일당으로 18만 원을 받기로 하였다. 이 근로자의 시급 통상임금과 일급 통상임금은 각각 얼마인가? (5인 이상 사업장)

- 통상임금 산정 기준시간: 8시간 + (2시간 × 1.5) = 11시간
- 시급 통상임금: 180,000원 ÷ 11시간 = 16,363.7원

- 일급 통상임금: 16,363.7원 × 8시간 = 130,909.6원

Case-25 1일 8시간, 주 5일 근무자로 월 급여가 300만 원이면 시간급 통상임금과 주휴수당 및 연장근로 1시간에 대한 임금은 각각 얼마인가? (5인 이상 사업장)

- 통상임금 산정 기준시간: 209시간 = (40 + 8) × (365 ÷ 7 ÷ 12)
- 시급 통상임금: 3,000,000원 ÷ 209시간 = 14,354.1원
- 주휴수당(= 일급 통상임금): 14,354.1원 × 8시간 = 114,832.8원
- 연장근로 1시간에 대한 임금: 14,354.1원 × 1.5 = 21,531.2원

Case-26 1일 9시간, 주 5일 근무로 매주 5시간 연장근로를 하고 연장근로수당을 포함한 월 급여가 300만 원이다. 이 근로자의 시간급 통상임금과 일급 통상임금 및 연장근로 1시간에 대한 임금은 각각 얼마인가? (5인 이상 사업장)

- 통상임금 산정 기준시간: 241시간 = [(40 + 8) + (5 × 1.5)] × (365 ÷ 7 ÷ 12)
  * 연장근로 주 5시간에 대해 50%를 가산하여 시간수 산출
  * 소수점 이하 계산에 따라 다소 차이가 있을 수 있음.
- 시급 통상임금: 3,000,000원 ÷ 241시간 = 12,448.2원
- 일급 통상임금: 12,448.2원 × 8시간 = 99,585.6원
- 연장근로 1시간에 대한 임금: 12,448.2원 × 1.5 = 18,672.3원

Case-27 주 24시간 근로(1일 8시간, 주 3일 근무)하는 근로자가 시급 15,000원을 받는 경우 일급 통상임금은? (통상근로자는 주 5일 근무)

- 단시간 근로자의 1일 소정근로시간수 = (24 × 4주) ÷ (5일 × 4주) = 4.8시간
- 시급 통상임금: 15,000원
- 일급 통상임금: 15,000원 × 4.8시간 = 72,000원

Case-28 주 14시간 근로(1일 7시간, 주 2일 근무)하는 근로자의 임금이 일당 140,000원이다. 시급 통상임금과 일급 통상임금은? (통상근로자는 주 5일 근무)

- 단시간 근로자의 1일 소정근로시간수 = (14 × 4주) ÷ (5일 × 4주) = 2.8시간
- 시급 통상임금: 140,000원 ÷ 7시간 = 20,000원
- 일급 통상임금: 20,000원 × 2.8시간 = 56,000원

Case-29 1일 5시간, 주 5일 근무 단시간 근로자의 월 급여가 150만 원이면 시급 통상임금과 일급 통상임금은 각각 얼마인가? (통상근로자는 주 5일 40시간 근무)

- 단시간 근로자의 1일 소정근로시간수 = (25 × 4주) ÷ (5일 × 4주) = 5시간

- 통상임금 산정 기준시간: 130.35시간 = (25 + 5) × (365 ÷ 7 ÷ 12)
- 시급 통상임금: 1,500,000원 ÷ 130.35시간 = 11,507.5원
- 일급 통상임금: 11,507.5원 × 5시간 = 57,537.5원

`Case-30` 주 36시간(1일 12시간, 주 3일) 근무자로 임금은 일당 160,000원인 경우 일급 통상임금은? (통상근로자는 주 5일 근무, 상시근로자 5인 이상 사업장)

- 단시간 근로자의 1일 소정근로시간수 = (24 × 4주) ÷ (5일 × 4주) = 4.8시간
- 시급 통상임금: 160,000원 ÷ 14시간(8 + 4 × 1.5) = 11,428.6원
- 일급 통상임금: 11,428.6원 × 4.8시간 = 54,857.3원
  * 소정근로시간은 법정근로시간(1일 8시간, 1주 40시간)의 범위 내에서 근로하기로 정한 근로시간

`Case-31` 주 16시간(1일 8시간, 주 2일) 근무하고 임금은 월급 1,100,000원인 단시간 근로자의 주휴수당은? (통상근로자는 주 5일 근무, 상시근로자 5인 사업장)

- 단시간 근로자의 1일 소정근로시간수 = (16 × 4주) ÷ (5일 × 4주) = 3.2시간
- 통상임금 산정 기준시간: 83.4시간 = (16 + 3.2) × (365 ÷ 7 ÷ 12)
- 시급 통상임금: 1,100,000원 ÷ 83.4시간 = 13,189.5원
- 주휴수당(= 일급 통상임금): 13,189.5원 × 3.2시간 = 42,206.4원

`Case-32` 주 24시간(1일 8시간, 주 3일) 근무하는 근로자의 월급여가 1,650,000원 일 때 시급 통상임금, 일급 통상임금은? (통상근로자는 주 5일 근무)

- 단시간 근로자의 1일 소정근로시간수 = (24 × 4주) ÷ (5일 × 4주) = 4.8시간
- 통상임금 산정 기준시간: 125.1시간 = (24 + 4.8) × (365 ÷ 7 ÷ 12)
- 시급 통상임금: 1,650,000원 ÷ 125.1시간 = 13,189.5원
- 일급 통상임금: 13,189.5원 × 4.8시간 = 63,309.6원

`Case-33` 주 20시간(1일 4시간, 주 5일) 근로자의 월급여가 1,500,000원이다. 이번 달에 연장근로를 6시간하였다면 연장근로수당은 얼마인가? (통상근로자는 주 5일 근무, 상시근로자 5인 사업장)

- 단시간 근로자의 1일 소정근로시간수 = (20 × 4주) ÷ (5일 × 4주) = 4시간
- 통상임금 산정 기준시간: 104.2시간 = (20 + 4) × (365 ÷ 7 ÷ 12)
- 시급 통상임금: 1,500,000원 ÷ 104.2시간 = 14,395.4원
- 연장근로수당: 14,395.4원 × 6시간 × 1.5 = 129,558.6원

Case-34 아파트 공사현장에서 잡부로 근무한 일용직 근로자가 1일 10시간 근무하고 연장근로수당을 포함하여 일당을 11만 원 받았다. 이 근로자의 시급 통상임금과 일급 통상임금은 얼마인가?

- 통상임금 산정 기준시간: 11시간 = 8 + (2 × 1.5)
- 시급 통상임금: 110,000원 ÷ 11시간 = 10,000원
- 일급 통상임금: 10,000원 × 8시간 = 80,000원

Case-35 24시간 격일제(09시부터 익일 09시까지, 맞교대 후 24시간 휴무) 경비직 근무자가 실근로시간은 21시간, 휴게시간이 3시간(08:00~09:00(조식), 12:00~13:00(중식), 18:00~19:00(석식))이다. 만약 감시단속적 근로자로 근로시간 적용제외 인가를 받지 않은 경우에 월 통상임금 산정기준시간 산정방법은?

- 1일 연장근로: 13시간(21 - 8 = 13), 1일 야간근로: 8시간(22:00~06:00)
- 주휴는 1주내 특정일로 고정

| 구분 | 시간 | 통상임금산정기준시간 산출내역 | | 비고 |
		연간 총 근로시간수	산출내역	
실근로시간	1일 21시간	3,833	21시간 × (365일 ÷ 2)	격일근무
주휴시간	1주 8시간	417	8시간 × (365일 ÷ 7)	주휴유급
연장근로가산수당 (시간환산)	1일 13시간	1,186	13시간 × (365일 ÷ 2) × 0.5	격일근무
야간근로가산수당 (시간환산)	1일 8시간	730	8시간 × (365일 ÷ 2) × 0.5	격일근무
휴일근로가산수당 (시간환산)	2주당 21시간	273	21시간 × (365일 ÷ 14) × 0.5	2주당 주휴 1일근무
합계		6,440		

- 월 통상임금산정기준시간 = 536시간(6,440시간 ÷ 12개월)

(고용노동부 임금 68207-836, 2002.11.13.)

Q-33 단시간 근로자의 소정근로시간 계산방법은?

A 소정근로시간이 당해 사업장의 동종업무에 종사하는 통상근로자보다 짧은 단시간으로 근로계약을 체결한 근로자라면 규칙적으로 매일 2시간의 연장근로를 하였다 하더라도 단시간 근로자로 보아 계산하여야 하므로 주휴수당 및 연차유급휴가수당 계산에 관하여는 연장근로를 제외한 소정근로시간으로 주휴 및 연차휴가를 계산해야 한다.

(고용노동부 근로기준과-6465, 2004.11.30.)

Q-34 통상 근로자가 없는 사업장에서의 주 40시간 미만 근로자의 연차유급휴가 및 주휴시간 산정방법은?

A 근로기준법에 따라 사용자는 1주 동안의 소정근로일을 개근한 자에게 1주일에 평균 1회 이상의 유급휴일을 주어야 하며, 단시간 근로자의 근로조건은 그 사업장의 같은 종류의 업무에 종사하는 통상근로자의 근로시간을 기준으로 산정한 비율에 따라 부여함.
다만, 질의와 같이 사업장내에 통상 근로자가 없는 경우라 하더라도 주 소정근로시간이 16시간 등 근로형태가 단시간 근로자의 근로형태와 동일한 경우에는 단시간 근로자의 1일 소정근로시간 수 산출방식을 준용하는 것이 합리적이므로 주40시간에 비례하여 산정한 주휴수당을 지급하면 될 것임.

(고용노동부 근로기준정책과-5943, 2017.9.25.)

Q-35 주 14시간(1일 7시간, 주 2일) 근무하기로 정한 근로자가 가끔 주 3~5 시간의 연장근로로 4주 평균 실근로시간은 주 17시간이다. 이 근로자는 초단시간 근로자에 해당하는지?

A 초단시간 근로자는 4주간을 평균하여 1주간의 소정근로시간이 15시간 미만인 근로자를 말함. 초단시간 근로자의 판단은 소정근로시간을 기준으로 판단하므로 근로자가 연장근로로 실근로시간은 주 15시간이 넘는다고 하여도 소정근로시간이 1주 15시간 미만이면 초단시간 근로자에 해당함.
　※ 1주 1일 15시간 근무를 약정한 경우 소정근로시간은 법정 근로시간 범위내에서 정하는 것이므로 이 경우, 소정근로시간 8시간에 연장근로 7시간을 하기로 정한 것으로 보아야 하고 소정근로시간이 1주 15시간 미만인 자에 해당함.

통상임금 해당 여부

(고용부 통상임금 노사지도지침,'14.1.23.)

가. 근속기간에 따라 달라지는 임금(근속수당 등)

▸ 지급여부나 지급금액이 근속기간에 따라 달라지는 경우: 통상임금에 해당

* (예시) 몇 년 이상 근속해야 지급하거나, 근속기간에 따라 임금계산방법이 다르거나 지급액이 달라지는 임금

  - (일률성 인정) 근속기간은 일률성 요건 중 '근로와 관련된 일정한 조건 또는 기준'에 해당

  - (고정성 인정) 초과근로를 하는 시점에서 보았을 때, 그 근로자의 근속기간이 얼마나 되는지는 이미 확정되어 있음.

나. 근무일수에 따라 달라지는 임금

▸ 매 근무일마다 일정액을 지급하기로 한 임금: 통상임금에 해당

* (예시) 근무일수에 따라 일할계산해서 지급되는 임금

  - (고정성 인정) 근로자가 임의의 날에 소정근로를 제공하기만 하면 그에 대하여 일정액을 지급받을 것이 확정되어 있음.

▸ 일정 근무일수를 채워야만 지급되는 임금: 통상임금이 아님.

* (예시) 월 15일 이상 근무해야만 지급되는 임금

  - (고정성 부정) 소정근로 제공 외에 일정 근무일 충족이라는 추가적 조건을 성취하여야 하는바, 연장·야간·휴일 근로를 제공하는 시점에서 금액을 확정할 수 없기 때문에 고정성을 인정하기 어려움.

▸ 일정 근무일수에 따라 계산방법 또는 지급액이 달라지는 임금: 소정근로를 제공하면 적어도 일정액 이상의 임금이 지급될 것이 확정되어 있는 최소한도의 범위에서는 고정성을 인정할 수 있음.

* (예시) 근무일수가 15일 이상이면 특정명목의 급여를 전액 지급하고, 15일 미만이면 근무일수에 따라 그 급여를 일할계산하여 지급하는 경우

* 위 예시에서 최소한 일할계산되는 금액 한도는 통상임금에 해당

다. 특정 시점에 재직중인 근로자에게만 지급되는 임금

▸ 소정근로를 했는지 여부와는 관계없이 지급일 기타 특정 시점에 재직 중인 근로자에게만 지급하기로 정해져 있는 임금: 통상임금이 아님

  - (소정근로의 대가 부정) 근로와 무관하게 재직만이 지급조건

  - (고정성 부정) 초과근로를 제공하는 시점에서 보았을 때, 그 근로자가 그 특정 시점에 재직하고 있을지 여부는 불확실함.

▸ 특정시점에 퇴직하더라도 그 근무일수에 따라 달라지는 임금: 근무일수에 비례하여 지급되는 한도에서는 통상임금 해당

* (예시) 퇴직시 일할계산하여 지급하기로 한 경우

- (고정성 인정) 특정 시점 전에 퇴직하더라도 그 근무일수에 비례한 만큼의 임금이 지급되는 경우에는 근무일수에 비례 지급되는 한도에서는 고정성이 부정되지 않음.

* <참고> 최근 대법원에서 "지급시점 재직 근로자에 한하여 지급한다"는 재직자 조건이 있는 정기 상여금도 통상임금으로 인정(대법원, 2022다252578, 2022.11.10. 선고)

라. 근무실적에 좌우되는 임금(성과급 등)

▶ 근무실적을 평가하여 이를 토대로 지급여부나 지급액이 정해지는 임금: 일반적으로 성과급은 통상임금이 아님.

- 다만, 근무실적에 관하여 최하등급을 받더라도 지급받을 수 있는 그 최소한도의 임금은 통상임금에 해당

* (예시) 근무실적을 A, B, C로 평가하여 최하 C등급에도 100만 원의 성과급을 지급한다면, 최소 100만 원은 보장되므로 100만 원만큼만 통상임금에 해당됨(나머지는 통상임금 아님).

▶ 근로자의 전년도 업무 실적에 따라 당해 연도에 지급 여부나 지급액을 정하는 임금: 통상임금에 해당

- (고정성 인정) 초과근무를 제공하는 시점인 당해 연도에는 그 성과급 등의 지급여부나 지급액이 확정되어 있으므로 고정성이 인정됨.

* (예시) 성과연봉

- (고정성 부정) 보통 전년도에 지급할 것을 그 지급시기만 늦춘 것에 불과하다고 볼만한 특별한 사정이 있는 경우에는 일반적인 성과급과 마찬가지로서 고정성을 인정할 수 없음.

마. 특수한 기술, 경력 등을 조건으로 하는 임금(자격수당 등)

▶ 특수한 기술의 보유나 특정한 경력의 구비 등이 지급의 조건으로 부가되어 있는 경우: 통상임금에 해당

* (예시) 특정 자격증 또는 기술을 보유한 경우 지급하는 수당

- (고정성 인정) 초과근로를 제공하는 시점에서 보았을 때, 특수한 기술의 보유나 특정한 경력의 구비 여부는 기왕에 확정된 사실이므로 고정성이 인정됨.

임금유형별 통상임금 여부 정리(2013년 대법원 전원합의체 판결 기준)

임금 명목	임금의 특징	통상임금 해당여부
기술수당	기술이나 자격보유자에게 지급되는 수당(자격수당, 면허수당 등)	통상임금○
근속수당	근속기간에 따라 지급여부나 지급액이 달라지는 임금	통상임금○
가족수당	부양가족 수에 따라 달라지는 가족수당	통상임금× (근로와 무관한 조건)
	부양가족 수와 관계없이 모든 근로자에게 지급되는 가족수당 분	통상임금 ○ (명목만 가족수당, 일률성 인정)
성과급	근무실적을 평가하여 지급여부나 지급액이 결정되는 임금	통상임금× (조건에 좌우됨, 고정성 인정×)
	최소한도가 보장되는 성과급	그 최소한도만큼 통상임금○ (그만큼은 일률적, 고정적 지급)
상여금	정기적인 지급이 확정되어 있는 상여금(정기상여금)	통상임금○
	기업실적에 따라 일시적, 부정기적, 사용자 재량에 따른 상여금 (경영성과분배금, 격려금, 인센티브)	통상임금× (사전 미확정, 고정성 인정×)
특정시점 재직 시 에만 지급되는 금품	특정시점에 재직 중인 근로자만 지급받는 금품 (명절귀향비나 휴가비의 경우 그러한 경우가 많음)	통상임금× (근로의 대가×, 고정성×)
	특정시점이 되기 전 퇴직 시에는 근무일수에 비례하여 지급되는 금품	통상임금○ (근무일수 비례하여 지급되는 한도에서는 고정성○)

참고 **단시간 근로자 근로조건 결정기준 등에 관한 사항**

(근기법 시행령[별표2])

1. 근로계약의 체결

   가. 사용자는 단시간 근로자를 고용할 경우에 임금, 근로시간, 그 밖의 근로조건을 명확히 적은 **근로계약서를 작성하여 근로자에게 내주어야 한다.**

   나. 단시간 근로자의 근로계약서에는 계약기간, 근로일, 근로시간의 시작과 종료 시각, 시간급 임금, 그 밖에 고용노동부장관이 정하는 사항이 명시되어야 한다.

2. 임금의 계산

   가. 단시간 근로자의 임금산정 단위는 시간급을 원칙으로 하며, 시간급 임금을 일급 통상임금으로 산정할 경우에는 나목에 따른 1일 소정근로시간 수에 시간급 임금을 곱하여 산정한다.

   나. 단시간 근로자의 **1일 소정근로시간 수는 4주 동안의 소정근로시간을 그 기간의 통상 근로자의 총 소정근로일 수로 나눈 시간 수로 한다.**

3. 초과근로

   가. 사용자는 단시간 근로자를 소정 근로일이 아닌 날에 근로시키거나 소정근로시간을 초과하여 근로시키고자 할 경우에는 근로계약서나 취업규칙 등에 그 내용 및 정도를 명시하여야 하며, 초과근로에 대하여 가산임금을 지급하기로 한 경우에는 그 지급률을 명시하여야 한다.

   나. 사용자는 근로자와 합의한 경우에만 초과근로를 시킬 수 있다.

4. 휴일·휴가의 적용

   가. 사용자는 단시간 근로자에게 법 제55조에 따른 유급휴일을 주어야 한다.

   나. 사용자는 단시간 근로자에게 법 제60조에 따른 연차유급휴가를 주어야 한다. 이 경우 유급휴가는 다음의 방식으로 계산한 시간단위로 하며, 1시간 미만은 1시간으로 본다.

   $$\text{통상 근로자의 연차휴가일수} \times \frac{\text{단시간 근로자의 소정근로시간}}{\text{통상 근로자의 소정근로시간}} \times 8\text{시간}$$

   다. 사용자는 여성인 단시간 근로자에 대하여 법 제73조에 따른 생리휴가 및 법 제74조에 따른 산전후휴가를 주어야 한다.

   라. 가목 및 다목의 경우에 사용자가 지급하여야 하는 임금은 제2호가목에 따른 일급 통상임금을 기준으로 한다.

   마. 나목의 경우에 사용자가 지급하여야 하는 임금은 시간급을 기준으로 한다.

5. 취업규칙의 작성 및 변경(이하 생략)

2) 평균임금

가) 평균임금의 개념

근로기준법

제2조(정의) ① 이 법에서 사용하는 용어의 뜻은 다음과 같다

6. "평균임금"이란 이를 산정하여야 할 사유가 발생한 날 이전 3개월 동안에 그 근로자에게 지급된 임금의 총액을 그 기간의 총일수로 나눈 금액을 말한다. 근로자가 취업한 후 3개월 미만인 경우도 이에 준한다.

② 제1항제6호에 따라 산출된 금액이 그 근로자의 통상임금보다 적으면 그 통상임금액을 평균임금으로 한다.

회사에서 오랫동안 근무한 직원이 퇴직할 때 퇴직금을 지급해야 할지, 또 지급한다면 얼마를 지급해야 할지가 문제다. 퇴직금 지급요건은 두 가지이다. 첫째, 4주간을 평균하여 1주간의 소정근로시간이 15시간 이상이면 지급 대상이다. 둘째, 계속 근로한 기간이 1년 이상이면 퇴직금 지급 대상이다. 이때 퇴직금의 산정기준이 평균임금이다. 계속근로기간 1년에 대하여 30일분 이상의 평균임금을 퇴직금으로 지급해야 한다(근로자퇴직급여 보장법 제8조).

평균임금은 산정 사유(퇴직, 휴업 등) 발생일 이전 3월간 지급된 임금 총액을 해당 3월간의 총일수로 나누어 산출한 1일 평균금액이다. 3월간의 총일수는 퇴직 시점에 따라 89일(3월 중 2월 포함)부터 92일(3월 중 7, 8월 포함)까지 다르게 된다.

$$1일\ 평균임금 = \frac{산정사유\ 발생일(퇴직일)\ 이전\ 3월간의\ 임금\ 총액}{산정사유\ 발생일(퇴직일)\ 이전\ 3월간의\ 총일수}$$

통상임금에 해당하는 임금은 모두 평균임금에 포함된다. 통상임금이 아니지만, 평균임금에는 포함되는 임금으로는 연장·휴일·야간근로수당, 연차휴가수당 등이 있다. 임금 항목의 명칭이 아니라 그 지급되는 성격이 근로의 대가인지에 따라 평균임금에 포함되거나 제외된다.

산정사유 발생일 이전 3월간 지급된 임금 총액에는 임금은 모두 포함되고 임금이 아닌 금품은 포함되지 않는다. 사업주에게 지급의무가 있는, 근로의 대가로 지급된 금품은 임금이다. 그러나 지급의무가 없이 은혜·호의적으로 지급된 경조금, 포상금이나 실비변상적으로 지급되는 출장비, 교통비 등은 평균임금 산정에 포함되는 임금에 해당하지 않는다.

구분	임금 (평균임금 산정에 포함)	임금이 아닌 것 (평균임금 산정에 미포함)
상여금	정기적, 고정적으로 지급되는 상여금	지급 여부가 사전에는 미확정이거나 지급의무 없이 일시적으로 지급한 상여금 (명절 상여금, 목표달성 상여금 등)
출장비	실비와 관계없이 정액 지급 출장비	숙박비, 식비 등 실제 사용된 비용을 변상하는 출장비
교통비	직원에 일률적으로 지급되는 교통비	주유 영수증에 대해 지급하는 실비변상적인 교통비
식비	직원에 일률적으로 지급하는 식비	식사하는 직원들에게만 제공하는 식권

나) 평균임금과 통상임금 비교

통상임금은 소정근로시간에 대해 지급하기로 약정한 사전적 성격이라면 평균임금은 실제 근로에 대해 지급한 사후적 성격이 있다. 통상임금은 시간급과 일급 위주로, 평균임금은 1일 평균임금을 활용한다.

구분	통상임금	평균임금
개념	소정근로시간에 대해 지급을 약정한 사전적인 성격	실제 근로시간에 대해 지급한 사후적인 성격
산정방법	통상임금액 ÷ 통상임금 산정 기준시간 (유급처리 시간수) * 통상임금은 시간급 기준	산정사유 발생일 이전 3개월 간 지급된 임금총액 ÷ 3개월의 총일 수 * 평균임금은 일급 기준
활용	해고예고수당(통상임금 30일분) 연차유급휴가수당 연장·휴일·야간근로 가산수당	퇴직금(근속 1년에 평균임금 30일분) 재해보상 감급제재의 제한

다) 평균임금과 퇴직금

사용자는 「근로자퇴직급여 보장법」에 따라 퇴직하는 근로자에게 퇴직급여를 지급하여야 한다. 퇴직급여 제도는 퇴직금제도와 퇴직연금제도가 있다. 퇴직금 제도는 사업주가 근로자 퇴직 시 퇴직금을 일시에 지급하는 제도이다. 퇴직금은 30일분의 평균임금에 근속기간을 곱한 금액 이상이어야 한다.

> 법에서 정한 퇴직금 = 1일 평균임금 × 30(일) × (계속근무일수/365)

퇴직연금제도는 사업주가 금융기관에 매년 일정 퇴직금 부담액을 적립하고 퇴직자 발생 시 퇴직금을 지급하는 제도이다. 퇴직연금제도는 적립금을 사용자가 운용하는 확정급여형(DB형, Defined Benefit)과 근로자가 직접 운용하는 확정기여형(DC형, Defined Contribution), 그리고 적립금을 일정 비율로 나누어 확정급여형과 확정기여형으로 각각 운용하는 혼합형 퇴직연금으로 구분된다.

확정급여형은 근로자가 퇴사할 때 받는 퇴직급여액이 법정 퇴직금과 같은 수준으로 확정된다. 사업주는 적립금을 매년 외부 금융기관에 적립해야 하고, 적립금 운용 수익이나 손실과 관계없이 근로자 퇴직 시 (평균임금 30일분) × (근속기간)에 해당하는 금액을 퇴직금으로 지급해야 한다. 근로자는 퇴직금을 연금 또는 일시금으로 받을 수 있다.

확정기여형은 사업주가 부담하여야 할 부담금의 수준이 사전에 정해져 있는 퇴직연금제도이다. 사업주는 매년 근로자의 연간 임금 총액의 1/12 이상을 근로자의 DC 제도 계좌에 부담금으로 적립하고, 근로자가 적립금을 직접 운용하여 그로 인해 발생한 손익에 따라 퇴직급여액이 달라진다. 사업주는 부담금을 매년 납부하면 퇴직금 지급의무가 이행되는 형태로서 근로자의 실제 퇴직연금 수령액은 적립금 운용실적에 따라 법정 퇴직금보다 많을 수도 적을 수도 있다.

확정급여형은 퇴직 전 3개월 평균임금으로 퇴직금이 산정되므로 급여가 꾸준히 오르는 근로자, 장기근속이 예상되는 근로자에게 유리하고 확정기여형은 적립금 운영 결과로 퇴직금이 달라지므로 금융투자에 자신이 있는 근로자에게 적합하다.

퇴직급여제도는 한 사업장에서 계속 근로한 기간이 1년 미만인 근로자 및 4주간을 평균하여 1주간의 소정근로시간이 15시간 미만인 근로자에게는 적용되지 않아 퇴직금이 발생하지 않는다. 퇴직급여는 퇴직일로부터 14일 이내에 근로자의 개인 IRP계좌 등으로 전액 지급하여야 한다.

근로자퇴직급여 보장법

제4조(퇴직급여제도의 설정) ① 사용자는 퇴직하는 근로자에게 급여를 지급하기 위하여 퇴직급여제도 중 하나 이상의 제도를 설정하여야 한다. 다만, 계속근로기간이 1년 미만인 근로자, 4주간을 평균하여 1주간의 소정근로시간이 15시간 미만인 근로자에 대하여는 그러하지 아니하다.
③ 사용자가 퇴직급여제도를 설정하거나 설정된 퇴직급여제도를 다른 종류의 퇴직급여제도로 변경하려는 경우에는 근로자의 과반수가 가입한 노동조합이 있는 경우에는 그 노동조합, 근로자의 과반수가 가입한 노동조합이 없는 경우에는 근로자 과반수(이하 "근로자대표"라 한다)의 동의를 받아야 한다.
제8조(퇴직금제도의 설정 등) ① 퇴직금제도를 설정하려는 사용자는 계속근로기간 1년에 대하여 30일분 이상의 평균임금을 퇴직금으로 퇴직 근로자에게 지급할 수 있는 제도를 설정하여야 한다.

근로자 수에 따른 단시간 근로자, 초단시간 근로자 법 적용

구분	5인 이상 사업장		5인 미만 사업장	
	ⓐ 단시간 근로자	ⓑ 초단시간 근로자	단시간 근로자	초단시간 근로자
퇴직금	○	×	○	×
주휴	○	×	○	×
연차휴가	○	×	×	×
ⓒ 연장·야간·휴일 근로 가산수당	○	○	×	×

ⓐ 단시간 근로자는 소정근로시간이 주 40시간 미만, 주 15시간 이상인 근로자
ⓑ 초단시간 근로자는 소정근로시간이 주 15시간 미만인 근로자(주휴, 연차, 퇴직금이 없음)
ⓒ 연장·야간·휴일근로 가산수당은 상시근로자 수 5인 이상 사업장에만 적용

① 평균임금에 포함되는 임금항목

3개월간의 임금에는 근로의 대가로 지급된 모든 금품이 포함된다. 근로의 대가가 아닌 실비변상적 금품과 은혜적·호의적으로 지급된 금품은 포함되지 않는다.

㉠ 3개월간 지급된 임금 총액

3개월 동안 지급된 임금은 물론, 지급되지 않았어도 당연히 지급되어야 할 임금(체불된 임금)도 포함된다. 기본급과 자격수당, 근속수당, 직책수당, 가족수당 등 사업주에게 지급의무가 있는 임금은 모두 포함하며 연장·휴일·야간근로수당도 포함된다. 출장비, 식대, 차량유지비는 실비변상적 금품이라면 제외되나 그렇지 않고 근로자들에게 일률적으로 지급되는 금품이면 포함한다. 평균임금은 소득세, 4대 보험료 등 원천징수액을 공제하기 이전 금액으로 산정한다.

Q-36 가족수당은 평균임금에 포함되는 임금인지?

A 가족수당은 회사에게 그 지급의무가 있고 일정한 요건에 해당하는 근로자에게 일률적으로 지급되어 왔다면, 이는 임의적·은혜적인 급여가 아니라 근로에 대한 대가의 성질을 가지는 것으로서 임금에 해당한다.

(대법원 2003다54322, 2006.5.26.)

㉡ 상여금과 성과급

단체협약, 취업규칙 등에 미리 지급조건이 명시되어 있거나 관례로서 계속 지급되어온 상여금(정기상여금)이면 포함된다. 상여금은 평균임금 산정 사유 발생일 전 3개월 기간중에 지급되었는지와 관계없이 사유 발생일 전 1년분(12개월)에 해당하는 상여금 전액을 12개월로 나누어 3개월분을 평균임금의 산정범위에 포함한다.

경영성과에 따라 지급 여부나 지급률이 정해지는 성과급은 평균임금에 포함되는 경우도, 포함되지 않는 경우도 있다. 성과급 지급 규정 등으로 사업주에게 지급 의무가 있으면 근로의 대가인 임금으로 인정되나 그렇지 않고 사용자의 지급의무가 없고 성과급 지급사유가 재량이거나 임의적 호의에 의한 것이면 임금으로 볼 수 없다.

Q-37 성과급(인센티브)이 퇴직금 산정의 기초가 되는 평균임금에 해당하는지?

A 평균임금 산정의 기초가 되는 임금 총액에는 사용자가 근로의 대상으로 근로자에게 지급하는 일체의 금품으로서, 근로자에게 계속적·정기적으로 지급되고 그 지급에 관하여 **단체협약, 취업규칙 등에 의하여 사용자에게 지급의무가 지워져 있으면 그 명칭 여하를 불문하고 모두 포함**된다. 한편 어떤 금품이 근로의 대상으로 지급된 것인지를 판단함에 있어서는 그 금품 지급 의무의 발생이 근로제공과 직접적으로 관련되거나 그것과 밀접하게 관련된 것으로 볼 수 있어야 하고, 이러한 관련 없이 그 지급 의무의 발생이 개별 근로자의 특수하고 우연한 사정에 의하여 좌우되는 경우에는 그 금품의 지급이 단체협약·취업규칙·근로계약 등이나 사용자의 방침 등에 의하여 이루어진 것이라 하더라도 그러한 금품은 근로의 대상으로 지급된 것으로 볼 수 없다.

피고 회사가 인센티브(성과급) 지급규정이나 영업 프로모션 등으로 정한 지급기준과 지급시기에 따라 인센티브(성과급)를 지급하여 왔고, 차량판매는 회사의 주업으로서 영업사원들이 차량판매를 위하여 하는 영업활동은 피고 회사에 대하여 제공하는 근로의 일부라 볼 수 있어 인센티브(성과급)는 근로의 대가로 지급되는 것이라고 보아야 하며, 매월 정기적, 계속적으로 이루어지는 인센티브의 지급이 개인 근로자의 특수하고 우연한 사정에 의하여 좌우되는 우발적, 일시적 급여라고 할 수 없고, 지급기준 등의 요건에 맞는 실적을 달성하였다면 피고 회사로서는 그 실적에 따른 인센티브의 지급을 거절할 수 없을 것이므로 이를 은혜적인 급부라고 할 수도 없으며, 인센티브(성과급)를 일률적으로 임금으로 보지 않을 경우 인센티브(성과급)만으로 급여를 지급받기로 한 근로자는 근로를 제공하되 근로의 대상으로서의 임금은 없는 것이 되고 퇴직금도 전혀 받을 수 없게 되는 불합리한 결과가 초래될 것인 점 등에 비추어 보면, 이 사건 인센티브(성과급)는 퇴직금 산정의 기초가 되는 평균임금에 해당한다.

(대법 2011다23149, 2011.7.14.)

Q-38 공공기관 경영평가 성과급은 평균임금에 해당하는가?

A 공공기관 경영평가성과급은 기획재정부장관의 경영실적 평가결과에 따라 지급되고 있다. 대부분의 공기업과 준정부기관은 단체협약이나 취업규칙 등에 경영실적 평가결과에 따라 경영평가성과급을 지급하는 시기, 산정 방법, 지급 조건 등을 구체적으로 정하고 있다.

평균임금 산정의 기초가 되는 임금은 사용자가 근로의 대가로 근로자에게 지급하는 금품으로서, 근로자에게 계속적·정기적으로 지급되고 단체협약, 취업규칙, 급여규정, 근로계약, 노동관행 등으로 사용자에게 지급의무가 있는 것을 말한다. 공공기관 경영평가성과급이 계속적·정기적으로 지급되고 **지급대상, 지급조건 등이 확정되어 있어 사용자에게 지급의무가 있다면, 이는 근로의 대가로 지급되는 임금의 성질을 가지므로 평균임금 산정의 기초가 되는 임금에 포함된다고 보아야 한다.**

한편 2012년부터는 경영평가성과급의 최저지급률과 최저지급액이 정해져 있지 않아 소속 기관의 경영실적 평가결과에 따라서는 경영평가성과급을 지급받지 못할 수도 있다. 이처럼 경영평가성과급을 지급받지 못하는 경우가 있다고 하더라도 성과급이 전체 급여에서 차지하는 비중, 지급 실태와 평균임금 제도의 취지 등에 비추어 볼 때 근로의 대가로 지급된 임금으로 보아야 한다.

(대법 2018다231536, 2018.12.13.)

Q-39 헬스 트레이너의 성과급은 임금에 해당하는가?

A 이 사건 성과급은 매출이익이 증가했다고 해서 그 매출이익 중 일부를 일시적·은혜적으로 지급하는 비정기적인 특별상여금의 성격이라기보다는 사전에 이 사건 사업장의 매출액 또는 수업 실시 정도에 따른 고정적인 지급조건 및 지급율을 정해 놓고 이러한 기준에 달한 모든 근로자에게 매월 계속적·정기적으로 지급하는 것인 점, 이러한 급여체계에 따라 매월 이 사건 성과급을 계속적·정기적으로 근로자에게 지급한 사실이 확인되는 점, 근로자들은 이 사건 성과급을 받는 것을 당연한 것으로 여길 정도로 관례가 형성되어 사용자로서도 그 실적에 따른 성과급의 지급을 거절할 수 없었던 것으로 보이는 점, 청구인들은 성과급은 임금외의 인센티브라 제외한다고 진술하였으나 청구인들의 임금에 대한 이러한 인식은 「근로기준법」상 임금 여부를 판단하는 데 참고사항에 불과할 뿐 성과급을 임금에서 제외하는 근거가 된다고 볼 수 없는 점 등을 종합하여 보면, 이 사건 성과급은 근로의 대가인 임금에 해당한다.

(중앙행심위 2015-15877, 2016.4.12)

ⓒ **연차휴가미사용수당**

전전년도 출근율에 따라 발생하여 전년도에 사용할 수 있는 연차휴가를 전년도에 다 사용하지 못하여 남은 연차에 대해서는 금년도에 연차휴가미사용수당으로 지급받게 되는데, 이처럼 금년도에 지급된 연차휴가미사용수당은 12개월로 나누어 이중 3개월분을 평균임금 계산에 포함하여야 한다.

그러나 전년도 출근율에 의해 발생하여 금년도(퇴직 당해연도)에 사용할 수 있는 연차휴가를 금년도 퇴직으로 인해 사용하지 못하고 지급받는 연차휴가미사용수당은 산정사유 발생일(퇴직일) 이전에 지급된 임금이 아니라 퇴직을 사유로 발생한 임금이므로 평균임금 산정에 포함되지 않는다.

② 평균임금 산정사유 발생일

평균임금은 이를 산정하여야 할 사유가 발생한 날 이전 3개월 동안 근로자에게 지급된 임금의 총액을 그 기간의 총일수로 나눈 금액을 말하는데 이때 산정하여야 할 사유가 발생한 날이란 다음과 같다.

산정하여야 할 사유가 발생한 날

① 퇴직금: 퇴직한 날(마지막 근로일 다음날)
② 휴업수당: 휴업한 첫날
③ 연차휴가수당: 연차휴가를 시작한 날
④ 재해보상: 업무상 재해로 사망이나 부상의 원인이 되는 사고가 발생한 날 또는 진단에 따라 질병이 발생되었다고 확인된 날
⑤ 감급: 제재의 의사표시가 대상 근로자에게 도달한 날

---

③ 평균임금 산정 시 제외하는 기간

근로자의 근무 기간 중 정상적인 근로가 제공되지 못한 기간에는 급여가 적어지는데 이런 기간을 평균임금 산정에 그대로 포함하면 평균임금이 평소보다 과소 산정되는 불합리한 결과가 나오게 된다. 근로기준법에서는 이러한 기간 중 법으로 일정한 보호를 받는 기간과 사업주가 승인한 기간 등 근로자의 잘못이 없는 기간에 대해서는 평균임금에서 불이익을 받지 않도록 해당 기간과 해당 기간 중 지급된 임금을 평균임금 산정 기간과 임금 총액에서 제외하고 산정하도록 하였다.

즉, 법으로 보호되는 육아휴직, 육아기 근로시간 단축기간, 출산전후휴가, 합법적 쟁의행위기간, 병역법·예비군법·민방위기본법에 따른 병역의무이행기간, 업무상 부상·질병 휴업 기간, 사용자 귀책사유로 휴업한 기간이나 사용자의 승인을 받은 휴업 기간, 수습 3개월 이내 기간은 평균임금 산정 시 기간과 임금 총액에서 제외된다. 그러나 불법파업이나 위법한 쟁의행위 기간과 같이 근로자

에게 귀책 사유가 있는 휴업 기간 등은 평균임금 산정 시 제외되지 않고 포함하여 산정한다.

평균임금 산정 기간에서 제외되는 기간

근로기준법 시행령

제2조(평균임금의 계산에서 제외되는 기간과 임금) ① 「근로기준법」(이하 "법"이라 한다) 제2조제1항제6호에 따른 평균임금 산정기간 중에 다음 각 호의 어느 하나에 해당하는 기간이 있는 경우에는 그 기간과 그 기간 중에 지급된 임금은 평균임금 산정기준이 되는 기간과 임금의 총액에서 각각 뺀다.

1. 근로계약을 체결하고 수습 중에 있는 근로자가 <u>수습을 시작한 날부터 3개월 이내 기간</u>
2. 법 제46조에 따른 <u>사용자의 귀책사유로 휴업한 기간</u>
3. 법 제74조제1항부터 제3항까지의 규정에 따른 <u>출산전후휴가 및 유산·사산 휴가 기간</u>
4. 법 제78조에 따라 <u>업무상 부상 또는 질병으로 요양하기 위하여 휴업한 기간</u>
5. 「남녀고용평등과 일·가정 양립 지원에 관한 법률」 제19조에 따른 <u>육아휴직 기간</u>
6. 「노동조합 및 노동관계조정법」 제2조제6호에 따른 <u>쟁의행위기간</u>
7. 「병역법」, 「예비군법」 또는 「민방위기본법」에 따른 의무를 이행하기 위하여 휴직하거나 근로하지 못한 기간. 다만, 그 기간 중 임금을 지급받은 경우에는 그러하지 아니하다.
8. 업무 외 부상이나 질병, 그 밖의 사유로 <u>사용자의 승인을 받아 휴업한 기간</u>

평균임금 산정 시 제외되지 않는 기간

1. 근로자의 귀책사유로 인한 휴업기간
2. 사용자의 승인을 받지 못한 휴직기간
3. 위법한 쟁의기간
4. 징계·대기발령 등의 기간(직위해제, 대기발령, 감봉 등 징계가 정당한 경우 산정 기간에 포함되지만 징계가 부당한 경우에는 산정기간에서 제외됨)

만약, 평균임금 산정에서 제외되는 기간이 3개월 이상이면 어떻게 될까? 제외되는 기간이 3개월 이상이면 평균임금 산정이 불가능해진다. 이때는 퇴직일이 아니라 제외되는 기간의 최초일(휴업의 경우 휴업개시일, 육아휴직인 경우 육아휴직 개시일)을 평균임금의 산정사유가 발생한 날로 보아 평균임금을 산정한다(고용노동부 고시 제2015-77호, 평균임금산정 특례고시). 평균임금 산정에서 제외되는 기간이

3개월 미만이면 그 기간을 제외한 나머지 기간으로 산정한다. 예를 들어 퇴직 전 3개월의 날수가 91일인데 코로나19로 휴업(사용자 귀책사유에 해당)을 두달간 (61일)하였다면 휴업 기간을 제외한 나머지 한달(30일) 동안 받은 임금을 30일로 나눈 것이 1일 평균임금이다.

평균임금산정 특례 고시

[고용노동부고시 제2015-77호, 2015. 10. 14., 일부개정.]

제1조(평균임금의 계산에서 제외되는 기간이 3개월 이상인 경우) ① 「근로기준법 시행령」 (이하 "영"이라 한다) 제2조제1항에 따라 평균임금의 계산에서 제외되는 기간이 3개월 이상인 경우 제외되는 기간의 최초일을 평균임금의 산정사유가 발생한 날로 보아 평균임금을 산정한다. (이하 생략)

제2조(근로제공의 초일에 평균임금 산정사유가 발생한 경우) 근로를 제공한 첫 날(「근로기준법」 제35조제5호에 따라 수습기간 종료 후 첫 날을 포함한다)에 평균임금 산정사유가 발생한 경우에는 그 근로자에게 지급하기로 한 임금의 1일 평균액으로 평균임금을 추산한다.

제3조(임금이 근로자 2명 이상 일괄하여 지급되는 경우) 근로자 2명 이상을 1개조로 하여 임금을 일괄하여 지급하는 경우 개별 근로자에 대한 배분방법을 미리 정하지 않았다면 근로자의 경력, 생산실적, 실근로일수, 기술·기능, 책임, 배분에 관한 관행 등을 감안하여 근로자 1명당 임금액을 추정하여 그 금액으로 평균임금을 추산한다.

제4조(임금총액의 일부가 명확하지 아니한 경우) 평균임금의 산정기간 중에 지급된 임금의 일부를 확인할 수 없는 기간이 포함된 경우에는 그 기간을 빼고 남은 기간에 지급된 임금의 총액을 남은 기간의 총일수로 나눈 금액을 평균임금으로 본다.

(이하 생략)

이렇게 하여 산정된 1일 평균임금이 통상임금보다 적다면 통상임금액을 평균임금으로 하여 퇴직금을 산정하여야 한다(근로기준법 제2조 제2항).

Case-36 휴업기간이 평균임금 산정대상기간(산정사유 발생일 이전 3개월) 보다 더 길 때의 평균임금 산정은?

▶ 평균임금 산정 대상기간(퇴직전 3개월) 보다 경영상 휴업(또는 개인적 질병으로 인해 회사의 승인을 받아 휴업 등)기간이 더 긴 경우 예를 들어 4개월인 경우에는 평균임금 산정 대상기간 전체가 제외되게 되는데 이때의 평균임금 산정을 위한 '산정사유 발생일 이전 3개

월'은 휴업개시일 이전 3개월이 된다.

평균임금 산정대상 기간 중 경영상 휴업기간 등 평균임금 산정에서 제외되는 기간이 1개월(또는 2개월)로 평균임금 산정대상 기간 범위 이내라면 3개월 중 해당 기간(1개월 또는 2개월)을 제외한 나머지 기간에 지급된 임금으로 산정하면 된다.

예시) 매월 200만 원을 받는 근로자가 9.1. 퇴직하였다면, 본래는 다음과 같이 평균임금을 계산하면 된다(편의상 상여금과 연차수당의 포함은 제외함).

8.1.~8.31. (31일)	급여 2,000,000원
7.1.~7.31. (31일)	급여 2,000,000원
6.1.~6.30. (30일)	급여 2,000,000원

⇒ 1일 평균임금 = 6,000,000원/92일 = 65,217.4원

- 만약, 이 근로자가 9.1. 퇴직하기 전에 5.1.~8.31.까지 4개월간 경영상 휴업이었다면 평균임금 산정은

4.1~4.30 (30일)	급여 2,000,000원
3.1~3.31 (31일)	급여 2,000,000원
2.1~2.28 (28일)	급여 2,000,000원

⇒ 1일 평균임금 = 6,000,000원/89일 = 67,415.8원

- 만약, 이 근로자가 9.1. 퇴직하기 전에 7.1.~8.31.까지 2개월간 경영상 휴업이었다면 평균임금 산정은

6.1.~6.30. (30일)	급여 2,000,000원

⇒ 1일 평균임금 = 2,000,000원/30일 = 66,666.7원

④ 평균임금과 퇴직금 산정예시

Case-37 2015.3.1. 입사한 근로자의 퇴직일이 2021.9.1.이고 퇴사 전 3개월 급여가 다음과 같다. 근로자의 퇴직금은 얼마인가?(임금 계산 기간은 1일부터 말일까지)

임금 계산 기간	2021.6.1.~ 2021.6.30	2021.7.1.~ 2021.7.31.	2021.8.1.~ 2021.8.31	합계
총 일수	30일	31일	31일	92일
기본급	2,100,000	2,100,000	2,100,000	6,300,000원
자격수당	50,000	50,000	50,000	150,000원
식대	100,000	100,000	100,000	300,000원
연장근로	403,710	161,490	322,970	888,170원
휴일근로	0	258,380	129,190	387,570원
총 합계	2,653,710	2,669,870	2,702,160	8,025,740원

❖ **평균임금 및 퇴직금 산정**

▸ 근속일수: 2015.3.1.~2021.8.31.까지의 근속일수 = 2,376일

    * 퇴직일은 마지막으로 근무한 날의 다음날

    * 이직일 다음 날이 퇴직일(= 상실일)

▸ 평균임금: 8,025,740 ÷ 92 = 87,236.3원

    * 퇴직일 이전 3월간 지급된 임금 총액 ÷ 퇴직일 이전 3월간 총일수

▸ 퇴직금: 87,236.3 × 30 × (2,376 ÷ 365) = 17,036,173.9원

    * 평균임금 × 30일 × (총계속근속일수 ÷ 365)

Case-38 입사일 2019.1.1. 퇴직일이 2021.11.26.인 근로자의 퇴사 전 3개월 급여가 다음과 같다. 이 근로자의 퇴직금은 얼마인가?(임금 계산 기간은 20일부터 다음달 19일까지, 1일 8시간, 주 5일 근무)

임금 계산 기간	2021.8.26. ~9.19	2021.9.20. ~10.19	2021.10.20. ~11.19.	2021.11.20 ~11.25	합계
총 일수	25일	30일	31일	6일	92일
급 여	1,612,904	2,000,000	2,000,000	400,000	6,012,904원

❖ **평균임금 및 퇴직금 산정**

▸ 근속일수: 2019.1.1.~2021.11.25까지의 근속일수 = 1,060일

▸ 평균임금: 6,012,904 ÷ 92 = 65,357.7원

▸ 1일 통상임금: (2,000,000원 ÷ 209시간) × 8시간 = 76,555.1원

▸ 퇴직금: 76,555.1 × 30 × (1,060 ÷ 365) = 6,669,732원

  * 퇴사 전 3개월간 연장근로수당 등 법정 수당이 없고 기본급여만 받은 때에는 보통 평균임금이 통상임금보다 적다. 이처럼 평균임금이 통상임금보다 적으면 통상임금을 평균임금으로 하여 퇴직금을 산정해야 한다.

Q-40 평균임금 산정 시 소수점 이하 계산 방법에 따라 금액차이가 발생하는데 어떻게 계산하는게 타당한 것인지?

A 평균임금은 산정사유가 발생한 날 이전 3개월 동안에 지급된 임금의 총액을 그 기간의 총일수로 나눈 금액을 말하므로 소수점 이하까지 나오더라도 계산하여야 하며

- 다만, 계산 편의상 노사가 협의하여 소수점 이하 첫째자리 또는 둘째 자리까지 산정할 수 있으나 이 경우도 평균임금은 근로자에게 불이익이 없도록 소수점 둘째자리 또는 셋째자리에서 올림하는 것이 타당함.

(고용노동부 퇴직연금복지과-777, 2009-04-01)

Case-39 입사일 2015.3.1. 퇴직일 2021.9.1.인 근로자의 퇴사 전 3개월 급여가 다음과 같다. 퇴직금 산정은?(임금 계산 기간은 1일부터 말일)

임금 계산 기간	2021.6.1.~ 2021.6.30	2021.7.1.~ 2021.7.31.	2021.8.1.~ 2021.8.31	합계
총 일수	30일	31일	31일	92일
기본급	2,200,000	2,200,000	2,200,000	6,600,000원
자격수당	100,000	100,000	100,000	300,000원
식대	150,000	150,000	150,000	450,000원
소계	2,450,000	2,450,000	2,450,000	7,350,000원
상여금	1년간 정기상여금으로 기본급 150% 수령 ⇒ 3,300,000원 ÷ 12개월 × 3개월			825,000원
연차휴가 미사용수당	연차휴가미사용수당으로 1,043,063원 수령 1,043,063원 ÷ 12개월 × 3개월			260,766원
총 합계				8,435,766원

❖ **평균임금 및 퇴직금 산정**

▶ 근속일수: 2015.3.1.~2021.8.31.까지의 근속일수 = 2,376일

▶ 평균임금: 8,435,766 ÷ 92 = 91,693.2원

　＊ 상여금, 연차휴가미사용수당은 퇴직 전 12월간 발생한 총액 중 3월분만 포함

　＊ 퇴직함으로써 발생하는 연차휴가미사용수당은 퇴직금 산정에 미포함
　　 퇴직 전 이미 발생(지급)된 연차휴가미사용수당을 퇴직금 산정에 포함한다.

▶ 1일 통상임금: [2,450,000 + (3,300,000 ÷ 12)] ÷ 209시간 × 8시간 = 104,306.3원

　＊ 정기상여금은 통상임금에 포함된다.

▶ 퇴직금: 104,306.3 × 30 × (2,376 ÷ 365) = 20,369,734.5원

Case-40 2019.4.4. 입사하여 1일 8시간, 주 3일 근무(주 24시간), 월급여가 150만 원인 근로자의 퇴직일이 2020.11.14.이다. 이 근로자의 퇴사 전 3개월 급여가 다음과 같다. 평균임금 및 퇴직금은?(임금 계산 기간은 1일부터 말일까지)

임금 계산 기간	2020.8.14. ~8.31	2020.9.1. ~9.30	2020.10.1. ~10.31.	2020.11.1 ~11.13	합계
총 일수	18일	30일	31일	13일	92일
기본급	870,968	1,500,000	1,500,000	650,000	4,520,968원
소계	870,968	1,500,000	1,500,000	650,000	4,520,968원
연차휴가 미사용수당	575,540원 ÷ 12개월 × 3개월				143,885원
총 합계					4,664,853원

❖ **단시간 근로자의 평균임금 및 퇴직금 산정**

* 단시간 근로자도 퇴직금제도가 적용된다. 다만, 1주 소정근로시간이 15시간 미만인 초단시간 근로자는 퇴직금제도가 적용되지 않는다. 1주 소정근로시간이 15시간 이상과 15시간 미만이 반복되거나 혼재될 때는 퇴직일을 기준, 역산으로 매 4주간을 평균하여 1주 소정근로시간이 15시간 이상인 기간을 모두 합산하여 1년 이상이 되면 퇴직금이 발생한다. 1주 소정근로시간이 15시간 이상인지 여부를 산정할 때 주의할 점은 <u>실제 근로한 시간이 아니라 당초 근로하기로 약정된 소정근로시간을 기준으로 판단</u>하는 점이다. 이 사례는 1주 소정근로시간이 24시간이므로 전체 근무기간에 퇴직금이 발생한다.

▸ 근속일수: 2019.4.4.~2020.11.13.까지의 근속일수 = 590일

▸ 평균임금: 4,664,853 ÷ 92 = 50,705원

▸ 1일 통상임금: (1,500,000 ÷ 125.1시간) × 4.8시간 = 57,554원

   * 1일 소정근로시간: 96시간(24 × 4주) ÷ 20일(주 5일 × 4주) = 4.8시간

   * 월 통상임금 산정 기준시간수: (24 + 4.8) × (365 ÷ 7 ÷ 12) = 125.1시간

   * 소수점 이하 계산에 따라 다소 차이가 있을 수 있음

▸ 퇴직금: 57,554 × 30 × (590 ÷ 365) = 2,790,974.8원

Q-41 4주를 평균하여 15시간 이상과 미만을 반복하여 근무하는 단시간 근로자의 퇴직금 지급여부 판단을 위한 계속근로기간 산정 방법은?

A 「근로자퇴직급여 보장법」 제4조에 따라 사용자는 4주간을 평균하여 1주간의 소정근로

시간이 15시간 이상인 경우 계속근로기간 1년에 대하여 30일분 이상의 평균 임금을 퇴직금으로 퇴직하는 근로자에게 지급하여야 함. 이때, 4주간 평균하여 1주 소정근로시간이 15시간 이상과 미만을 반복하는 단시간 근로자인 경우에는 퇴직일을 기준으로 이전 4주 단위씩 역산하여 1주 소정근로시간을 구하면 될 것으로 사료됨. 즉, 퇴직일을 기준으로 역산하여 4주 단위로 1주 소정근로시간을 파악하여, 1주 소정근로시간이 15시간 이상인 경우는 4주를 산입하고, 15시간 미만인 경우는 산입하지 않는 방식으로, 산입된 주의 합계가 52개 주를 초과한다면 해당 근로자의 계속근로 기간은 1년 이상이라고 볼 수 있으므로 퇴직금 지급 대상인 것임.

(고용노동부 퇴직연금복지과-5254, 2019-12-09)

⑤ 퇴직금 중간정산과 매월 분할 지급 퇴직금

이전에는 근로자의 퇴직금을 중간정산해서 지급할 수도 있었으나 「근로자퇴직급여 보장법」이 2012년에 개정되면서부터 퇴직금 중간정산은 원칙적으로 금지되었다. 예외적으로 무주택자인 근로자가 주택을 구입하거나 전세금을 부담하거나 임금피크제로 임금이 줄어드는 경우 등 근로자퇴직급여 보장법 시행령(제3조)에 정한 사유에 해당되는 경우에 한해서 중간정산이 가능하게 되었다.

근로자퇴직급여 보장법 시행령 제3조(퇴직금의 중간정산 사유)

1. 무주택자인 근로자가 본인 명의로 주택을 구입하는 경우
2. 무주택자인 근로자가 주거를 목적으로 「민법」 제303조에 따른 전세금 또는 「주택임대차보호법」 제3조의2에 따른 보증금을 부담하는 경우. 이 경우 근로자가 하나의 사업에 근로하는 동안 1회로 한정한다.
3. 근로자가 6개월 이상 요양을 필요로 하는 다음 각 목의 어느 하나에 해당하는 사람의 질병이나 부상에 대한 의료비를 해당 근로자가 본인 연간 임금총액의 1천분의 125를 초과하여 부담하는 경우
   가. 근로자 본인
   나. 근로자의 배우자
   다. 근로자 또는 그 배우자의 부양가족
4. 퇴직금 중간정산을 신청하는 날부터 거꾸로 계산하여 5년 이내에 근로자가 「채무자 회생 및 파산에 관한 법률」에 따라 파산선고를 받은 경우
5. 퇴직금 중간정산을 신청하는 날부터 거꾸로 계산하여 5년 이내에 근로자가 「채무자 회

생 및 파산에 관한 법률」에 따라 <u>개인회생절차개시 결정을 받은 경우</u>

6. 사용자가 기존의 정년을 연장하거나 보장하는 조건으로 단체협약 및 취업규칙 등을 통하여 일정나이, 근속시점 또는 임금액을 기준으로 <u>임금을 줄이는 제도를 시행하는 경우</u>

6의2. 사용자가 근로자와의 합의에 따라 소정근로시간을 1일 1시간 또는 1주 5시간 이상 단축함으로써 <u>단축된 소정근로시간에 따라 근로자가 3개월 이상 계속 근로</u>하기로 한 경우

6의3. 법률 제15513호 근로기준법 일부개정법률의 시행에 따른 <u>근로시간의 단축으로 근로자의 퇴직금이 감소되는 경우</u>

7. <u>재난으로 피해를 입은 경우</u>로 고용노동부장관이 정하여 고시하는 사유에 해당하는 경우

* 사용자는 퇴직금 중간정산 시 관련 증명서류를 근로자 퇴직 후 5년간 보존하여야 한다.

이에 따라 연봉액에 퇴직금을 포함하여 매월 분할 지급하는 경우나 연봉총액에 당해연도 퇴직금을 미리 포함하여 지급하는 방식은 법적으로 유효한 퇴직금 중간정산으로 인정받지 못한다. 따라서 퇴직금의 명목으로 지급한 금품도 퇴직금으로 인정받지 못하여 근로자가 퇴직 시에 퇴직금 지급을 요구하면 법적인 지급 의무를 지게 된다. 근로계약서를 작성하면서 월급여에 퇴직금을 포함하여 지급하는 내용으로 작성하고 근로자 본인의 서명을 받았다 하더라도 마찬가지로 미리 지급하는 퇴직금은 법적으로 효력이 없다는 점을 유의하여야 한다.

Q-42 퇴직금 지급을 회피하기 위한 퇴직금 분할 약정의 효력은?(부당이득 여부)

A 퇴직금 지급을 회피하기 위한 퇴직금 분할 약정은 퇴직금 지급 효력이 없고 지급된 퇴직금 상당액은 부당이득으로 볼 수 없어 반환을 청구할 수도 없다.

1. 사용자와 근로자가 매월 퇴직금을 미리 지급하기로 약정(퇴직금 분할 약정)하였다면, 그 약정은 퇴직금 중간정산으로 인정되는 경우가 아닌 한 최종 퇴직 시 발생하는 퇴직금청구권을 근로자가 사전에 포기하는 것으로서 강행법규에 위배되어 무효이고, 퇴직금 지급으로서의 효력이 없다.

2. 퇴직금 분할 약정에 의하여 월급과는 별도로 퇴직금 명목의 금원을 지급하였으나 퇴직금 분할 약정이 위와 같은 이유로 무효여서 퇴직금 지급으로서의 효력이 없다면 위 약정에 의하여 이미 지급한 퇴직금 명목의 금원은 '근로의 대가로 지급하는 임금'에도 해당한다고 할 수 없고, 따라서 사용자는 법률상 원인 없이 근로자에게 퇴직금 명목의 금원을 지급함으로써 그 금액 상당의 손해를 입은 반면 근로자는 같

은 금액 상당의 이익을 얻은 셈이 되므로, 근로자는 이를 부당이득으로 사용자에게 반환하여야 한다고 보는 것이 공평의 견지에서 합당하다. 다만 사용자가 퇴직금의 지급을 면탈하기 위하여 퇴직금 분할 약정의 형식만을 취한 것인 경우에는 이 같은 법리를 적용할 수 없다.

3. 이 사건의 퇴직금 분할 약정은 그 실질이 임금을 정한 것이면서 퇴직금 지급을 회피하기 위하여 퇴직금 분할 약정의 형식만을 취한 것으로서 임금으로서 정당하게 수령할 금액에 포함된다고 볼 여지가 많으므로 **직원들이 수령한 퇴직금 명목의 금원은 부당이득으로 볼 수 없어 반환할 의무가 없다.**

(대법 2010다95147, 2012.10.11.)

 참고 사업이 양도·양수 또는 합병된 경우 퇴직금 지급책임은?

1. 사업이 합병된 경우에는 상법(제235조)에서 합병 후 존속한 회사 또는 설립된 회사가 합병으로 인해 소멸된 회사의 권리의무를 승계한다고 규정함에 따라 근로자의 근로조건 예를 들면 퇴직금 산정을 위한 계속근로기간이나 임금채권 등을 모두 승계하여야 한다.

2. 사업의 인적, 물적 조직이 포괄적으로 양도, 양수되는 경우에 대하여는 상법 등 법령에서 규정하고 있지 않아 근로자의 퇴직금을 이전 사업주와 현 사업주 중 누가 지급하여야 하는지가 문제이다. 판례나 행정해석은 모두 "사업이 포괄적으로 양도, 양수된 경우에는 근로자의 모든 근로조건도 양도, 양수되므로 양도받은 현 사업주가 근로자의 모든 근로기간에 대한 퇴직금 지급책임을 져야 한다"는 입장이다. 즉, 포괄적으로 사업이 양도양수된 경우에는 양도양수 당사자의 별도의 특약이 없는 한, 양수인의 의사와 관계없이 근로자들의 계속근로기간에 대한 퇴직금 지급책임이 양수인에게 승계되는 것이다.

3. 예를 들어 A회사에서 20년을 근무한 직원 B가 A회사를 양도양수 받은 C회사에 고용승계되어 6개월 더 근무하다가 퇴사한 경우에 C회사는 직원 B의 퇴사 시 20년 6개월에 해당하는 퇴직금을 지급하여야 하며 연차휴가에 대해서도 근속기간 20년에 해당하는 연차휴가수당을 지급해야 한다.

4. 사업을 양도양수 또는 합병할 때는 이 같은 법적 효과가 양수인의 의사와는 관계없이 적용된다. 따라서, 사업장의 많은 근로자가 10년 또는 20여 년 이상 장기 근로한 경우에는 근로조건 승계에 따른 퇴직금, 연차휴가수당 등의 부담액이 예상보다 크다는 점을 유의해야 한다.

> **Q-43** 퇴직금 청구권을 포기하는 계약이나 민사소송을 제기하지 않겠다는 특약은 효력이 있는가?
>
> **A** 퇴직금은 사용자가 일정 기간 계속근로하고 퇴직하는 근로자에게 그 계속근로에 대한 대가로 지급하도록 하고 있는 법정 금품으로서 그 청구권 발생시기는 퇴직이라는 사실을 요건으로 하여 발생하는 것인바, 최종 퇴직 시 발생하는 청구권을 사전에 포기하거나 사전에 그에 관한 민사상 소송을 제기하지 않겠다는 특약을 하는 것은 강행 법규인 근로기준법에 위반되어 무효이다.
>
> (대법 2001다41568, 2002. 8. 23)

3) 최저임금

가) 최저임금의 개념

최저임금제는 근로자의 생활 안정을 위해 국가가 노사간 임금 결정에 개입하여 매년 임금의 최저수준을 정하고 사용자가 근로자에게 그 최저수준 이상의 임금을 지급하도록 강제하는 제도이다.

최저임금제도는 모든 사업장에 적용되며 강제성이 있으므로 사용자는 최저임금 이상의 임금을 지급해야 한다. 만약 최저임금 미만 임금을 지급하는 내용으로 노사가 합의하고 근로계약을 했다고 해도 그 근로계약은 법적으로 효력이 없다. 즉, 최저임금 미만으로 임금을 정한 근로계약은 무효가 되고 최저임금으로 임금을 정한 것으로 간주한다. 또한 최저임금 미만으로 임금을 지급한 사용자는 최저임금법 위반으로 형사처벌(3년 이하의 징역 또는 2천만 원 이하의 벌금) 대상이 된다.

우리나라는 1986년 12월에 최저임금법이 제정되어 1988년부터 시행하고 있으며 최저임금법에 따라 고용노동부장관은 다음 연도에 적용할 최저임금을 최저임금위원회의 심의를 거쳐 매년 8월 5일까지 결정하여 고시하고, 고시된 최저임금은 다음 연도 1월 1일부터 12월 31일까지 모든 사업장에 적용된다.

최저임금위원회는 노동 분야 교수, 연구자들로 이루어진 공익위원 9명, 노동조합이 추천한 노동자위원 9명, 사용자단체가 추천한 사용자위원 9명 등 모두 27명의 위원으로 구성되며 위원장은 공익위원 가운데 선출된다.

최근 4년간 최저임금

(단위: 원)

구분	2021년	2022년	2023년	2024년
시급 최저임금	8,720	9,160	9,620	9,860
일급 최저임금 (8시간 기준)	69,760	73,280	76,960	78,880
월급 최저임금 (209시간 기준)	1,822,480	1,914,440	2,010,580	2,060,740

나) 최저임금 적용과 적용제외 인가

최저임금제도는 근로자를 1명 이상 사용하는 모든 사업장에 적용된다. 다만 동거하는 친족만을 사용하는 사업장, 가사사용인, 선원법을 적용받는 선원과 공무원법을 적용받는 공무원에게는 적용되지 않는다.

그리고 예외적으로, 1년 이상의 근로기간을 정하여 근로계약을 체결한 근로자가 수습 근로자로 수습 3개월 이내인 경우에는 최저임금액의 10%를 감액하여 임금을 지급할 수 있다. 다만, 한국표준직업분류상 단순 노무 업무에 종사하는 근로자(대분류9에 해당하는 근로자: 택배원, 배달원, 청소원, 경비원 등)에 대해서는 수습 여부와 관계없이 감액할 수 없다. 단순 노무 업무는 숙련 기간이 별로 필요 없기 때문이다(최저임금법 제5조).

또한 정신장애나 신체장애로 근로 능력이 현저히 낮은 사람의 경우에는 고용노동부장관(지방고용노동청장)의 최저임금 적용제외인가를 받아 최저임금 적용을 제외할 수 있다(최저임금법 제7조). 예전에는 감시단속적 근로자에 대한 최저임금 감액 적용도 있었으나 해당 규정이 폐지되어 2015년부터는 감시단속적 근로자에게도 반드시 최저임금 이상의 임금을 지급해야 한다.

다) 최저임금법 위반 근로계약의 효력

근로계약을 체결하면서 최저임금액에 미치지 못한 금액을 임금으로 정했다면 이렇게 정한 임금은 무효이며 최저임금법에 따라 최저임금액과 동일한 임금을 지급하도록 강제된다(최저임금법 제6조). 예를 들어 2023년에 적용되는 최저임금이 시급 9,620원으로 고시되었는데 시급 9,160원으로 근로계약을 체결한 때에는 당사자가 체결하였음에도 불구하고 시급 9,160원은 무효이고 시급 9,620원이 강제로 적용되며 이에 못 미치게 지급된 금액은 체불임금이 된다.

마찬가지로 소정근로시간이 1일 8시간, 주 40시간 사업장의 2023년 월급 최저임금은 2,010,580원으로 고시되었는데 이 금액보다 적은 월급 1,914,440원으로 근로계약을 정하고 매월 1,914,440원을 지급한 경우, 근로계약상 월급여액은 무효이고 최저임금 2,010,580원이 강제 적용되며 차액인 월 96,140원은 체불임금이 된다.

최저임금 위반시 체불금액 예시

- '23년에 해당년도 최저임금이 아닌 '22년 최저임금으로 지급시

(단위: 원)

구분	최저임금(a)	실제 지급액(b)	미지급 임금 (체불임금액 = a-b)
시급	9,620	9,160	매시간당 460원
월급(세전)	2,010,580	1,914,440	매월 96,140원
연장·야간근로수당 (1시간분 - 50% 가산)	14,430	13,740	매시간당 690원
연차휴가수당 (1일 8시간분)	76,960	73,280	1일당 3,680원

* 월급은 1일 8시간, 주 5일(주 40시간)근무제를 산정

라) 최저임금 미달 여부의 판단

최저임금 미달 여부는 근로자 급여에서 최저임금 산정에 산입하는 임금을 합산하여 시간급으로 환산한 후 해당연도의 최저임금 시간급 금액과 비교해서 판단한다(최저임금법 시행령 제5조). 그런데 이때 월급으로는 최저임금 이상 지급되는 것처럼 보이는 급여액도 연장·휴일·야간근로수당 등 최저임금에 산입하지 않는 임금을 제외하고 계산하면 최저임금에 미달하는 경우가 있다. 예를 들어 2023년에 매월 연장·휴일근로 20시간을 가정하여 연장·휴일근로수당 270,000원을 포함한 월급여가 2,151,000원이라고 할 때, 월급 기준 최저임금 2,010,580원 이상을 지급하지만 연장·휴일근로수당 270,000원을 제외하면 월급여가 최

저임금에 미달하는 1,881,000원으로 최저임금법 위반이 되는 것이다.

임금 항목 중 최저임금 산정 시 산입하는 항목과 제외하는 항목은 최저임금법 제6조, 최저임금법 시행규칙 제2조에서 정하고 있다. 원칙적으로 매월 1회 이상 정기적으로 지급하는 임금은 최저임금 산정 시 전액 산입된다. 그러나 상여금, 근속수당과 복리후생성 임금 등의 산입 여부는 다소 복잡하다.

최저임금법 제6조(최저임금의 효력)–(요약)

④ 최저임금에는 매월 1회 이상 정기적으로 지급하는 임금을 산입(算入)한다. 다만, 다음 각 호의 어느 하나에 해당하는 임금은 산입하지 아니한다.

   1. 소정(所定)근로시간에 대하여 지급하는 임금 외의 임금으로서 고용노동부령으로 정하는 임금
   2. 상여금, 그 밖에 이에 준하는 것으로서 고용노동부령으로 정하는 임금의 월 지급액 중 해당 연도 시간급 최저임금액을 기준으로 산정된 월 환산액의 100분의 25에 해당하는 부분
   3. 식비, 숙박비, 교통비 등 근로자의 생활 보조 또는 복리후생을 위한 성질의 임금으로서 다음 각 목의 어느 하나에 해당하는 것
      가. 통화 이외의 것으로 지급하는 임금
      나. 통화로 지급하는 임금의 월 지급액 중 해당 연도 시간급 최저임금액을 기준으로 산정된 월 환산액의 100분의 7에 해당하는 부분

⑤ 택시운전 업무 종사 근로자의 최저임금에 산입되는 임금의 범위는 생산고에 따른 임금을 제외한 대통령령으로 정하는 임금으로 한다.

■ 최저임금법 시행규칙 제2조(최저임금의 범위)–(요약)

① 「최저임금법」 제6조제4항제1호에서 "고용노동부령으로 정하는 임금"이란 다음 각 호를 말한다.

   1. 연장근로 또는 휴일근로에 대한 임금 및 연장·야간·휴일 근로에 대한 가산임금
   2. 「근로기준법」 제60조에 따른 연차 유급휴가의 미사용수당
   3. 유급으로 처리되는 휴일(주휴일은 제외)에 대한 임금
   4. 그 밖에 명칭에 관계없이 제1호부터 제3호까지의 규정에 준하는 임금

② 법 제6조제4항제2호에서 "고용노동부령으로 정하는 임금"이란 다음 각 호의 어느 하나에 해당하는 것을 말한다.

   1. 1개월을 초과하는 기간에 걸친 해당 사유에 따라 산정하는 상여금, 장려가급, 능률수당 또는 근속수당
   2. 1개월을 초과하는 기간의 출근성적에 따라 지급하는 정근수당

① 최저임금에 산입되는 임금과 산입되지 않는 임금

ⅰ) 산입되는 임금과 산입되지 않는 임금

연장·휴일근로에 대한 임금 및 연장·야간·휴일근로 가산수당은 최저임금에 산입하지 않는다. 소정근로시간에 대한 임금이 아니고 추가로 더 근로해야 발생하는 성격의 임금이기 때문이다. 지급주기가 1개월을 초과하는 임금과 실비변상적인 금품도 산입하지 않는다.

산입되는 임금	산입되지 않는 임금
• 매월 1회 이상 정기적으로 지급하는 임금 - 기본급(법정 주휴수당 포함) - 직무수당, 자격수당 • 상여금, 근속수당, 기타 이에 준하는 임금 - 매월 1회 이상 지급되고 산정단위가 월 단위인 임금은 전액 산입 - 매월 1회 이상 지급되나 산정단위가 1개월을 초과하는 임금은 일정부분만 산입 (연도별로 산입비율이 다르며 '24년부터는 전액 산입) • 식대, 가족수당 등 복리후생적 임금 - 통화로 지급한 임금은 일정부분만 산입 (연도별로 산입비율이 다르며 '24년부터는 전액 산입)	• 지급주기가 1개월을 초과하여 지급되는 임금 - 6개월마다 지급되는 정근수당 - 2개월마다 지급되는 상여금 등 • 소정근로시간 이외의 근로에 대한 임금 - 연장, 휴일근로에 대한 임금 및 연장·야간·휴일근로가산수당 - 연차휴가미사용수당 - 주휴수당 이외의 유급휴일 임금 (근로자의 날, 약정유급휴일 등) • 임금이 아닌 실비변상적 금품 - 실제 발생비용을 경비처리하는 금품 (여비, 출장비, 숙박비 등)

ⅱ) 상여금, 근속수당, 정근수당 및 기타 이에 준하는 임금

㉮ **매월 지급되는** 상여금, 근속수당, 기타 이에 준하는 임금 중 **산정단위가 1개월을 초과**하는 상여금, 근속수당(반기별 산정 등), 정근수당(1개월을 초과하는 기간의 출근성적에 따라 지급하는 정근수당 등)은 **일정부분만**(매년 산입비율이 다름) 산입한다.

㉯ **매월 지급되는** 상여금, 근속수당, 정근수당 기타 이에 준하는 임금 중 **산정단위가 월 단위**인 경우는 **전부 산입한다.**

㉰ **매월 지급되지 않는**(분기 또는 반기, 또는 격월 지급되는 경우) 상여금, 근속수당, 정근수당 기타 이에 준하는 임금은 **전부 제외한다.**

상여금, 근속수당, 정근수당, 기타 이에 준하는 임금의 최저임금 산입(요약)

지급주기	산정단위	산입여부
매월	1개월 이내	전액 산입
매월	1개월 초과	일정부분만 산입 (매년 미산입 비율이 다름)
1개월 초과 (분기, 반기, 격월 지급 등)	1개월 이내 1개월 초과	전액 미산입

• 예시①: 근속기간 2년 미만자 월 3만 원, 2~5년 미만자 월 5만 원을 매달 지급하는 정근수당의 경우
  - 산정단위: 월 단위(3만 원 또는 5만 원)
  - 지급주기: 매월 지급
  - 지급조건: 근속기간 2년 미만 또는 2~5년 미만
• 예시②: 연 기본급의 600%의 정기상여금을 매월 50% 지급
  - 산정단위: 연 단위
  - 지급주기: 매월 지급

상여금, 근속·정근수당 기타 이에 준하는 임금의 일정부분 미산입 비율

▶ 각 당해연도의 최저임금 월 환산액에 해당 비율을 곱한 금액을 미산입함

연도	'19년	'20년	'21년	'22년	'23년	'24년~
최저임금의 월 환산액 미산입 비율	25%	20%	15%	10%	5%	0%

▶ 최저임금 월 환산액: 최저시급에 월 최저임금 적용기준 시간 수를 곱하여 산정
  - 월 환산액 = 해당연도 최저시급 × 월 최저임금 적용기준 시간 수[(1주 소정근로시간 + 1주 법정주휴시간) × 월 평균 주 수(365일 ÷ 7일 ÷ 12월)]
  - 미산입액 산정 예시(소정근로 1일 8시간, 주 40시간 사업장, 23년 기준)
    • 월환산액: 9,620원 × 209h[= (40h + 8h) × 365일 ÷ 7일 ÷ 12월] = 2,010,580원
    • 미산입액: 2,010,580원 × 5% = 100,529원
    → (예시) 연 기본급(200만 원) 600%의 정기상여금을 매월 50%(100만 원) 지급하는 경우 매월 100만 원에서 100,529원은 최저임금 산정 시 미산입, 나머지 899,471원은 산입

iii) 복리후생적 임금

식대, 숙박비, 교통비, 가족수당 등 근로자의 생활 보조 또는 복리후생을 위

한 성질의 임금으로서 통화로 지급이 되는 임금은 해당 연도 **최저임금 월 환산액의 일정비율**(미산입비율)을 **초과하는 부분만을 산입**한다. 단, 식비, 교통비, 숙박비가 실비변상적인 성격의 금품인 경우에는 임금이 아니므로 최저임금에 산입되지 않으며 통화가 아닌 현물로 지급하는 임금(식비 등)도 산입되지 않는다.

복리후생비의 최저임금 월환산액 미산입 비율

연도	'19년	'20년	'21년	'22년	'23년	'24년~
최저임금의 월 환산액 미산입 비율	7%	5%	3%	2%	1%	0%

* 2024년부터는 통화로 지급되는 복리후생비 전부가 최저임금에 산입됨

iv) 약정 유급휴일이 있을 때 최저임금 산정

1일 8시간, 주 5일 근무하는 일반적인 사업장은 소정근로시간이 주 40시간이며 1주 1일의 주휴수당 8시간분을 더하여 1주 48시간이 유급으로 계산되는 시간이다. 그래서 최저임금 위반 여부를 판단할 때 월급여 중에 최저임금에 산입되는 임금 항목을 다 더하여 이를 209시간($48 \times (365 \div 7 \div 12)$)으로 나눈 시간급을 구하여 시급 최저임금과 비교한다.

그런데 월 급여에 주휴일 이외의 법정휴일(근로자의 날, 공휴일)과 노사간 약정한 유급휴일에 대한 임금이 있는 경우도 있다. 주휴일 이외의 법정휴일과 약정 유급휴일의 임금은 소정근로일 외에 대한 임금으로서 최저임금 산정 시 미산입하여야 한다(최저임금법 시행규칙 제2조제1항제3호). 따라서 주휴일 이외의 법정휴일과 약정 유급휴일의 임금 부분은 제외하고 나머지 부분만 산입하여 최저임금 미달 여부를 판단하여야 한다.

약정 유급휴일이 있는 경우, 최저임금 산입 임금액

▶ 근로자 소정근로시간이 1주 40시간(1일 8시간, 주휴일은 일요일)이고 기본급 200만 원, 상여금 월 50만 원, 직책수당 월 10만 원(모두 최저임금에 산입)일 때
　① 약정 유급휴일이 매주 토요일 4시간인 경우

- 전체시간(월 통상임금 산정시간): (40h + 8h + <u>4h</u>) × 365일 ÷ 7일 ÷ 12월 = 226h
- 1개월의 약정 유급휴일 시간: <u>4h</u> × (365일 ÷ 7일 ÷ 12월) = 17.38h
    ⇒ 약정 유급휴일 수당분: 2,600,000원 ÷ 226h × 17.38h = 199,947원
    ⇒ 최저임금 산입분: 2,600,000원 - 199,947원 = 2,400,053원
- 최저임금 비교 시간급: 2,400,053원 ÷ 209h = 11,483.6원
② 약정 유급휴일이 매주 토요일 8시간인 경우
- 전체시간(월 통상임금 산정시간): (40h + 8h + <u>8h</u>) × 365일 ÷ 7일 ÷ 12월 = 243h
- 1개월의 약정 유급휴일 시간: <u>8h</u> × (365일 ÷ 7일 ÷ 12월) = 34.76h
    ⇒ 약정 유급휴일 수당분: 2,600,000원 ÷ 243h × 34.76h = 371,918원
    ⇒ 최저임금 산입분: 2,600,000원 - 371,918원 = 2,228,082원
- 최저임금 비교 시간급: 2,228,082원 ÷ 209h = 10,660.7원

② **최저임금 위반 여부 산정**('23년도 최저임금 시급 9,620원 기준)

ⅰ) **일급 또는 주급일 때**

㉮ 1일 8시간 근로하고 일급 72,000원을 받는 경우
- 72,000원 ÷ 8h = 9,000원 < 9,620원(최저임금 미달로 법 위반)

㉯ 오전 8시~오후 6시까지(휴게시간 12시~13시) 근로하고 일급 95,000원을 받는 경우(상시근로자 5명 이상 사업장)
- 95,000원 ÷ (8h + 1h × 1.5) = 10,000원 > 9,620원

㉰ 1일 4시간, 1주(5일)간 총 20시간 근로하고 주급(주휴수당 포함) 240,000원을 받는 경우
- 240,000원 ÷ 24h(= 1주 20h + 유급주휴 4h) = 10,000원 > 9,620원

㉱ 1일 7시간, 1주(5일) 35시간 근무하고 주급(주휴수당 포함)으로 400,000원을 받는 경우
- 400,000원 ÷ 42h(= 1주 35h + 유급주휴 7h) = 9,523.9원 < 9,620원(최저임금 위반)

㉲ 1일 10시간(09시~21시, 휴게 2시간), 1주 5일 근무하고 임금은 주급(주휴수당 포함)으로 500,000원을 받는 경우(상시근로자 5명 이상 사업장)
- 500,000원 ÷ 63h[= (8h + 2h × 1.5) × 5일] + 유급주휴 8h] = 7,936.6원 < 9,620원(최저임금 위반)

ⅱ) 월급일 때

㉮ 1일 8시간(09시~18시, 휴게 1시간), 1주(5일) 40시간 근무하고 임금은 다음 과 같은 경우 최저임금 위반 여부 산정

- 월 기본급 1,500,000원
- 정기상여금: 기본급의 연 600%를 매월 분할 지급
- 여름휴가비: 7월 여름휴가 시 1,000,000원 지급
- 식비: 매월 100,000원   • 교통비: 매월 30,000원
- 고정 연장근로수당: 월 150,000원

▸ 임금 중 최저임금에 산입되는 항목: 기본급, 정기상여금 중 일부, 식비·교통비 중 일부 만 산입

- 여름휴가비는 1월을 초과하여 지급되므로 최저임금에 미산입
- 고정 연장근로수당은 소정근로 이외의 임금이므로 최저임금에 미산입
- 정기상여금은 산정단위가 연 600%, 지급주기가 매월이므로 '최저임금 월환산액의 5%에 해당하는 금액'('23년 기준)은 미산입하고 나머지 산입

⟹ (150만 원 × 600% ÷ 12월) - (2,010,580 × 5%) = 649,471원

* '23년 최저임금 월 환산액: 9,620원 × 209 = 2,010,580원

- 식비, 교통비는 복리후생적 임금으로 최저임금 월환산액의 1%에 해당하는 금액('23 년 기준)은 미산입하고 나머지 산입

⟹ (100,000원 + 30,000원) - (2,010,580 × 1%) = 109,894.2원

▸ 산입된 임금을 시간당 임금으로 환산하여 최저임금시급과 비교

월급 명세서		최저임금에 산입되는 임금	
• 기본급	1,500,000원	• 기본급	1,500,000원
• 정기상여금	750,000원	• 정기상여금	649,471원
• 여름휴가비	1,000,000원		
• 식비	100,000원	• 식비·교통비	109,894원
• 교통비	30,000원		
• 연장근로수당	150,000원		
합 계	3,530,000원	합 계	2,259,365원

➔ 2,259,365원 ÷ 209h = 10,810.4원 > 9,620원

㉯ 1일 7시간(09시~17시, 휴게 1시간), 1주 5일 근무, 임금은 다음과 같을 때

- 월 기본급 1,800,000원
- 정기상여금: 기본급의 연 400%를 매 분기 말(3,6,9,12월)에 100% 지급
- 직급수당: 매월 50,000원   • 자격수당: 매월 50,000원
- 식대: 매월 100,000원

▸ 임금 중 최저임금에 산입되는 항목: 기본급, 직급수당, 자격수당 및 식대 중 일부 산입,
매월 지급되지 않는 정기상여금은 미산입
  - 정기상여금은 지급주기가 분기(3,6,9,12월)로 매월 지급되지 않는 상여금, 근속수당,
    정근수당 기타 이에 준하는 임금은 전액 미산입
  - 식대는 최저임금 월환산액의 1% 금액('23년 기준) 미산입, 나머지 산입
    ⇒ 100,000원 - (2,010,580 × 1%) = 79,894.2원

▸ 산입된 임금을 시간당 임금으로 환산하여 최저임금시급과 비교

월급 명세서(3, 6, 9, 12월)		최저임금에 산입되는 임금	
• 기본급	1,800,000원	• 기본급	1,800,000원
• 정기상여금	1,800,000원	-	
• 직급수당	50,000원	• 직급수당	50,000원
• 자격수당	50,000원	• 자격수당	50,000원
• 식대	100,000원	• 식대	79,894원
합 계	3,800,000원	합 계	1,979,894원

→ 1,979,894원 ÷ 182.5h = 10,848.7원 > 9,620원

Q-44 영업사원의 판매실적에 따라 지급되는 판매수당도 최저임금에 산입되는가?

A 판매수당은 근로자의 영업실적 등에 따라 지급여부 및 지급액이 결정되는 '생산고에 따
른 임금'에 해당함. '생산고에 따른 임금'은 그 전부가 최저임금에 산입됨
  - 다만, 택시 운전 근로자의 최저임금 산입범위는 일반근로자와 달라서 '생산고 임금'
    과 복리후생비 임금을 최저임금 산정 시 산입하지 않음.

(최저임금법 제6조제5항 및 시행령 제5조의3)

Q-45 가족수당은 최저임금에 일부만 산입하는 복리후생비에 해당하는지?

A 가족수당은 가족수에 관계없이 모든 근로자에게 지급하는 부분은 통상임금에 해당하고

가족수에 따라 지급되는 부분은 일률성이 부정되어 통상임금에 해당하지 않으나

- 최저임금에서는 이를 구분하지 않고 그 전부가 복리후생비에 해당함.

Q-46 감시단속적 근로자의 최저임금 월 환산액은 어떻게 산정하는지?

A 고용노동부장관(지방고용노동청장)의 승인을 얻은 감시단속적 근로자는 근로기준법의 소정근로시간 규정(연장·휴일근로, 유급 주휴일)이 적용되지 않으므로

- 감시단속적 근로자의 일·주·월급을 시간당 임금으로 환산할 때의 시간 수는 임금을 정한 기간의 총 근로시간 수가 됨.
- 따라서 최저임금 월 환산액은 해당연도 '임금을 정한 기간의 총 근로시간' 수를 최저임금에 곱하여 산정함.

(예시) 1일 24시간(휴게시간: 오후 2시간, 야간 6시간) 교대제 근무일 경우
- 월 총근로시간수: (16시간 + 야간근로가산 1시간) × 365일 ÷ 2 ÷ 12 = 258.6시간
  ⇒ 최저임금 월 환산액: 9,620원 × 258.6시간 = 2,487,732원

 포괄임금의 이해

1. 일반적으로 포괄임금제란 근로계약 체결 시 법정기준 근로시간을 초과한 연장·야간·휴일근로 등이 일상적으로 예정되어 있거나 계산의 편의를 위해 노사 당사자간 약정으로 연장·야간·휴일근로수당 금액 등을 미리 정한 후 매월 급여에 포함해 지급하는 것을 말한다. 즉, 기본임금을 미리 산정하지 아니한 채 제 수당을 합한 금액을 월급여액이나 일당 임금으로 정하거나 매월 일정액을 제 수당으로 지급하는 내용의 임금 지급방식(예: 월급여 ○○○만 원에 연장·야간·휴일근로수당 모두 포함 또는 기본급 ○○○만 원에 연장·야간·휴일근로수당 △△만 원, 대법 99다2881, 1999. 5. 28)이다.

2. 그런데 포괄임금제는 노동법에서 정의하고 있는 법정 제도가 아니라 판례에 의해 형성된 제도라는 점을 유의해야 한다. 포괄임금제는 산업현장에서 노동법과 무관하게 도입하였다가 노사간 주장의 차이로 노동청에 진정을 내거나 법원의 소송으로 가는 경우가 적지 않다. 주의할 점은 최저임금이나 연장·야간·휴일근로에 대한 50% 가산 지급은 노동법에서 정하여 강제 적용되는 것이므로 포괄임금제라 하더라도 이 같은 연장·야간·휴일근로 가산수당을 법에서 정한 기준에 못 미치게 지급하는 것을 무한정 허용할 수 있는 것이 아니라는 점이다. **포괄임금제 계약은 근로시간 산정이 곤란하고 달리 근로자에게 불이익이**

없어 여러 사정에 비추어 정당하다고 인정될 때에만 유효하다는 것이 판례의 입장이다.

3. 대법원에서도 근로시간의 산정이 어려운 경우가 아니라면 <u>특별한 사정이 없는 한 근로기준법상의 근로시간에 따른 임금지급의 원칙이 적용되어야 하므로, 포괄임금에 포함된 법정수당이 근로기준법이 정한 기준에 따라 산정된 법정수당에 미달한다면 그에 해당하는 포괄임금제에 의한 임금 지급계약 부분은 근로자에게 불이익하여 무효</u>라고 판시하였으며, 사용자는 근로기준법의 강행성과 보충성 원칙에 의하여 근로자에게 그 미달되는 법정수당을 지급할 의무가 있다고 판결하였다(대법원 2011도12114).

4. 근로 시간 산정이 어렵지 않음에도 포괄임금제로 약정할 경우에 <u>실제 연장·야간·휴일근로시간보다 더 많이 지급하면 괜찮지만 적게 지급된 것은 임금체불이 되어 추가로 지급하여야 할 것</u>이다. 특히 연장·야간·휴일근로수당 금액을 항목별로 일정 시간에 대한 일정액으로 구체적인 구분을 하지 않고 막연한 금액(예: 월급여는 300만 원으로 한다. 월급에는 연장·야간·휴일근로수당이 모두 포함된다)으로 포괄임금제 계약을 한 경우에는 <u>구분되지 않은 막연한 금액은 기본급여에 해당할 뿐, 연장근로 등 법정수당을 지급한 것으로 보지 않게 된다</u>는 점(포괄임금제 계약은 무효)을 유의해야 한다.

　　고용노동부는 포괄임금제가 오·남용되고 있는바, 유효하지 않은 포괄임금과 고정OT 계약의 경우, 약정시간 초과 연장근로에 대해서 임금을 지급하여야 한다는 입장이다.

포괄임금 VS 고정OT 계약 비교

구분	포괄임금 계약	고정OT 계약
정의	각각 산정해야 할 복수의 임금항목을 포괄하여 일정액으로 지급하는 계약	기본임금 외 법정수당 모두·일부를 수당별 정액으로 지급하기로 하는 계약
형태 및 구분 방법	• (정액급) 기본임금과 수당이 구분 안 됨 　* 예) 임금 100만 원(연장, 야간, 휴일 포함) • (정액수당) 기본임금과 수당 총액은 구분되나 개별 수당 간 금액은 구분 안 됨 　* 예) 기본임금 70만 원 + 법정수당 30만 원(연장, 야간, 휴일 포함) = 100만 원	기본임금과 각 개별 수당이 구분됨 예)기본임금70 + 연장10 + 야간10 + 휴일 10만 원 = 100만 원 예) 기본임금90 + 연장10(고정 OT) = 100만 원, 야간, 휴일은 근로시간만큼 지급
추가 지급 의무	• 유효한 포괄임금 계약의 경우 추가 지급의무 없음 • <u>유효하지 않은 포괄임금 계약의 경우 실근로시간에 따라 초과분 추가지급</u>	<u>약정된 연장근로시간을 초과할 경우 초과분 추가지급</u>

(고용노동부 포괄임금·고정OT 오남용 사업장 기획감독실시 보도자료, 2022.12.19.)

Q-47 감시·단속적 근로 등과 같이 근로시간의 산정이 어려운 경우가 아님에도 근로시간 수와 상관없이 일정액을 법정수당으로 지급하는 포괄임금제 방식의 임금 지급계약을 체결하는 것이 허용되는지?

A 근로시간의 산정이 어려운 경우가 아니라면 달리 근로기준법상의 근로시간에 관한 규정을 그대로 적용할 수 없다고 볼 만한 특별한 사정이 없는 한, 근로기준법상의 근로시간에 따른 임금지급의 원칙이 적용되어야 할 것이므로, 이러한 경우에도 근로시간 수에 상관없이 일정액을 법정수당으로 지급하는 내용의 포괄임금제 방식의 임금 지급계약을 체결하는 것은 그것이 근로기준법이 정한 근로시간에 관한 규제를 위반하는 이상 허용될 수 없다.

근로시간 산정이 어려운 등의 사정이 없음에도 포괄임금제 방식으로 약정된 경우 그 포괄임금에 포함된 정액의 법정수당이 근로기준법이 정한 기준에 따라 산정된 법정수당에 미달하는 때에는 그에 해당하는 포괄임금제에 의한 임금지급 계약 부분은 근로자에게 불이익하여 무효라 할 것이고, 사용자는 근로기준법의 강행성과 보충성 원칙에 의해 그 미달되는 법정수당을 지급할 의무가 있다.

(대법 2008다6052, 2010.5.13.)

Q-48 고정 O/T수당 금액을 알 수 없는 경우에도 연장근로수당이 적법하게 지급된 것으로 보아야 하는지?

A 귀 질의서의 내용이 불분명하여 명확한 회신이 어려우나, 현실적으로 근로시간 측정이 곤란하거나 일별로 변동이 심할 경우 노사간 약정에 의하여 실제 연장근로시간에 관계없이 월별로 일정 시간분의 연장근로수당을 지급받기로 하고 당해 근로자가 일정기간 동안 아무런 이의 없이 동 수당을 수령해 온 경우, 제반사정에 비추어 근로자에게 불이익이 없다고 인정될 때에는 이른바 포괄산정임금제로 보아 이를 무효라고 볼 수 없다는 것이 판례와 행정해석의 입장임.

- 다만, 고정급 연장근로수당(귀 질의의 고정 O/T수당)을 월임금에 포함시켜 지급한다 하더라도, 노사당사자간에 월임금에 포함된 고정 O/T수당 금액을 명시하거나 연장근로시간(또는 그 상한)을 약정하여 시간급 임금의 산정(소위 포괄역산) 및 연장근로수당의 계산이 가능하여야 할 것임. 물론, 이 경우에 매일 매일의 실제 연장근로시간이 반드시 미리 정한 1일분 고정 O/T수당과 일치하여야 하는 것은 아니며, 임금 지급시 실제로 근로한 연장근로시간에 기초한 법정 수당과 노사간의 약정에 따라 기 수령한 고정 O/T수당을 비교하여 후자의 금액이 전자의 금액 이상이면 근로기준법 제55조의 규정에 의한 연장근로에 대한 가산임금이 지급된 것으로 볼 수 있을 것임.
- 그러나, 고정 O/T수당 금액을 명시하지 아니하거나 연장근로시간(또는 그 상한)이 명확하게 표시되지 아니하여 <u>고정 O/T수당 금액을 알 수 없는 경우에는 달리 볼 사</u>

정이 없는 한 근로기준법 제55조의 연장근로수당이 적법하게 지급된 것으로 보기 어려울 것이라고 사료됨.

(근로기준과-3172, 2005-06-13)

바. 임금의 보호

임금은 근로의 대가이며 근로자의 생계유지 근본이 되는 소중한 금품이다. 그래서 노동법은 임금에 대한 보호 장치를 여러 가지로 마련하고 있다. 근로자가 임금, 퇴직금 등을 받지 못한 때에는 지방노동청에 진정이나 고소·고발을 하여 권리를 구제받을 수 있도록 하고 있으며 임금체불로 신고된 사업주는 근로기준법에 따른 형사처벌(3년 이하의 징역 또는 3천만 원 이하의 벌금)대상이 된다. 아울러 사업주를 형사처벌 하는 것과는 별개로 근로자가 받지 못한 임금, 퇴직금, 기타 금품에 대해서는 민사로 법원을 통하여 임금채권을 지급 청구할 수 있다.

민사소송 시에 노동청은 빠른 진행과 사업주 재산에 대한 가압류를 신속하게 할 수 있도록 근로자에게 체불임금확인서를 발급한다. 또한 근로기준법 제37조는 사업주의 임금 지급 지연에 대해 지연이자(임금 등의 지급 사유가 발생한 날부터 14일 이내에 지급하지 아니한 경우 그 다음 날부터 지급하는 날까지의 지연 일수에 대하여 연 20%의 이자 지급)도 지급하도록 하고 있다.

1) 체불임금 권리구제와 근로감독관 제도

임금, 퇴직금 등을 받지 못한 근로자는 사업주를 상대로 지방노동청에 진정서를 제출하여 권리구제를 요청할 수 있다. 지방노동청의 근로감독관이 이 업무를 담당한다. 근로감독관은 근로조건의 기준을 확보하기 위해 근로기준법으로 노동청에 두도록 한 특별사법경찰관이다. 일반 경찰은 일반 형법을 담당하고 근로감독관은 노동법만을 전문적으로 담당하는 경찰이다. 근로감독관은 사용자와 근로자에 대하여 심문할 수 있고 현장 조사 및 장부·서류의 제출을 요구할 수 있으며(근로기준법 제102조) 검찰청 검사의 지휘를 받아 노동법 위반사건(임금·퇴직금 체불 및 취업규칙 미신고, 근로계약서 미작성, 임금명세서 미교부, 근로시간 위반, 최저임금 위반, 부당노동행위 등)을 내사하고 수사한다.

근로감독관은 임금체불 등 노동법 위반사건이 접수되면 신고자와 피신고자를 출석요구하여 대면으로 조사한다. 필요시 참고인 조사나 당사자 대질조사도 한다. 임금·퇴직금 등 금품 체불 사건은 당사자 조사와 자료검토를 거쳐 체불액과 지급책임이 있는 사업주를 확정하면 시정지시(금품지급지시) 명령을 하고 사업주가 이에 응하여 권리구제가 되면 종결처리한다.

만약 시정지시하였음에도 기일 내 시정되지 않으면 근로감독관은 사업주를 노동법 위반 혐의 피의자로 입건하여 검찰에 사건을 송치, 형사처벌 절차를 진행한다. 체불금품에 대해서는 사업주 재산에 대해 직접 강제 집행할 수 있는 권한은 없으므로 민사법원에 소송을 제기하도록 안내하고 종결한다. 신고 사건 접수에서 이 같은 처리까지 보통 2달 정도 걸리는데 당사자들이 출석을 잘 하지 않거나 내용이 복잡하여 조사에 어려움이 있는 경우 3달 이상 걸리기도 한다.

노동청에 신고하였음에도 임금, 퇴직금을 받지 못한 근로자는 사업주를 상대로 민사법원에 소송을 제기해서 사업주 재산을 강제집행해야 한다. 근로자가 민사소송을 제기할 때, 노동청은 조사 내용에 근거한 체불임금확인서를 발급하여 사업주 재산에 대한 신속한 가압류와 빠른 소송 진행을 지원하고, 대한법률구조공단을 통한 무료 소송도 지원(대상: 평균임금 월 400만 원 미만 근로자)한다. 이외에도 도산·폐업·파산 등으로 사업주가 지급 능력이 없을 때 정부(근로복지공단)가 체불임금을 대신 지급하는 대지급금(예전 체당금)제도가 있고 또한 소송을 간략하고 신속하게 진행하는 소액심판제도, 임금채권 우선변제 등 여러 가지 보호장치가 있다.

다만, 이와 같은 보호를 받는 금품은 임금·퇴직금에 한정된다. 임금이 아닌 금품, 예를 들면 거래대금, 도급대금, 용역 수수료, 실비변상적인 교통비, 숙박비 등에 대해서는 노동청의 구제 절차나 대지급금 지급제도 등이 적용되지 않고 민사소송만이 가능하다.

2) 임금채권 우선변제 제도

임금채권 우선변제 제도는 사업주의 파산 또는 폐업 등의 사정으로 임금 등이 체불되고 사업주의 재산은 다른 채권자에 의해 압류되었을 때 근로자의 임금채권을 일반 다른 채권 또는 조세, 공과금보다 우선하여 변제받도록 하는 제도이다. 특히 최종 3월분의 임금, 최종 3년간의 퇴직금, 재해보상금은 최우선으로 변제받을 수 있다.

단, 우선변제청구권을 갖는 임금채권자는 강제집행절차나 임의경매절차에서 배당요구의 종기까지 적법하게 배당요구를 해야만 우선배당을 받을 수 있다. 적법한 배당요구를 하지 않은 경우에는 실체법상 우선변제청구권이 있는 채권자라 하더라도 배당을 받을 수 없다.

우선변제 순위

①순위: 최종 3월분의 임금, 최종 3년간의 퇴직금, 재해보상금
②순위: 질권·저당권에 우선하는 조세·공과금
③순위: 질권·저당권에 의하여 담보된 채권
④순위: 임금, 퇴직금, 재해보상금, 기타 근로관계로 인한 채권
⑤순위: 일반 조세·공과금
⑥순위: 기타 일반 채권

Q-49 최종 3개월분의 휴업수당이 최종 3개월분의 임금에 포함되는지 여부?

A 이 점에 대해서는 다음과 같이 행정해석과 법원(하급심) 판례에 차이가 있다.

▸ (고용노동부 행정해석) 「근로기준법」 제38조제2항에서 정한 '최종 3개월분의 임금'이란 「근로기준법」 제2조의 임금의 정의규정에 따라 사용자가 근로의 대가로 근로자에게 지급하는 임금, 봉급 등의 일체의 금품을 말함. 따라서 휴업수당의 경우 사용자의 귀책사유로 근로자가 근로를 할 수 없는 경우에 근로자의 생활보장을 목적으로 지급하는 금품이므로 '최종 3개월분의 임금'에 포함된다고 볼 수는 없다고 사료됨.
그러나 「근로기준법」 제38조제1항 '그 밖에 근로관계로 인한 채권'이란 근로자와 사용자 사이의 채권적인 성격을 갖는 금전적 청구권을 포함하는 것으로 볼 수 있는바, 휴업수당의 경우 「근로기준법」 제38조제1항에서 정한 우선변제 대상에 해당하는 것으로 사료됨.

(고용노동부, 『근로기준법 질의회시집』 근로기준과-49, 2010.1.5.)

▸ (법원 판례) 사용자의 귀책사유로 인하여 휴업하는 경우에 근로자의 최저생활을 보장하려는 취지에서 휴업수당을 지급하도록 한 것이다. 이는 개개의 근로자가 근로

계약에 따라 근로를 제공할 의사가 있음에도 불구하고 그 의사에 반하여 근로를 제 공하지 못한 경우에 반대급부인 임금의 일부를 휴업수당이라는 명목으로 지급하도 록 한 것으로 보아야 한다. 그리고 구 근로기준법이나 현행 근로기준법도 다른 법 정수당과는 달리 휴업수당을 제3장 '임금'의 장에서 규정하고 있으므로, 휴업수당 은 다른 법정수당과 달리 임금과 동일하게 취급할 필요성이 크다. 이와 같은 점을 고려할 때, 최종 3월분의 휴업수당' 역시 최종 3월분의 임금에 해당한다.

(청주지법 2009가합1761, 2010.4.21.)

3) 임금채권의 권리가 사라지는 소멸시효

임금채권의 소멸시효는 임금채권을 행사할 수 있는 날로부터 3년이다. 이 소 멸시효가 경과하면 임금에 대한 권리는 소멸된다(근로기준법 제49조). 즉, 근로자 는 임금, 퇴직금 채권이 발생한 시점부터 3년 기간 내에 임금, 퇴직금 채권을 행사하여야 하고 이 기간이 경과하고 나면 임금채권에 대한 소멸시효가 완성되 어 더 이상 채권을 주장할 수 없다. 소멸시효의 기산점 및 소멸시효의 중단 사 유는 노동법에서 규정하고 있지 않으므로 민법에 따라야 한다. 소멸시효는 소송 제기, 압류, 가압류, 청구, 승인 등 소멸시효를 중단시키는 효력이 있는 법률행 위를 통하여 소멸시효 완성을 막을 수 있다. 소멸시효가 중단되면 그 시점부터 소멸시효를 새로이 기산한다. 단, 노동청에 진정서, 고소장 제출 등 신고사건 제 기로는 소멸시효 중단 효력이 없어 중단되지 않는다.

소멸시효 기산일

구분	기산일
임금	임금정기지급일
상여금	상여금에 관한 권리가 발생한 때
연차휴가미사용수당	연차휴가수당 청구권이 발생한 날 (연차휴가 청구권이 소멸한 달의 다음달 1일)
퇴직금	퇴직일(마지막 근무일의 다음날)

4) 대지급금 제도(구 체당금 제도)

대지급금 제도란 임금채권보장법에 근거하여 파산, 사실상 도산 등의 사유로 **사업주로부터 임금 등을 지급받지 못한 근로자에게 정부**(근로복지공단)**가 사업주를 대신하여 체불 임금·퇴직금, 휴업수당, 출산전후휴가기간 급여 중 일정 금액을 지급**하고 이를 사업주에게 청구하여 회수하는 제도로서 근로자와 사업주가 각각 일정한 요건을 충족하면 지급된다. 이전에는 체당금으로 알려졌으나 임금채권보장법 개정(2021.10.14. 시행)으로 대지급금으로 명칭이 바뀌었다. 대지급금의 종류는 사업주의 도산사실 등의 확인이 필요한 **도산대지급금**(예전 일반체당금)과 사업주의 체불임금 인정으로 간편하게 지급받는 **간이대지급금**(예전 소액체당금)이 있다.

가) 대지급금 종류

대지급금은 도산대지급금, 간이대지급금 두 가지가 있다. 도산대지급금은 도산한 사업장의 근로자가 지급 대상이다. 여기서 도산은 법원의 재판상 도산과 노동청에서 인정하는 사실상 도산이 있다. 재판상 도산은 법원에서 사업장의 파산선고 결정이나 회생절차 개시 결정이 있는 경우를 말하고 사실상 도산은 퇴직근로자가 지방노동청에 도산등사실인정을 신청하여 인정받은 경우를 말한다.

도산대지급금으로 지급받을 수 있는 범위는 퇴직 이전 최종 3개월분의 체불임금과 최종 3년분의 퇴직금이다. 다만, 지급 상한선이 350만 원(월/년)으로 정해져 있어 임금과 퇴직금을 합쳐서 최대로 지급되는 한도는 2,100만 원(임금 1,050만 원 + 퇴직금 1,050만 원)이다.

간이대지급금은 도산과는 무관하여 간편하게 지급받을 수 있다. 간이대지급금은 퇴직자뿐만 아니라 재직자도 지급 대상이 된다. 지급범위는 도산대지급금과 같이 퇴직 이전 최종 3개월분의 체불임금(재직자는 맨 나중의 임금체불이 발생한 날부터 소급하여 3개월 기간의 미지급액), 최종 3년분의 퇴직금인데 다만, 지급액 한도가 최대 1,000만 원(2023년 현재)으로 도산대지급금보다는 적다.

간이대지급금은 제도개선으로 지급 절차가 더욱 간편해졌다. 체불금품에 대해 사업주가 인정하면 「체불임금등·사업주 확인서」(대지급금 청구용)를 발급받아 민사소송 없이 바로 근로복지공단에 「간이대지급금 지급청구서」를 제출, 지급받을 수 있다. 만약 사업주가 인정하지 않으면 「체불임금등·사업주 확인서」(소송제기용)를 발급받아 이를 증빙자료로 삼아 민사소송을 제기할 수 있다.

대지급금 종류

① 도산대지급금
- 파산선고, 회생절차개시결정 사업장(재판상 도산)의 근로자가 대상
- 폐업, 부도 등 사실상 도산한 사업장(사실상 도산)의 근로자가 대상
② 간이대지급금
- 임금, 퇴직금 등이 체불된 근로자가 대상

나) 대지급금 신청 절차

대지급금을 지급받기 위해서는 먼저 관할 지방노동청이나 법원에 임금, 퇴직금 등 금품 체불에 대해 신고(진정, 고소고발) 또는 소송 등을 제기해야 한다. 신고 또는 소송제기로 체불금품 여부에 대한 근로감독관이나 법원의 조사·판정이 이루어져 체불금액 확인이 된 이후에 대지급금을 지급받을 수 있다. 다만, **대지급금은 그 신청기간이 일정 기간으로 정해져 있고 그 신청 기간이 경과하면 지급받지 못하므로** 신청기간이 얼마 남지 않은 때에는 노동청에 체불임금 진정서를 제출할 때 대지급금도 함께 신청하는 방법도 고려해야 한다.

특히 **도산등사실인정 신청은 퇴직한 날의 다음날부터 1년 이내에만 신청할 수** 있다. 대지급금으로 지급받을 수 있는 범위는 퇴직 이전 **최종 3개월의 체불임금, 휴업수당, 출산전휴휴가기간 중 급여, 최종 3년분의 퇴직금 중 미지급액**이다.

간이대지급금 절차

▶ 노동청에 체불금품 신고 → 근로감독관 조사 및 체불금품 확인 → 체불 임금등·사업주 확인서 신청·발급(노동청은 대지급금 청구용 또는 소송용으로 발급) → 근로복지공단에 대지급금 신청(사업주의 체불금품 인정 시<대지급금 청구용>) 또는 민사소송 제기(사업주의 체불금품 불인정 시<소송용>)

도산대지급금 절차

▸ 파산선고 등 신청(법원) 또는 도산사실인정신청(노동청) → 파산선고 또는 도산사실인 정(근로감독관 조사·확인) → 노동청에 대지급금 확인신청서, 지급청구서 제출 → 노동 청에서 근로복지공단에 확인통지 → 근로복지공단에서 대지급금 지급

도산등사실인정 요건

▸ 사업주 요건: ① 산재보험적용 사업장 ② 6개월 이상 사업을 영위 ③ 상시근로자수 300인 이하 사업장이어야 함
▸ 근로자 요건(신청기한): 퇴직한 날의 다음 날부터 1년 이내 신청해야 함
▸ 도산요건: ① 사업이 폐지 또는 폐지과정에 있어야 하고 ② 임금 등을 지급할 능력이 없거나 지급이 현저히 곤란하여야 함

임금채권보장법 시행령 제5조(도산등사실인정의 요건·절차)-(요약)

1. 최종 6개월간 평균 상시 사용 근로자의 수가 300명 이하일 것
2. 사업이 폐지되었거나 다음 각 목의 어느 하나의 사유로 사업이 폐지되는 과정에 있을 것
   가. 그 사업의 생산 또는 영업활동이 중단된 상태에서 주된 업무시설이 압류 또는 가압 류되거나 채무 변제를 위하여 양도된 경우(「민사집행법」에 따른 경매가 진행 중인 경우를 포함한다)
   나. 그 사업에 대한 인가·허가·등록 등이 취소되거나 말소된 경우
   다. 그 사업의 주된 생산 또는 영업활동이 1개월 이상 중단된 경우
3. 임금등을 지급할 능력이 없거나 다음 각 목의 어느 하나의 사유로 임금등의 지급이 현저 히 곤란할 것
   가. 도산등사실인정일 현재 1개월 이상 사업주의 소재를 알 수 없는 경우
   나. 사업주의 재산을 환가(換價)하거나 회수하는 데 도산등사실인정 신청일부터 3개월 이상 걸릴 것으로 인정되는 경우
   다. 사업주(상시근로자수가 10명 미만인 사업의 사업주로 한정한다)가 도산등사실인정 을 신청한 근로자에게 「근로기준법」 제36조에 따른 금품 청산 기일이 지난 날부터 3개월 이내에 임금등을 지급하지 못한 경우

다) 대지급금 지급요건

도산대지급금의 지급요건

① 사업주 요건: 산재보험법 적용대상 사업장으로 6월 이상 사업 운영했을 것
② 근로자 요건: 퇴직기준일의 1년 전이 되는 날 이후 3년 이내 퇴직한 근로자

▶ 퇴직기준일은
  - 법원 파산의 선고, 회생절차개시의 결정이 있는 경우에는 그 신청일
  - 도산등 사실인정이 있는 경우에는 그 도산등 사실인정의 신청일

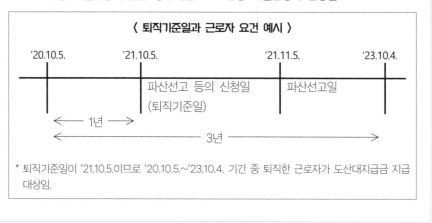

〈 퇴직기준일과 근로자 요건 예시 〉

'20.10.5.　'21.10.5.　'21.11.5.　'23.10.4.

파산선고 등의 신청일 (퇴직기준일)　파산선고일

←─ 1년 ─→

←──────── 3년 ────────→

* 퇴직기준일이 '21.10.5.이므로 '20.10.5.~'23.10.4. 기간 중 퇴직한 근로자가 도산대지급금 지급 대상임.

간이대지급금의 지급요건

① 사업주 요건: 산재보험법 적용대상 사업장으로 근로자의 퇴직일(재직자는 소송 또는 진정 등을 제기한 날 이전 맨 나중의 임금체불 발생일) 기준으로 6월 이상 사업 운영했을 것
  * 예시: 근로자가 9.1일 퇴직했다면 사업주는 3.1일 이전부터 근로자를 1명 이상 고용하여 사업을 운영했을 것
② 근로자 요건:
  (퇴직자) 퇴직한 날의 다음 날부터 2년 이내에 판결 등 집행권원을 신청하였거나 퇴직한 날 다음 날부터 1년 이내 진정·고소 등을 제기한 근로자
  (재직자) 맨 나중의 임금 등 체불이 발생한 날의 다음 날부터 2년 이내에 판결 등 집행권원을 신청하였거나 1년 이내에 진정·고소 등을 제기한 근로자로서 통상임금이 최저임금(시급)의 110% 미만인 자

라) 대지급금 신청 기간

구분		신청 기간
도산 대지급금	사실상 도산	• 도산사실인정 신청일로부터 1년 전이 되는 날 이후 3년 이내 퇴직 한 근로자가 - 도산등사실인정이 있은 날부터 2년 이내 신청
	파산선고	• 파산신청일로부터 1년 전이 되는 날 이후 3년 이내 퇴직자가 - 파산선고가 있은 날부터 2년 이내 신청
	회생개시결정	• 회생신청일로부터 1년 전이 되는 날 이후 3년 이내 퇴직자가 - 회생개시결정이 있은 날부터 2년 이내 신청

간이
대지급금
	민사소송
	확정판결
		(퇴직자) 퇴직한 날의 다음 날부터 2년 이내에 판결 등 집행권원을
		       신청한 근로자가 판결 등이 있은 날부터 1년 이내 신청
		(재직자) 맨 나중의 임금 등 체불이 발생한 날의 다음 날부터 2년 이
		       내에 판결 등 집행권원을 신청한 근로자가 판결 등이 있은
		       날부터 1년 이내 신청

	체불임금등
	사업주확인서
		(퇴직자) 퇴직한 날 다음 날부터 1년 이내 진정등을 제기한 근로자가
		       「체불임금등 사업주확인서」 최초 발급일부터 6개월 이내
		       신청
		(재직자) 맨 나중의 임금등 체불이 발생한 날의 다음 날부터 1년 이
		       내에 진정등을 제기한 근로자가 「체불임금등 사업주확인서」
		       최초 발급일부터 6개월 이내 신청

* 집행권원 신청: 소송제기, 지급명령, 조정, 결정 등의 신청

대지급금은 신청 기한 내 신청해야 지급받을 수 있다. 간이대지급금의 경우에 근로자가 **퇴직 후 1년 이내에 지방노동청에 임금체불 진정**을 하였다면 간편하게 「체불임금등 사업주확인서」를 발급받아 근로복지공단에 간이대지급금을 신청할 수 있으나 만약, 퇴직하고 1년을 넘긴 이후에 지방노동청에 임금체불 진정을 한 경우에는 「체불임금등 사업주확인서」로 신청할 수 있는 기간(1년)이 지났으므로 지방노동청에서 「체불임금등 사업주확인서」를 발급받아 다시 민사소송을 제기하여 확정판결문(이에 준하는 지급명령 등)을 받아야 간이대지급금을 신청할 수 있다. **민사소송도 퇴직한 후 2년 이내에 제기하여야만 한다.**

「체불임금등 사업주확인서」는 발급 유형이 대지급금 청구용과 소송 제기용이 있다. 대지급금 청구용은 사업주가 체불금품을 인정하는 등 근로자와 사업주 간 체불액에 이견이 없이 확인된 경우에 발급된다.

대지급금 지급요건 및 신청 기간(요약)

구분		도산대지급금	간이대지급금

지급사유		• 재판상 도산(법원)
		  - 파산선고의 결정
		  - 회생절차개시 결정
		• 사실상 도산인정(노동청)
		  - 도산등사실인정
			• 확정판결 등(법원)
			  - 확정 종국판결, 지급명령, 소송상 화해, 조정 등
			• 체불임금등 확인(노동청)
			  - 체불임금등 확인서 발급

지원대상	사업주 요건	• 법 적용대상 사업장(근로자 1명 이상 고용)이 되어 사업 계속 기간 6개월 이상 경과 후 지급 사유 발생	• 법 적용대상 사업장(근로자 1명 이상 고용)이 되어 해당 체불근로자의 퇴직일(재직자 경우 맨 나중의 체불임금 발생일까지)까지 사업 계속 기간이 6개월 이상일 것
	근로자 요건	• 퇴직기준일(재판상 도산 또는 도산사실인정 신청일)의 **1년 전 이후 3년 이내 퇴직한 근로자**	• 확정판결 등에 따른 대지급금: 퇴직일(재직자 경우 맨 나중의 체불임금 발생일)의 다음 날부터 **2년 이내에 사업주 상대로 체불임금 청구소송을 제기한 근로자** • 「체불임금등 확인서」에 따른 대지급금: 퇴직일(재직자 경우 맨 나중의 체불임금 발생일)의 다음 날부터 **1년 이내에 진정 등을 제기한 근로자**
신청 기간		• 법원의 결정이나 도산사실인정이 있는 날부터 2년 이내	• 판결 등이 있는 날부터 1년 이내 • 최초 체불임금등 확인서 발급일로부터 6개월 이내

마) 대지급금 지급범위 및 지급 상한액

대지급금은 지급한도가 있다. 도산대지급금은 최대 2,100만 원까지 받을 수 있고 간이대지급금은 최대 1,000만 원까지 지급받을 수 있다. 대지급금의 지급한도 보다 체불금품이 더 많은 경우에는 전액을 지급받지 못하므로 민사소송으로 가야 할 때도 있다. 이처럼 민사소송을 제기할 때는 월 평균임금이 400만 원 미만인 근로자에 대해서는 대한법률구조공단(www.klac.or.kr)에서 무료로 소송비용 및 변호사 보수비용을 지원해 준다.

민사소송은 회사가 법인인 경우에는 사업장 소재지 관할 지방법원, 회사가 개인사업체인 경우에는 사업주 개인의 주소지 관할 지방법원에 지급명령 신청이나 민사소송을 제기해 확정판결을 받을 수 있다. 확정판결을 받으면 판결문으로 근로복지공단에 간이대지급금(구 소액 체당금) 청구가 가능하다.

도산대지급금(퇴직자) 지급범위

▸ 최종 3개월분의 임금·휴업수당·출산전후휴가기간중 급여 중 미지급액 및 최종 3년간의 퇴직금 중 미지급액

도산대지급금 지급 상한액(고용노동부 고시 제2021-81호, 2021.10.14)

(단위: 만 원)

퇴직당시 연령 항목	30세 미만	30세 이상 40세 미만	40세 이상 50세 미만	50세 이상 60세 미만	60세 이상
임금	220	310	350	330	230
퇴직급여등	220	310	350	330	230
휴업수당	154	217	245	231	161
출산전후휴가기간 중 급여	310				

※ 비고: 임금, 출산전후휴가기간 중 급여, 휴업수당은 1월분, 퇴직급여등은 1년분 기준임.
  (최대지급액은 2,100만 원: 임금 350만 원 × 3개월 + 퇴직급여 350만 원 × 3년)

간이대지급금(퇴직자, 재직자) 지급범위

▸ 최종 3개월분의 임금·휴업수당·출산전후휴가기간중 급여 중 미지급액 및 최종 3년간의 퇴직금 중 미지급액
▸ 소송 등 제기일 또는 진정 등 제기일 기준으로 맨 나중의 임금체불이 발생한 날부터 소급하여 3개월 기간의 미지급액(재직자)
  단, 재직자는 해당기간 통상임금이 최저임금(시급) 110% 미만인 자에 한하여 지급(고용노동부 고시 제2021-84호, 2021.10.14.)하며 재직기간 1월 미만 일용근로자는 지급대상에서 제외함.

간이대지급금 지급 상한액

(단위: 만 원)

항목	상한액
임금 등과 퇴직급여를 합한 총 지급 상한액	1,000
임금, 출산전후휴가기간 중 급여, 휴업수당	700
퇴직급여	700

9. 징계, 퇴직, 해고, 해고예고수당

가. 징계

1) 징계란?

사업장의 질서유지는 기업의 존립과 사업의 원활한 운영에 필수 불가결하다. 사업장의 질서는 취업규칙 등 사규뿐만 아니라 업무명령과 의무이행 및 기업윤리 준수와 같은 다양한 복무규율로 이루어진다. 징계는 사용자가 사업장의 질서를 유지하기 위하여 사업장의 복무규율을 위반한 근로자에게 과하는 불이익 제재이다. 사용자는 질서유지를 위해 징계권을 행사할 수 있다.

다만, 사용자의 징계권은 제한 없이 무제한으로 행사할 수는 없으며 법과 사회통념을 벗어나지 않는 범위에서 신중하게 행사되어야 한다. 우리 노동법은 징계권 행사에 대한 세부적 규정을 두고 있지 않아서 징계 사례에 따라 판례 위주로 징계의 정당성 판단이 이루어지고 있다. 그러나 일반원칙으로 근로기준법 제23조 제1항에서 "'정당한 이유' 없이는 해고, 휴직, 정직, 전직, 감봉, 그 밖의 징벌을 하지 못한다"고 규정하고 있다. 따라서 징계에는 "정당한 이유"가 있어야 적법한 징계가 된다.

> **근로기준법**
> 제23조(해고 등의 제한) ① 사용자는 근로자에게 정당한 이유 없이 해고, 휴직, 정직, 전직, 감봉, 그 밖의 징벌을 하지 못한다.

징계에 "정당한 이유"가 있다고 하려면 **징계사유, 징계절차, 징계양정** 등 세 가지 점에서 모두 정당해야 한다. 징계사유로는 무단결근 등 근무 태만, 업무지시 거부 또는 불이행, 업무방해, 직장내 성희롱, 직장내 괴롭힘, 기업의 명예·신용 실추, 경력사칭, 영업 기밀 누설, 겸직 금지 위반, 기타 사회질서 위반 비행 등이 될 수 있다. 그러나 단순히 업무성과가 미흡하다거나 근무 평가에서 일시적으로 나쁜 평가를 받은 정도로는 정당한 징계사유가 될 수 없을 것이다. 징계양정은 징계사유에 비해 내려지는 징계의 불이익 정도가 적정한지의 문제이다. 큰 잘못이 아닌데 지나치게 무거운 불이익을 처분한다면 징계양정의 정당성이 없다고 볼 것이다.

징계 절차와 관련하여서 유의해야 할 점은 징계의 사유가 충분하고 징계의 양정도 적정하다고 해도 징계 절차를 준수하지 않으면 징계 자체가 부당징계가 되어 무효로 될 수 있다는 점이다. 회사의 취업규칙 및 단체협약에 징계의 절차나 징계 범위, 징계위원회 구성요건, 소명의 기회 부여 등을 정하고 있는 경우에는 반드시 해당 절차 규정을 준수해야 한다. 다만, 취업규칙이나 단체협약에 징계 절차가 규정되어 있지 않다면 그와 같은 절차를 밟지 아니하고 징계 절차를 진행해도 징계의 효력이 인정될 수 있다.

특히 해고의 경우, 서면 통지가 없는 해고는 무효이다(근로기준법 제27조). 즉, 해고의 사유 등이 정당하다 하더라도 해고의 사유와 해고시기를 서면으로 통지하지 않았다면 절차를 위반한 부당한 해고가 된다. 서면으로 해고 사유와 해고시기를 통지하여야 한다는 법 규정의 취지는 해고 사유와 시기를 명확히 하기 위함일 뿐 아니라 근로자가 해고에 대해 적정한 대응을 할 수 있도록 하기 위한 것이므로 해고 사유와 해고 시기를 통보했다 하더라도 그 내용이 막연하거나 사실과 맞지 않는 내용으로 통보하면 부당해고가 될 수 있다.

원칙적으로 징계권은 취업규칙이 정하는 바에 따라 행사해야 하나 취업규칙 등에 징계에 대한 명시적 규정이 없어도 근로기준법 제23조에 위반하지 않는 한 사회통념에 벗어나지 않는 수준의 징계는 가능할 것이다. 취업규칙이 있는 사업장이라면 취업규칙에 따른 징계사유나 그에 대한 처분 및 징계절차 등을 준수해야 한다. 또한 단체협약에 징계와 관련한 규정이 있다면 이를 준수해야 한다. 판례에서는 취업규칙이나 단체협약에 징계사유가 제한적으로 열거되어 있는 경우에는 그와 같이 열거되어있는 사유 이외의 사유로는 징계할 수 없다고 한다(대법 93다37915, 1993.11.9.). 제한적 열거란 "이와 같은 사유 이외에는 징계할 수 없다"는 규정과 같이 열거한 사유로만 징계할 수 있다고 정한 것을 말한다. 반대로 예시적 열거로 정할 수도 있는데 예를 들어 "기타 위 징계사유에 준하는 행위" 또는 "기타 부서장이 질서유지에 필요하다고 판단하여 징계를 요청한 행위"와 같이 열거된 징계사유 이외에도 징계를 할 수 있는 근거 규정이 있다면 예시적 열거로 볼 수 있다. 취업규칙의 징계사유와 징계 종류는 풍부하게, 징계 절차는 간단하게 규정하는 것이 징계권 행사에 효율적일 것이다.

Q-50 인원수가 적어 취업규칙이 없는 사업장에서 정당한 사유와 양정이 된다면 아무런 징계 종류를 정해둔 게 없이도 감봉, 정직 등을 할 수 있는지 여부?

(규정이나 근로계약서에 징계 근거가 없음)

A 근로기준법 제23조에 따라 사용자는 근로자에게 정당한 이유없이 해고, 휴직, 정직, 전직, 감봉, 그 밖의 징벌(이하 부당해고 등이라 함)을 하지 못하며 사용자가 근로자에게 부당해고 등을 하면 근로자는 노동위원회에 부당해고등이 있었던 날부터 3개월 이내에 부당해고등 구제신청을 할 수 있음(근기법 제28조).

- 징계란, 근로관계에서 근로자의 기업질서 위반에 대하여 사용자에 의하여 부과되는 일종의 제재를 말하며, 징계권은 기업운영 또는 근로계약의 본질상 당연히 사용자에게 인정되는 권한이기 때문에 그 징계규정의 내용이 강행법규나 단체협약의 내용에 반하지 않는 한 사용자는 그 구체적 내용을 자유롭게 정할 수 있으나 징계는 그 사유가 사회통념상 합리적이어야 하고 징계절차는 객관적 타당성과 공정성이 있어야 하며, 징계사유와 징계처분과의 사이에 사회통념상 상당하다고 보여지는 균형이 있어야 함(대법 90다카21176, 1991.01.11.).
- 징계의 종류는 경고, 시말서(경위서 제출), 견책, 감봉(감급), 승급정지, 출근정지, 정직, 징계해고 등으로 다양하며, 징계시효의 기산점은 사유발생일임.
- 징계는 일반적으로 ① 징계사유의 발생 → ② 사실관계 조사 및 증거확보 → ③ 징계의결 요구에 대한 인사권자의 결재 → ④ 인사권자가 징계위원장에게 징계의결 요구서 발송 → ⑤ 징계위원회의 개최일시·장소를 지정하고 출석통지 → ⑥ 징계심의 → ⑦ 징계의결 → ⑧ 징계위원장이 인사권자에게 징계의결 결과 통보 → ⑨ 인사권자의 징계처분 확정 → ⑩ 인사권자가 피징계자에게 징계처분 결과 통보의 순서로 진행될 것이며,
- 원칙적으로 징계권은 취업규칙(징계규정)이 정하는 바에 따라 행사해야 하나 취업규

칙 등에 징계에 대한 명시적 규정이 없다 하더라도 징계가 가능할 것이고 근로기준법 제23조에 위반하지 않는 한 당연히 무효라고 보기는 어려움.

(고용노동부 인터넷 질의회신)

Q-51 취업규칙에 도로환경미화원은 단체협약서를 우선 적용하도록 규정되어 있고, 단체협약서 및 관련 법령에 근무시간 외 취업 활동에 대해 금지조항이 없는 바, 취업규칙상 겸직금지조항을 도로환경미화원에 적용할 수 있는지?

- 만약 취업규칙의 겸직금지 조항의 적용이 가능하다면, 취업규칙상 겸직금지 조항은 있으나 동 규칙 및 관련규정에 징계사유로 기재되어 있지 않음에도 불구하고 임의의 판단 하에 징계조치를 취할 수 있는지?

A 취업규칙은 협업질서 유지와 효율적인 업무수행, 사업장 내 근로조건의 통일적 적용을 위하여, 근로자의 복무규율 및 근로조건에 관하여 정한 준칙으로

- 단체협약에서 정한 근로조건 이외의 부분을 취업규칙에서 규정하는 것은 가능하며 적절한 절차를 거쳐 작성 또는 변경된 취업규칙은 해당 사업장 근로자에게 적용될 것임.

- 따라서 귀 기관의 경우와 같이 겸직금지에 관한 조항이 단체협약에 명시되어 있지 않으나 취업규칙에서 이를 규정하고 있다면 해당 근로자에게 동 규정이 적용될 것임.

- 한편, 기업 질서는 기업의 존립과 사업의 원활한 운영을 위해 필요불가결한 것이고 사용자는 기업질서 유지를 위해 노동관계 법령에 위반되지 않는 범위 내에서 적절한 제재를 할 수 있으므로,

  · 취업규칙 등에 징계에 대한 명시적 규정이 없다 하더라도 징계가 가능할 것이고 「근로기준법」 제23조에 위반하지 않는 한 당연히 무효라고 보기 어렵다고 사료됨.

  · 다만, 징계는 사용자의 자의적 처분이 아니어야 하고, 근로자에게 예기치 못한 불리함을 주지 말아야 하며, 사용자는 징계의 절차를 지키는 등 일반원리에 어긋나지 말아야 할 것임.

(근로개선정책과-2820, 2014.05.14.)

Q-52 단체협약보다 근로자에게 불리한 취업규칙의 징계절차에 의한 징계의 효력 여부?

- 사용자는 운전기사 정○○가 운행한 버스의 CCTV의 비디오판독자료(2005.2.15. 23:14, 2005.2.17. 23:40, 2005.2.21. 23:24)에 의거 운송수익금을 횡령하였다는 이유로 2005.2.22자로 정○○를 배차중지시켰고, 정○○의 사망일인 2005.3.15.까지 취업 규칙상의 상벌위원회를 10일 이내 개최하도록 한 조항을 지키지 않고 초과함으로서 중대한 징계절차 위반으로 「근로기준법」의 제30조[현 「근로기준법」 제23조]

'사용자의 정당한 이유 없는 징계'에 해당되는지?

A 「근로기준법」 제99조[현 「근로기준법」 제96조]는 취업규칙이 당해 사업장에 적용되는 단체협약에 반할 수 없다고 규정하고 있으며, 「노동조합 및 노동관계조정법」 제33조는 단체협약에 정한 근로조건 기타 근로자의 대우에 관한 기준에 위반하는 취업규칙의 부분은 무효로 하고 단체협약에 정한 기준에 의하도록 규정하고 있음.

- 귀 질의서상의 사실관계가 일부 불분명하여 명확한 회신이 어려우나, 단체협약에 징계의 절차에 대해 '승무(출근)정지 이상의 징계는 징계(상벌)위원회를 통하여야 하며, 이에 의하지 아니한 경우 무효'라고 규정하고 있음에도 불구하고, 취업규칙에 '징계 특례'의 규정을 두어 '운송수입금 횡령의 사유로 인하여 징계의 대상이 된 경우, 부정행위 적발일로부터 상벌위원회 개최일까지 별도 상벌위원회 결의 없이 즉시 승무정지 조치'토록 규정하고 있는 바, 이와 같은 취업규칙의 '징계특례' 규정은 달리 볼 사정이 없는 한 '승무(출근)정지' 이상의 징계는 징계(상벌)위원회를 통하여야 한다는 단체협약에 위반되어 무효라고 사료되며,

- 사용자가 단체협약에 위반되어 무효인 취업규칙의 '징계 특례' 규정을 적용하여 근로자에 대하여 '운송수입금 횡령'의 사유로 징계(상벌)위원회의 결의 없이 배차정지(승무정지) 처분을 하였다면, 그러한 처분은 '운송수입금 횡령이 사실인지 여부에 불구하고 단협상의 징계절차를 위반한 중대한 하자있는 징계로 볼 수 있고, 이는 정당한 이유 없이 근로자를 징계할 수 없도록 규정한 「근로기준법」 제30조[현 「근로기준법」 제23조]를 위반한 부당한 징계로 볼 수 있다고 사료됨.

(근로기준팀-1324, 2005.11.23.)

Q-53 A아파트관리사무소는 기관주임으로 근무한 B를 '공사업체로부터의 금품수수, 직원 간 위화감 조성' 등을 이유로 징계에 회부, 1심 징계위원회에서는 '권고사직'으로 결정하였으나, '정상을 참작할 특별한 사유가 있을 때는 인사위원회 의결에 따라 그 처분을 경감 할 수 있다'는 취업규칙 규정에 의거, 2심 징계위원회에서 취업규칙에 규정된 징계의 종류가 아닌 '강임'(기관주임에서 기관반장으로)으로 결정하였는바, 취업규칙에 규정되지 아니한 종류의 징계로 감경할 수 있는지 정당성 여부?

A 징계는 근로자의 직장질서 침해행위에 대한 제재로 부과되는 불이익처분이므로 그 징계가 정당하기 위해서는 미리 취업규칙이나 단체협약 등에 징계의 사유·종류·절차 등을 상세히 규정함으로써 사용자의 자의적인 처분이나 근로자에게 예기치 못한 불이익이 생기지 않도록 행해져야 할 것임.

- 그러나, 취업규칙이나 단체협약 등에 징계의 사유나 종류 등을 기술함에 있어 세부적인 내용까지(징계양정을 가중하거나 감경할 경우의 적정 처분내용 등을 포함) 망라하는 것이 사실상 용이하지 않거나 적절하지 않을 경우에는 상기의 취지에 어긋나지 않는 범

위 내에서 사업(장)의 형편에 맞게 포괄적으로 규정할 수도 있을 것으로 사료되는 바,

– 이때에도 구체적인 전·후 사정에 비추어 징계사유와 징계양정 사이에 형평성이 유지되고 징계내용이 사회상규나 강행법규에 어긋나지 않으며, 그 징계가 객관적으로 볼 때 기업질서를 유지하는 데에 필요하고도 합리적이어야 할 것임.

– 귀 질의의 경우 피징계인의 징계사유만을 볼 때 사실상 권고사직에 해당될 정도임에도 취업규칙상의 정상참작 규정에 의거 당초의 징계처분보다 명백히 근로자에게 유리하게 감경된 경우라면, 나중의 징계처분이 취업규칙 등에 정하여진 징계의 종류에 해당되지 아니한다고 하더라도 이로 인해 사용자의 자의적인 처분이나 근로자에 대한 예기치 못한 불이익이라는 결과를 가져온 것으로 보기는 어려우므로 이를 무효라고 할 수는 없다고 사료됨.

(근로기준과-5273, 2004.10.4.)

Q-54 징계위원회에 노조 대표를 포함시키기로 단체협약에서 정한 경우, 노조대표를 배제한 채 징계위원회에서 행한 징계의결의 효력은 있는지 여부

A 사용자와 노동조합이 징계위원회의 구성원에 노조 대표를 포함시키기로 한 단체협약의 취지는 노조 대표 중에서 징계위원을 위촉하여 징계위원회에 대한 노동조합의 참여권을 보장하기로 한 것으로 보아야 하고, 따라서 근로자를 징계하기 위하여 개최된 징계위원회에 노동조합의 대표를 참석시키지 아니한 채 행한 면직처분의 의결에는 절차상의 하자가 있고, 그에 따른 면직처분 역시 절차에 중대한 하자가 있어서 무효임.

(대법 96다43416, 1997.3.25.)

2) 징계의 종류

근로기준법 제23조는 징계의 종류로 해고, 휴직, 정직, 전직, 감봉을 예시하면서 "그 밖의 징벌"이라는 단서를 두었다. 따라서 견책, 경고, 강등 등의 불이익 조치도 징계 종류로 활용할 수 있다. 주의할 점은 근로기준법 제95조에 "취업규칙에서 근로자에 대하여 감급(= 감봉)의 제재를 정할 경우에 그 감액은 1회의 금액이 평균임금의 1일분의 2분의 1을, 총액이 1임금지급기의 임금 총액의 10분의 1을 초과하지 못한다"라고 규정하고 있는 점이다.

이 규정에 따라서 예를 들어 월급 350만 원인 근로자를 감급에 처할 경우 1일 평균임금이 115,384원(350만 원 × 3개월 ÷ 91일)일 때 감급 1회의 금액은 평균임금 1일분의 2분의 1을 넘어가지 못하므로 1일 평균임금의 2분의 1인 57,692

원을 초과해서는 안 된다. 또한 1임금지급기 임금총액의 10분의 1인 35만 원을 초과해서는 안 되므로 한달에 57,692원씩 감봉한다면 최대 6개월까지, 한달에 5만 원을 감봉한다면 최대 7개월까지 감봉 처분할 수 있다. 이를 넘어서는 감봉 처분은 법 위반이다.

지각, 조퇴, 결근 등으로 임금이 삭감되는 것과 감봉 처분으로 임금이 삭감되는 것은 다르다. 지각이나 결근 등으로 임금이 삭감되는 것은 무노동 무임금에 따른 것으로 당연한 임금 공제이지만 감봉은 근로자의 근로 제공이 이루어져 임금이 지급되어야 함에도 불구하고 징계 처분의 일환으로 삭감되는 것이다.

Q-55 당사 생산직 사원의 임금은 일급제로 전월 21일부터 당월 20일까지의 일급을 정산하여 매월 27일에 지급하고 있음.

- 평균임금 1일분이 10만 원이고, 1임금지급기의 임금 총액이 300만 원인 생산직 사원이 감급의 제재를 받을 경우, 1건의 징계에 대한 감급으로 1개월에 수회의 감급을 할 수 있는지 여부?

A 「근로기준법」 제95조는 "취업규칙에서 근로자에 대하여 감급의 제재를 정할 경우 그 감액은 1회의 금액이 평균임금의 1일분의 2분의 1을, 총액이 1임금 지급기의 임금 총액의 10분의 1을 초과하지 못 한다"라고 규정하여 감액의 범위에 대한 제한을 하고 있을 뿐 감급의 횟수나 그 기간에 대한 제한을 하고 있지 않음.
  - 따라서 위 1회 및 총액에 관한 감액 제한규정을 준수하는 한, 1개월 동안 수회 또는 수개월 동안 수회의 감급을 할 수 있을 것임.
  - 또한 임금의 계산을 일급으로 한다고 하여도 임금을 매월 1회 지급한다면 월급제로 볼 수 있어 1임금 지급기는 1개월이 될 것임.
  - 따라서 귀 질의에서와 같이 1일 평균임금이 10만 원이고 1임금 지급기의 임금총액이 300만 원인 경우라면 1회 5만 원, 총액 30만 원의 한도 내에서 기간의 제한 없이 수회에 걸쳐 감급을 할 수 있음.

(근로기준팀-462, 2008.1.25.)

Q-56 월 임금총액 120만 원인 직원이 감봉 3월의 징계를 받은 경우 감급액이 월임금총액의 10분의 1인 12만 원까지 감급해야 옳은지, 아니면 평균임금 1일분의 반액인 2만 원까지 감급해야 옳은지?

A 감급을 함에 있어서 하나의 위반행위에 대한 1회 감급액은 평균임금 1일분의 반액(1월이

30일인 경우 2만 원)을 초과할 수 없고, 1임금지급기에 수회의 위반행위에 대하여 수회의 감급을 하는 것은 무방하나 그 감급총액이 1임금지급기의 임금총액의 1/10(12만 원)을 초과할 수 없음.

(근기 68207-488, 1994.3.22)

3) 부당한 징계의 구제

근로자가 해고 등 부당한 징계를 받은 때에는 구제 절차로 지방노동위원회에 의한 행정적 구제와 법원에 의한 사법적 구제의 두 방법이 있다. 법원에 의한 구제보다는 노동위원회에 의한 구제가 비용과 시간 면에서 근로자에게 많이 유리하다. 단, 노동위원회에 부당징계 구제신청은 부당징계가 있었던 날부터 3개월 이내에만 신청할 수 있다. 이 기간은 제척기간으로서 이 기간이 경과하면 노동위원회에 구제신청을 할 수 없고 법원에 의한 구제 절차만이 가능하다.

노동위원회의 부당징계 등 구제 절차는 먼저 사업장 주소지를 관할하는 지방노동위원회(초심)를 거치게 되는데 초심 판정에 이의가 있을 때는 판정서 송달일로부터 10일 이내에 중앙노동위원회에 재심 신청을 할 수 있다. 또한 중앙노동위원회의 재심 판정에 이의가 있는 경우에는 재심 판정서 송달일로부터 15일 이내에 행정법원에 행정소송을 제기할 수 있다. 이 기간(10일, 15일)은 제척기간으로 이 기간이 지날 때까지 이의제기가 없으면 판정은 확정되며 더 이상 다툴 수 없다.

나. 퇴직과 해고

퇴직으로 근로관계는 종료된다. 근로관계 종료의 형태는 그 사유에 따라 당연퇴직(정년, 근로계약기간 만료 등 퇴직사유의 발생)과 근로자의 일방 의사에 의한 퇴직(사직), 사용자의 일방 의사에 의한 해고(징계해고, 정리해고, 통상해고), 근로자와 사용자 의사 합치에 따른 퇴직(권고사직) 등 크게 네 가지로 분류할 수 있다. 퇴직은 형태에 따라 퇴직의 효력 발생을 위해 갖추어야 하는 법적 요건이 차이가 있다. 여기서 사용자의 일방 의사에 의한 해고는 법적 요건(정당한 해고 사유, 해고 절차, 징계양정의 적정함)을 갖추지 못하면 부당해고가 되어 무효가 된다.

1) 퇴직사유 발생으로 당연 퇴직

정년 도달이나 사망, 근로계약 기간 만료로 퇴직하게 되는 것은 퇴직 사유 발생에 따라 당연히 퇴직하는 것으로서 해고가 아니므로 해고예고나 해고의 서면 통보가 필요하지 않다.

단, 근로계약 기간 만료의 경우는 비록 계약기간 만료라 해도 총 계속근로기간이 2년을 초과한 때에는「기간제 및 단시간 근로자 보호 등에 관한 법률」(제4조)에 따라 당사자의 의사와 관계없이 기간의 정함이 없는 근로계약을 맺은 근로자로 간주된다. 따라서 이때 근로계약 기간 만료라는 이유로 퇴직처리할 경우에는 법을 위반한 부당해고가 된다. 이 규정은 상시근로자수 5인 이상 사업장에는 모두 적용된다.

기간제 및 단시간 근로자 보호 등에 관한 법률 제4조

① 사용자는 2년을 초과하지 아니하는 범위 안에서(기간제 근로계약의 반복갱신 등의 경우에는 그 계속근로한 총기간이 2년을 초과하지 아니하는 범위 안에서) 기간제근로자를 사용할 수 있다. 다만, 다음 각 호의 어느 하나에 해당하는 경우에는 2년을 초과하여 기간제근로자로 사용할 수 있다.

1. 사업의 완료 또는 특정한 업무의 완성에 필요한 기간을 정한 경우
2. 휴직·파견 등으로 결원이 발생하여 해당 근로자가 복귀할 때까지 그 업무를 대신할 필요가 있는 경우
3. 근로자가 학업, 직업훈련 등을 이수함에 따라 그 이수에 필요한 기간을 정한 경우
4. 「고령자고용촉진법」 제2조제1호의 고령자와 근로계약을 체결하는 경우
5. 전문적 지식·기술의 활용이 필요한 경우와 정부의 복지정책·실업대책 등에 따라 일자리를 제공하는 경우로서 대통령령으로 정하는 경우
6. 그 밖에 제1호부터 제5호까지에 준하는 합리적인 사유가 있는 경우로서 대통령령으로 정하는 경우

② 사용자가 제1항 단서의 사유가 없거나 소멸되었음에도 불구하고 2년을 초과하여 기간제근로자로 사용하는 경우에는 그 기간제근로자는 기간의 정함이 없는 근로계약을 체결한 근로자로 본다.

또한 근로계약 갱신이 여러 번 반복되어 근로자가 당연히 근로계약의 갱신을

기대하게 된 때에는 정당한 사유 없이 근로계약 갱신을 거부할 수 없다. 이런 경우 근로계약 갱신을 거부하면 부당해고가 된다.

2) 근로자의 의사에 따른 퇴직(사직)

근로자가 자발적인 의사로 사직서를 제출하고 사용자가 이를 수리하면 퇴직의 효력이 바로 발생한다. 그러나 사용자가 사직서를 수리하지 않거나 거부하는 때에는 사직의 효력이 언제 발생할까? 이때에는 퇴직의 효력이 사직서에 기재한 퇴직일에 바로 발생하지 못하고 근로계약이나 취업규칙 등 당사자간 정한 바가 있으면 그에 따라(예시: 사직서 제출후 20일 경과시 퇴직처리한다 등), 정한 바가 없으면 민법 제660조에 따라서 사직서 제출 이후에 다음 임금 지급기간이 경과한 때에 퇴직의 효력이 발생한다.

Case-41 임금 산정 기간이 매월 1일부터 말일인 사업장에서 4월 11일 당일 퇴직하고자 사직서를 제출했다. 사용자가 사직서를 수리하지 않으면 퇴직의 효력은?

- 민법 제660조제3항 규정에 따라 다음 임금 지급 산정 기간인 5.1~5.31일 경과한 이후, 6.1일 퇴직의 효력이 발생한다.

❖ 민법 제660조(기간의 약정이 없는 고용의 해지통고) ① 고용기간의 약정이 없는 때에는 당사자는 언제든지 계약해지의 통고를 할 수 있다.
② 전항의 경우에는 상대방이 해지의 통고를 받은 날로부터 1월이 경과하면 해지의 효력이 생긴다.
③ 기간으로 보수를 정한 때에는 상대방이 해지의 통고를 받은 당기 후의 일기를 경과함으로써 해지의 효력이 생긴다.

  * 위 사례에서 월급제가 아닌 일급, 시급제로서 기간으로 보수를 정하지 않은 경우라면 제②항에 따라 1월이 경과(4.12~5.11)한 5.12일에 해지 효력이 생긴다.

사용자가 사직서 수리를 거부하는 경우, 근로자는 민법 규정에 의해 퇴직의 효력이 발생할 때까지는 출근하는 것이 유리하며 만약 출근하지 않을 때는 무단결근으로 징계 처분을 받거나 퇴직금 산정 시 결근에 따른 평균임금 저하 등 불이익을 받을 수 있다.

3) 사용자의 의사에 의한 해고

근로자와의 근로관계를 근로자의 의사에 반하여 사용자가 일방적으로 종료시키는 것을 해고라 한다. 근로기준법에서는 정당한 이유 없이 해고할 수 없다고 규정하고 있다. 정당한 이유 없는 해고는 부당해고로 법적으로 무효이므로 원직복직은 물론, 부당해고 기간은 사용자의 귀책 사유로 근로자가 근로하지 못한 것이므로 해당 기간에 대한 임금 상당액(근로했더라면 지급 받을 금액)을 근로자에게 지급해야 한다.

특히 산전 후 기간과 그 후 30일간, 업무상 부상·질병에 따른 휴업 기간과 그 후 30일간, 육아휴직 기간에는 해고할 수 없다. 이 규정(제23조 제2항)은 제23조 제1항(상시근로자 수 5인 이상 사업장에만 적용)과 달리 상시근로자 수 5인 미만 사업장에도 모두 적용된다.

근로기준법
제23조(해고 등의 제한) ① 사용자는 근로자에게 정당한 이유 없이 해고, 휴직, 정직, 전직, 감봉, 그 밖의 징벌을 하지 못한다.
② 사용자는 근로자가 업무상 부상 또는 질병의 요양을 위하여 휴업한 기간과 그 후 30일 동안 또는 산전·산후의 여성이 이 법에 따라 휴업한 기간과 그 후 30일 동안은 해고하지 못한다. 다만, 사용자가 제84조에 따라 일시보상을 하였을 경우 또는 사업을 계속할 수 없게 된 경우에는 그러하지 아니하다.

남녀고용평등과 일·가정 양립 지원에 관한 법률
제19조(육아휴직) ③ 사업주는 육아휴직을 이유로 해고나 그 밖의 불리한 처우를 하여서는 아니 되며, 육아휴직 기간에는 그 근로자를 해고하지 못한다. 다만, 사업을 계속할 수 없는 경우에는 그러하지 아니하다.

단순히 경영 사정 악화로 월급을 주기 어려워서, 함께 일하기 힘들어서, 결근이나 지각을 자주 해서 등의 사유로 해고를 할 수 있을까? 이런 정도의 해고 사유는 정당한 이유가 없는 부당해고에 해당할 것이다. 특히 경영 사정이 어려운 경우에는 근로기준법에서 정한 "경영상 이유에 의한 해고의 제한" 규정에 따라 4가지 요건을 갖추어야 정당한 해고로 인정된다.

근로기준법 제24조(경영상 이유에 의한 해고의 제한)-(요약)

① 긴박한 경영상의 필요가 있어야 함
② 해고회피 노력이 있어야 함
③ 합리적이고 공정한 해고의 기준을 설정해야 함
④ 근로자 대표에 해고일 이전 50일 전 통보하고 협의해야 함

Q-57 ○○사는 '98년 경영상의 이유로 회사측 기준에 의거 정리해고 대상자를 8명 확정했는데 정리해고 대상자 중 2명은 희망퇴직 신청, 4명은 무급휴직 신청, 2명은 미신청하였음. 회사는 노동조합과 이미 선정된 정리해고 대상자 전원에 대해 무급휴직 조치하기로 합의하고 무급휴직을 신청하지 않은 2명에 대하여도 무급휴직 조치하였는데 2명은 휴업수당을 요구하고 있어 지급해야 하는지?

A 사용자가 경영상의 이유로 무급휴직을 실시하는 유형은 다음 2가지로 구분될 수 있음.

　가. 근로기준법 제31조(경영상 이유에 의한 고용조정, 현행 제24조) 제1항 내지 제3항의 규정을 준수하는 등의 엄격한 요건과 절차에 따라 무급휴직자를 선정하지 아니하고 단지 노사가 무급휴직 실시에 합의한 후, 근로자의 신청에 따라 휴직을 실시하는 경우

　나. 근로기준법 제31조에서 정한 요건과 절차에 따라 먼저 **경영상 해고대상자를 선정한 후, 해고회피노력의 일환으로 해고대상자에 대해 사용자가 무급휴직을 실시하는 경우**

　　▶ 위 '가'의 경우에는 근로자대표와 무급휴직 실시에 합의했다 하더라도 개별근로자의 신청없이 특정근로자에게 휴직을 강제했다면 이는 사실상의 휴업으로서 사용자는 당해 근로자에게 근로기준법 제45조의 휴업수당을 지급하여야 할 것임.

　　　- 그러나 '나'의 경우에 있어서는 선정된 해고대상자를 사용자가 해고할 수 있음에도 해고대신 무급휴직을 실시한 것으로서 이는 결과적으로 근로자에게 유리한 것으로 보아야 할 것이고 따라서 이러한 경우에는 근로자의 무급휴직 신청여부에 관계없이 근로기준법 제45조의 휴업수당을 지급할 의무가 사용자에게 있다고 보기는 어려울 것임.

　　▶ 따라서 귀 질의상 무급휴직이 위 나. 형태로 실시되었다면 사용자가 무급휴직 근로자에 대해 휴업수당을 지급치 않더라도 이를 법위반으로 볼 수는 없음.

(근기 68207-388, '99. 2.13)

Q-58 회사에서 경영 사정 악화로 무급휴가가 결정됐고 휴업수당을 안 받겠다는 서명서를 강제 작성하게 하는데 서명 후에도 휴업수당을 신청할 수 있는지?.

A 귀하의 질의내용만으로는 구체적인 사실관계를 알 수 없어 명확한 답변을 드리기 어려운 점 양해바리며, 원칙적으로는 상시근로자 5인 이상 사업장에서 사업주 귀책사유에 의한 휴업 시 휴업수당을 지급해야만 하나, 다음의 경우에는 무급휴직도 가능하므로, 귀하께서 동의한 서류 내용에 따라 휴업수당 지급청구가 어려울 수 있음. 강박 등에 의해 비진의 의사표시로 해당 서류에 작성한 사실을 입증할 수 있다면, 신고하여 판단을 받아볼 수는 있을 것으로 사료되므로 다음의 내용을 참고하여 판단해 보시기 바람.

  ▸ 사용자가 경영상의 이유로 무급휴직을 실시하는 유형은 ① 근로기준법 경영상 해고의 규정을 준수하는 등의 엄격한 요건과 절차에 따라 무급휴직자를 선정하지 아니하고 단지 노사가 무급휴직 실시에 합의한 후, 근로자의 신청에 따라 휴직을 실시하는 경우 ② 근로기준법 경영상 해고 규정에서 정한 요건과 절차에 따라 먼저 경영상 해고대상자를 선정한 후, 해고회피노력의 일환으로 해고대상자에 대해 사용자가 무급휴직을 실시하는 경우로 구분될 수 있음. 위 ①의 경우에는 근로자대표와 무급휴직 실시에 합의했다 하더라도 개별근로자의 신청없이 특정근로자에게 휴직을 강제했다면 이는 사실상의 휴업으로서 사용자는 당해 근로자에게 근로기준법상 휴업수당을 지급하여야 할 것임. 그러나 ②의 경우에 있어서는 선정된 해고대상자를 사용자가 해고할 수 있음에도 해고 대신 무급휴직을 실시한 것으로서 이는 결과적으로 근로자에게 유리한 것으로 보아야 할 것이고 따라서 이러한 경우에는 근로자의 무급휴직 신청여부에 관계없이 근로기준법상 휴업수당을 지급할 의무가 사용자에게 있다고 보기는 어려울 것임. 따라서 해당 사례의 무급휴직이 위 ② 형태로 실시되었다면 사용자가 무급휴직 근로자에 대해 휴업수당을 지급치 않더라도 이를 법위반으로 볼 수는 없음(근기 68207-388, 1999.02.13.).

  ▸ 사용자가 경영상의 이유에 의한 해고를 하는 경우에 해고회피노력의 일환으로서 해고 대신 무급휴직을 실시한다면 이는 결과적으로 근로자에게 유리한 것으로 볼 수 있으며, 휴업수당을 지급하지 않더라도 근로기준법 위반은 아니나, 근로기준법 제24조의 법적 요건과 절차에 따라 무급휴직자를 선정하지 아니하고, 단지 노사가 무급휴직 실시에 합의한 후 개별근로자의 신청없이 특정근로자에게 휴직을 강제한다면 이는 사실상의 휴업으로서 사용자는 당해 근로자에게 휴업수당을 지급하여야 할 것임(근기 68207-780, 2001.03.08.).

(고용노동부 인터넷 질의회신)

부당해고를 당한 근로자는 지방노동위원회에 부당해고 구제신청을 제기할 수 있다. 부당해고 구제신청은 부당해고 등이 있었던 날부터 3개월 이내에 하여야 한다. 노동위원회에서는 정당한 사유가 없는 부당해고로 판정되면 원직 복직시키도록 구제명령한다. 원직 복직 명령과 함께 해고기간 동안 근무했었더라면 받았을 임금에 상당하는 금액을 지급하도록 명하게 된다. 근로자가 원직 복직을 원하지 않을 때는 금전보상명령을 신청할 수 있다. 이 경우 보상금액의 산정 기간은 해고일부터 해당 사건의 판정일까지이다.

4) 정말 쉬운 부당해고

해고는 근로자와 근로자 가정에 큰 어려움을 가져오므로 우리 노동법은 엄격하게 제한하고 있다. 해고는 해고 사유 등 실질적인 요건과 해고 절차와 같은 형식적인 요건 모두 적법해야만 정당한 해고가 된다. 현장에서 행해지는 해고는 이런 내용을 간과하여 노동법에 위반되는 부당해고인 경우가 많다.

해고 사유는 취업규칙이나 단체협약에 기재되어 있어야 하는 것이 원칙이다. 그러나 취업규칙, 단체협약에 기재되어 있다는 것만으로 정당 해고가 되는 것은 아니며 징계 해고의 경우 사회통념상 근로계약을 더 이상 유지할 수 없을 정도의 근로자 귀책이 있어야 하고 사업장의 여건, 근로자의 직위, 비위행위의 동기와 양태, 과실의 정도, 그간의 근태 등을 종합적으로 고려하여 해고 이외에 다른 제재 수단은 없어 부득이 해고하는지를 살펴보아야 한다. 통상 해고의 경우에도 근로자의 노동력 상실의 정도, 잔존 업무능력의 평가, 그에 따른 다른 업무부여의 가능성 등을 검토하여 합리적으로 판단하여야 한다.

또한, 해고 절차가 법령이나 취업규칙, 단체협약, 관례 등 내부 규칙에 적합해야 하고 근로자에게 소명 기회를 적정하게 부여하여 징계권을 남용하거나 평등원칙에 벗어나지 않아야 한다. 취업규칙이나 단체협약에 해고를 위해서는 징계위원회를 개최한다고 규정하거나 본인에게 소명의 기회를 주어야 한다는 규정이 있을 때 이러한 규정에 따른 절차를 준수하지 않으면 바로 부당해고가 된다. 특히, 사용자는 근로자를 해고할 때는 **해고 사유와 해고 시기를 서면으로 통지**하여야 한다. 서면 통지가 없으면 비록 정당한 사유가 있는 해고라 하더라도 절차상 부당한 해고로서 해고의 효력이 발생하지 않는다. 서면이 아닌 문자로 통지하거나 해고 사유를 막연하게 또는 사실과 달리 통지하여 해고사유를 알 수 없을 때도 마찬가지로 위법한 부당해고가 된다.

근로기준법 제27조

① 사용자는 근로자를 해고하려면 <u>해고사유와 해고시기를 서면 통지</u>하여야 한다.

② 근로자에 대한 해고는 제1항에 따라 <u>서면으로 통지하여야 효력이 있다.</u>

③ 사용자가 제26조에 따른 해고의 예고를 해고사유와 해고시기를 명시하여 서면으로 한 경우에는 제1항에 따른 통지를 한 것으로 본다.

Q-59 취업규칙에서 정한 해고 사유에 해당하는 해고는 모두 정당한 해고인가?

A 무단결근이 월 통산 7일 이상으로 취업규칙에 정한 해고 사유를 충족하고 있더라도 징계해고처분은 지나쳐 부당해고이다.

- 비록 원고의 결근계나 공가 신청이 적법하지는 않지만, 원고가 의도적으로 결근하면서 회사의 근무질서를 어지럽히기 위한 것으로 보기 어렵고, 원고가 선거운동을 위하여 회사에 상주하고 있었음에도, 원고의 10. 31자 및 11. 2.자 신청을 즉시 보완하도록 한 것이 아니라, 상당 기간이 경과한 11.4.에 내용증명을 통하여 불승인을 하고, 다음날인 11. 5.에 원고가 이를 수령하도록 하여, 원고가 자신의 부적법한 신청을 형식적으로 보완할 기회조차 부여받지 못하였던 점, 원고가 노조 분회장 선거에서 낙선한 뒤 몸이 아파서 2009. 11. 12.과 같은 달 13.에 회사나 부장의 휴대폰으로 전화를 하여 결근 사유를 설명하였던 것으로 보이는 점 등의 사정들을 종합하여 보면, 징계해고처분은 사회통념상 재량권의 범위를 벗어나 과도하다.

(서울행정법원 2010구합29802, 2011.7.22.)

Q-60 징계양정표에 정확하게 해당하지 않으면 부당해고로 볼 수 있는가?

A 징계양정기준표에 '회사 내 동료 간에 폭행을 가하여 승무에 지장이 있을 때' 해고할 수 있다고 규정하고 있는 경우 폭행만으로 해고할 수는 없다.

- 노동조합 지부장으로 오랫동안 버스를 운행하지 않다가 다시 버스를 운행하면서 생긴 과실과 책임의 정도가 해고에 이를 정도라고 볼 수 없고, 양정기준표에 따르면 '회사 내에서 동료 간에 폭행을 가하여 승무에 지장이 있을 때' 해고할 수 있다고 규정하고 있으므로 <u>폭행을 했다고 하더라도 '승무에 지장이 있을 때' 해고할 수 있다.</u> 그런데 폭행을 당한 동료가 승무에 지장을 받았다고 보기 어려우므로, 폭행 행위만으로는 징계관리규정에 반하여 해고할 수 없다.

(서울고등법원 2011누43753, 2012.10.18.)

다. 해고예고와 해고예고수당

사용자는 근로자를 해고할 때는 적어도 30일 전에 해고를 예고하여야 한다. 만약 해고예고를 하지 않았거나 해고예고를 했더라도 해고예고 기간이 30일에서 하루라도 모자라게 되면 30일분 이상의 통상임금을 지급하여야 한다. 이 규정은 5인 미만 사업장에도 적용이 된다.

해고예고는 해고예고 한 날 다음날부터 30일의 기간을 두어야 한다. 해고예고 한 날과 해고일은 산입하지 않는다. 6.10일에 해고예고를 근로자에게 통보한다면 다음 날인 6.11일부터 30일간인 7.10일까지가 해고예고 기간이 되므로 해고일(근무하지 않는 날)은 최소한 7.11일 이후로 통보되어야 한다.

만약 6.11일에 해고일을 7.10일로 해고예고 통보하였다면 해고예고가 30일 이전에 이루어지지 않았으므로(2일 부족) 해고예고에도 불구하고 **30일분의 통상임금**을 해고예고수당으로 지급하여야 한다.

Case-42 월 급여 209만 원(1일 8시간, 주 5일 근무)인 6개월 근무 근로자를 해고하면서 30일 전에 예고하지 않았다. 해고예고수당을 얼마 지급해야 하는가?

- 근로기준법 제26조에 따라 사용자는 근로자를 해고하려면 적어도 30일 전에 예고를 하여야 하고, 30일 전에 예고를 하지 아니하였을 때에는 30일분 이상의 통상임금을 지급하여야 한다. 이에 따라 이 근로자에게 지급해야 하는 해고예고수당은 통상임금 30일분에 해당하는 240만 원이다.
  - 시급 통상임금 = 209만 원 ÷ 209시간 = 1만 원
  - 일급 통상임금 = 1만 원 × 8시간 = 8만 원
  - 통상임금 30일분 = 8만 원 × 30일 = 240만 원

Case-43 시급 1만 원, 주 20시간(통상근로자는 1일 8시간, 주 5일 근로) 근무하는 단시간 근로자에게 해고예고수당을 지급해야 한다. 얼마를 지급해야 하나?

- 이 단시간 근로자에게 지급할 해고예고수당은 통상임금 30일분 120만 원이다.
  - 시급 통상임금 = 1만 원
  - 일급 통상임금 = 1만 원 × 4시간 = 4만 원
    * 단시간 근로자의 1일 소정근로시간 = 80시간 ÷ 20일 = 4시간
  - 통상임금 30일분 = 4만 원 × 30일 = 120만 원

해고예고를 30일 전에 통보했다고 해서 부당해고가 정당해고로 되는 것은 아니다. 부당해고는 해고예고를 하여도 해고 자체가 무효로 법적인 효력이 없다. 주의할 점은 부당해고 금지 규정은 상시근로자 수 5인 이상인 사업장에만 적용이 되나 해고예고와 해고예고수당 규정은 상시근로자 수 5인 미만 사업장에도 모두 적용된다.

5인 미만 사업장에도 적용되는 해고관련 규정

5인 미만 사업장에도 적용되는 규정	적용되지 않는 규정

• 30일 전 해고예고 및 해고예고수당
• 해고 절대금지 기간 규정
  - 업무상 부상·질병의 요양을 위하여 휴업한 기간과 그 후 30일
  - 산전·산후 휴업한 기간과 그 후 30일
  - 육아휴직 기간
	• 부당해고(경영상 해고 포함) 제한
	• 해고의 서면 통보
	• 부당해고 구제신청

라. 해고예고의 예외

사업장에서는 특별한 사정 등으로 즉시 해고가 필요할 때가 있다. 근로기준법 제26조, 같은 법 시행규칙 제4조에서는 30일 전 해고예고 없이 즉시해고 및 해고예고수당도 지급하지 않아도 되는 경우를 아래와 같이 규정하였다.

근로기준법 제26조

사용자는 근로자를 해고(경영상 이유에 의한 해고를 포함한다)하려면 적어도 30일 전에 예고를 하여야 하고, 30일 전에 예고를 하지 아니하였을 때에는 30일분 이상의 통상임금을 지급하여야 한다. 다만, 다음에 해당하는 경우에는 그러하지 아니하다.

1. 근로자가 계속 근로한 기간이 3개월 미만인 경우
2. 천재·사변, 그 밖의 부득이한 사유로 사업을 계속하는 것이 불가능한 경우
3. 근로자가 고의로 사업에 막대한 지장을 초래하거나 재산상 손해를 끼친 경우로서 고용노동부령(시행규칙)으로 정하는 사유에 해당하는 경우

근로기준법 시행규칙 제4조(해고예고의 예외가 되는 근로자 귀책사유-즉시해고사유)

1. 납품업체로부터 금품이나 향응을 제공받고 불량품을 납품받아 생산에 차질을 가져온 경우
2. 영업용 차량을 임의로 타인에게 대리운전하게 하여 교통사고를 일으킨 경우
3. 사업의 기밀이나 그 밖의 정보를 경쟁관계에 있는 다른 사업자 등에게 제공하여 사업에 지장을 가져온 경우
4. 허위 사실을 날조하여 유포하거나 불법 집단행동을 주도하여 사업에 막대한 지장을 가져온 경우
5. 영업용 차량 운송 수입금을 부당하게 착복하는 등 직책을 이용하여 공금을 착복, 장기유용, 횡령 또는 배임한 경우
6. 제품 또는 원료 등을 몰래 훔치거나 불법 반출한 경우
7. 인사·경리·회계담당 직원이 근로자의 근무상황 실적을 조작하거나 허위 서류 등을 작성하여 사업에 손해를 끼친 경우
8. 사업장의 기물을 고의로 파손하여 생산에 막대한 지장을 가져온 경우
9. 그 밖에 사회통념상 고의로 사업에 막대한 지장을 가져오거나 재산상 손해를 끼쳤다고 인정되는 경우

해고예고는 모든 사업장에 적용된다. 다만, 계속 근무한 기간이 3개월 미만인 근로자에게는 30일 전 해고예고를 하지 않아도 된다(3개월 미만 근무자도 정당한 사유 없이 해고하면 부당해고). 천재, 사변 등 부득이한 사유로 사업을 계속하는 것이 불가능한 경우에도 해고예고를 하지 않아도 된다. 그러나 단순히 경영난이나 자금사정 악화로 폐업하는 경우에는 천재, 사변에 해당하지 않으므로 30일 전에 해고예고를 하여야 하고 30일 전에 해고예고를 하지 못한 경우에는 통상임금 30일분에 해당하는 해고예고수당을 지급해야 한다.

해고예고는 구두나 서면으로 할 수 있으나 구두로 한 통보는 30일 전에 해고예고한 것을 입증하기가 매우 어렵고 다툼이 발생하기 쉬우니 서면으로 해고예고 통보하는 것이 바람직하다. 또한 해고의 효력은 해고사유와 해고시기를 서면으로 통지해야만 정당한 해고의 효력이 발생하므로 해고예고를 통보할 때 서면으로 '해고사유와 해고시기'를 정확하게 기재하여 통지하는 것이 효율적이다.

정리하면 해고(부당해고 금지)와 해고예고는 적용 범위와 대상이 전혀 다른 제도이다. 30일 전에 해고예고를 하였어도 부당해고가 될 수 있다. 또한 부당해고로 해고가 무효인 경우에도 30일 전에 해고예고를 하지 않았다면 해고예고수당

은 지급해야 한다.

Case-44 직원 3명인 식당에서 4개월 일함. 사장님이 내일 폐업하니 내일부터 나오지 말라고 하는데 폐업이면 해고예고수당도 지급받을 수 없는지?

- 경영악화로 인한 폐업은 사업주 통제범위 안에서 사업주의 귀책사유로 발생한 경영 장애로서 어느 정도 사전 예측이 가능하므로 해고예고의 예외사항<천재·사변 그 밖의 부득이한 사유>에 해당하지 않는다. 따라서 해고예고를 30일 전에 하지 않았다면 해고예고수당을 지급하여야 한다.

Case-45 1.1일부터 3.31일까지 수습 근무인 직원에게, 수습 기간 종료일인 3.31일 근로를 마친 후 당일 해고통보하였다면, 해고예고 수당을 지급해야 하는지?

- 해고예고의 적용제외 사유인 "계속 근로한 기간이 3개월 미만인 경우"에서 3개월 미만은 3개월에 미치지 못하는 경우를 가리키므로 정확히 3개월의 수습근로를 한 경우에는 "3개월 미만"이 아니어서 해고예고의 규정이 적용된다. 따라서 30일 전에 해고를 예고하지 않았다면 해고예고수당을 지급해야 한다.

  ❖ 3개월 기간 계산은 민법 제160조(역에 의한 계산)에 따라 산정: ① 기간을 주, 월 또는 연으로 정한 때에는 역에 의하여 계산한다. ② 주, 월 또는 연의 처음으로부터 기간을 기산하지 아니하는 때에는 최후의 주, 월 또는 연에서 그 기산일에 해당한 날의 전일로 기간이 만료한다. ③ 월 또는 연으로 정한 경우에 최종의 월에 해당일이 없는 때에는 그 월의 말일로 기간이 만료한다.

---

10. 직장 내 괴롭힘 금지

IT업체나 제조업체, 관공서, 병원 등 다양한 사업장에서 근로자들이 직장 내 괴롭힘으로 극단적인 선택을 하는 사례가 가끔 뉴스로 알려진다. 병원 간호사들 간의 태움 문화, 대기업 오너 일가의 근로자 폭행, 폭언 등이 사회적 이슈로 오랫동안 화제가 되기도 하였다. 한국노동연구원에서 설문으로 조사한 바에 따르면 직장인의 66.3%가 최근 5년간 괴롭힘 피해 경험이 있다고 답변할 만큼 우리 사회에 직장 내 괴롭힘이 광범위하게 일어나고 있다.

이와 관련해서 근로자의 인격권을 보호하기 위해 만들어진 것이 근로기준법 제76조의2(직장 내 괴롭힘의 금지), 제76조의3(직장 내 괴롭힘 발생 시 조치) 조항이다. 이들 규정은 2019.1.15. 신설되어 2019.7.16.부터 시행되고 있으며 상시근로자 수 5인 이상 사업장에 적용된다.

"직장 내 괴롭힘 금지" 제도가 시행된 이후 직장 내 괴롭힘으로 지방노동청에 민원 신고하는 근로자가 매년 큰 폭으로 증가하고 있다. 그런데, 근로기준법에서 규정하고 있는 직장내 괴롭힘 금지 관련 규정은 사업장의 자율적인 해결에 중점을 두고 있다. 즉, 근로기준법 제76조의3(직장 내 괴롭힘 발생시 조치)에서 사용자가 직장 내 괴롭힘이 발생한 것을 알게 된 때에는 지체없이 당사자 등을 대상으로 관련 사실 확인을 위한 객관적인 조사를 하도록 규정하고 있다. 사용자가 직접 괴롭힘의 가해자인 경우를 제외하면, 직장 내 괴롭힘 발생 시 관련 사실 조사 의무가 사용자에게 부과되어있는 것이다.

그래서 지방노동청에 직장 내 괴롭힘 발생 신고가 접수되면 노동청에서는 사업주에게 '직장 내 괴롭힘 발생 신고가 접수되었으니 관련 사실을 조사하여 그 결과를 제출하라'고 공문을 보내게 된다. 그런데 사업주는 노동법과 직장 내 괴롭힘 제도를 잘 알지 못하므로 객관적이고 합법적인 조사를 시행할 여력이 없어 2차 가해가 발생할 우려가 있고 조사 결과, 직장 내 괴롭힘에 해당하는지를 판단하기 어려우므로 공인노무사와 같은 외부 인력의 조력을 받는 경우가 많다.

가. 직장 내 괴롭힘의 정의

직장 내 괴롭힘이란 **사용자 또는 근로자가 직장에서 지위 또는 관계 등의 우위를 이용하여 업무상 적정범위를 넘어 다른 근로자에게 신체적·정신적 고통을 주거나 근무환경을 악화시키는 행위**를 말한다.

근로기준법
제76조의2(직장 내 괴롭힘의 금지) 사용자 또는 근로자는 직장에서의 지위 또는 관계 등의 우위를 이용하여 업무상 적정범위를 넘어 다른 근로자에게 신체적·정신적 고통을 주거나 근무환경을 악화시키는 행위(이하 "직장 내 괴롭힘"이라 한다)를 하여서는 아니 된다.

여기에서 관계 등의 우위란 직장에서의 지위가 같거나 아래라 하더라도 수적인 우위에 있거나 정규직과 비정규직의 관계 또는 담당 업무 성격상 우위에 있거나 근속연수, 나이, 노동조합 내 지위나 가입 여부 등에 있어서 우위에 있는 등의 경우도 포함한다.

"직장 내 괴롭힘"은 특히 **업무상 적정범위를 넘은** 행위라는 요건이 있다. 따라서 업무와 관계가 없는 사적인 관계(동창회나 교회, 스포츠 활동 등)에서 발생한 행위 또는 업무상 필요한 행위로서 사회통념상 허용이 되는 범위를 벗어나지 않은 정도의 행위는 직장 내 괴롭힘으로 보지 않는다.

신체에 유형력을 행사하는 폭행 행위나 협박하는 행위는 사실관계만 인정되면 업무상 적정범위를 넘어선 행위로서 직장 내 괴롭힘으로 인정된다. 폭언, 욕설, 험담, 모욕 등 언어적 가해행위도 공개된 장소에서 이루어지고 제3자에게 전파되어 피해자의 인격권을 해치고 정신적 고통을 줄 경우에는 업무상 적정범위를 넘어선 행위로 인정된다.

나. 직장 내 괴롭힘 발생 시 사용자의 조치 의무

사용자는 직원의 직장 내 괴롭힘 신고로 노동청의 조사 실시 요청 공문을 받았거나 사업장 내 신고 등으로 직장 내 괴롭힘 문제가 발생한 것을 알게 되었다면 가장 먼저 당사자를 대상으로 사실 확인 조사를 해야 한다(근로기준법 제76조의 3 제2항). 사용자가 직장 내 괴롭힘이 발생한 사실을 알고도 조사를 하지 않으면 500만 원 이하의 과태료가 부과된다. 회사 내에 직장 내 괴롭힘에 대한 사실 확인 조사를 수행할 전문인력이 없다면 외부의 공인노무사 등 전문가에게 조사 의뢰하는 것이 공정성과 신뢰성 확보를 위해 좋다.

직장 내 괴롭힘 발생 관련 사실 조사는 당사자들을 대면하여 조사하고 그 조사 내용을 기록하거나 남겨두어야 한다. 따라서 조사 과정이 객관적이고 공정하며 전문적으로 이루어져서 당사자들이 신뢰할 수 있어야 한다. 신뢰를 주지 못하게 되면 2차 가해와 2차 신고 등 또 다른 문제가 제기될 수 있다,

직장 내 괴롭힘 당사자 대면 조사 시 주의사항

▸ 피조사자가 원활히 진술할 수 있도록 별도의 독립된 공간을 조사장소로 활용
▸ 직장 내 괴롭힘 사건 특성상 피해자가 정신·신체적 어려움을 겪고 있을 수 있음을 유의하고, 친절하고 온화한 태도로 피조사자의 입장을 배려하면서 조사

- ▶ 중립적 입장을 견지하고 엄정하고 공정하게 조사
  - 철저한 사전 준비로 효율적인 사실 조사 및 처리절차 안내 등 신뢰감 조성
  - 피해자의 잘못을 지적하거나 특정인을 두둔하는 언행을 삼가하여 당사자들이 조사과정과 결과를 신뢰할 수 있도록 함.
- ▶ 2차 피해 및 2차 신고가 발생하지 않도록 유의
  - 호기심에서 불필요한 질문이나, 저속한 표현을 삼가하고, 피해자 의도를 확인하여 가해자와의 원치 않는 대질조사 및 화해·중재는 가급적 자제(서면조사 병행)
  - 조사과정에서 취득한 관련자 신원, 정보 등의 누설 금지(비밀유지의무 준수)

직장 내 괴롭힘 당사자 대면 조사 시 확인사항

- ▶ 피해자, 가해자의 인적사항, 당사자간 관계 등(우위성 판단)
- ▶ 사건경위 및 구체적 피해상황(일시, 장소, 내용 등)과 증거자료
  - 괴롭힘 행위의 반복성 또는 지속성 여부
  - 행위로 인한 피해자의 피해정도
- ▶ 피해자가 문제해결을 위해 요청하는 내용 및 해결과정에서 우려되는 사항
- ▶ 조사는 피해자를 먼저 조사하여 상황 파악 후 참고인, 행위자 순서로 조사

당사자들을 조사한 결과, 직장 내 괴롭힘 행위 요건에 하나라도 해당하지 않는다면 직장 내 괴롭힘이 아니다. 이때에는 그 조사 결과를 노동청에 제출하고 종결하게 된다. 그러나 만약 직장 내 괴롭힘에 해당하는데도 해당하지 않는 것으로 결과를 제출하였다면 검토에 따라 노동청의 담당 근로감독관이 직접 조사를 하게 될 수도 있다.

조사 결과 직장 내 괴롭힘에 해당한다고 판단되면 피해자 보호조치(근무장소의 변경, 배치전환, 유급휴가 명령 등)와 행위자 징계 등 필요한 조치(징계, 근무장소의 변경 등)를 해야 한다. 이 경우 징계 등의 조치를 하기 전에 피해 근로자의 의견을 들어야 한다.

근로기준법

제76조의3(직장 내 괴롭힘 발생 시 조치) ① 누구든지 직장 내 괴롭힘 발생 사실을 알게 된 경우 그 사실을 사용자에게 신고할 수 있다.

② 사용자는 제1항에 따른 신고를 접수하거나 직장 내 괴롭힘 발생 사실을 인지한 경우에

는 지체 없이 당사자 등을 대상으로 그 사실 확인을 위하여 객관적으로 조사를 실시하여야 한다.

③ 사용자는 제2항에 따른 조사 기간 동안 직장 내 괴롭힘과 관련하여 피해를 입은 근로자 또는 피해를 입었다고 주장하는 근로자(이하 "피해근로자등"이라 한다)를 보호하기 위하여 필요한 경우 해당 피해근로자등에 대하여 근무장소의 변경, 유급휴가 명령 등 적절한 조치를 하여야 한다. 이 경우 사용자는 피해근로자등의 의사에 반하는 조치를 하여서는 아니 된다.

④ 사용자는 제2항에 따른 조사 결과 직장 내 괴롭힘 발생 사실이 확인된 때에는 피해근로자가 요청하면 근무장소의 변경, 배치전환, 유급휴가 명령 등 적절한 조치를 하여야 한다.

⑤ 사용자는 제2항에 따른 조사 결과 직장 내 괴롭힘 발생 사실이 확인된 때에는 지체 없이 행위자에 대하여 징계, 근무장소의 변경 등 필요한 조치를 하여야 한다. 이 경우 사용자는 징계 등의 조치를 하기 전에 그 조치에 대하여 피해근로자의 의견을 들어야 한다.

⑥ 사용자는 직장 내 괴롭힘 발생 사실을 신고한 근로자 및 피해근로자등에게 해고나 그 밖의 불리한 처우를 하여서는 아니 된다.

⑦ 제2항에 따라 직장 내 괴롭힘 발생 사실을 조사한 사람, 조사 내용을 보고받은 사람 및 그 밖에 조사 과정에 참여한 사람은 해당 조사 과정에서 알게 된 비밀을 피해근로자등의 의사에 반하여 다른 사람에게 누설하여서는 아니 된다. 다만, 조사와 관련된 내용을 사용자에게 보고하거나 관계 기관의 요청에 따라 필요한 정보를 제공하는 경우는 제외한다.

사용자는 직장 내 괴롭힘 발생 사실을 신고한 근로자 및 피해자에게 해고, 직무 재배치, 차별 등의 불리한 처우를 해서는 안 된다. 이를 위반할 경우 벌칙(3년 이하의 징역 또는 3천만 원 이하의 벌금)을 받는다. 또한 조사 과정에서 알게 된 비밀을 피해자 의사에 반하여 다른 사람에게 누설해서는 안 된다. 이를 위반하면 5백만 원 이하의 과태료가 부과된다.

직장 내 괴롭힘 행위자가 사업주(사업경영담당자를 포함)이거나 그 배우자, 4촌 이내의 혈족, 인척인 근로자인 경우에는 사업장에서 공정하게 조사하기가 어려우므로 노동청의 근로감독관이 직접 조사하게 된다. 그리고 사업주 등을 조사한 결과 직장 내 괴롭힘 행위가 있었다면 시정지시 없이 바로 1,000만 원 이하의 과태료가 부과된다.

직장 내 괴롭힘 관련 사업주 의무 위반시 벌칙 및 과태료

사업주 의무		위반시 과태료/벌칙
직장 내 괴롭힘 행위	사용자 또는 사용자의 친척인 근로자가 괴롭힘 행위자	1,000만 원 이하 과태료
	근로자가 괴롭힘 행위자	없음
직장 내 괴롭힘 발생 인지 후 조사 실시 위반		500만 원 이하 과태료
직장 내 괴롭힘 확인 후 피해자 보호조치 위반		
직장 내 괴롭힘 확인 후 행위자 징계 등 적절 조치 위반		
직장 내 괴롭힘 관련 사실 조사 내용 누설금지 위반		
직장 내 괴롭힘 신고자, 피해자에게 해고 등 불리한 처우 금지		3년 이하 징역 또는 3천만 원 이하 벌금

* 형사처벌, 과태료 부과 시효기간은 각 5년(형소법 제249조, 질서위반규제법 제15조)

또한 근로기준법 제93조(취업규칙의 작성·신고)에 따라 상시근로자수 10인 이상인 사업장에서는 취업규칙을 작성하여야 하는데 그 취업규칙 내용에 직장 내 괴롭힘 예방 및 발생 시 조치사항 등을 기재하여야 한다. 취업규칙에 기재할 내용으로는 직장 내 괴롭힘 행위의 정의와 이를 금지하는 규정, 직장 내 괴롭힘 발생 시 조치사항, 직장 내 괴롭힘 예방 교육 실시, 조사 및 처리 절차, 피해자 보호조치와 가해자 징계에 관한 사항 등이다.

다. 직장 내 괴롭힘 행위 판단 기준

지방노동청에 근로자의 직장 내 괴롭힘 발생 신고가 접수되면 담당 근로감독관은 근로기준법 제76조의3 제2항에 따라 사업장에 직장 내 괴롭힘 자체 조사를 하고 그 결과를 제출하도록 공문을 보낸다. 사업장으로서는 직장 내 괴롭힘의 형태와 내용에 따라 판단하기가 쉽지 않을 것이다. 노동청의 근로감독관은 직장 내 괴롭힘 행위에 해당하는지를 판단할 때 괴롭힘 행위가 다음과 같은 세 가지 요건을 모두 충족하는지를 검토하여 판단한다.

직장 내 괴롭힘 행위 해당 여부를 판단하는 세 가지 요건은 ① 행위자가 사용자 또는 근로자일 것 ② 괴롭힘 피해자가 근로자일 것 ③ 괴롭힘 행위가 행위요소 3가지를 모두 포함할 것 등이다.

직장 내 괴롭힘 판단요소

① 괴롭힘 행위자: 사용자 또는 근로자일 것
② 괴롭힘 대상: 다른 근로자
③ 괴롭힘 행위 3요소
  - 직장에서의 지위 또는 관계 등의 <u>우위를 이용</u>할 것
  - <u>업무상 적정범위를 넘을 것</u>
  - <u>신체적·정신적 고통을 주거나 근무환경을 악화시키는 행위</u>일 것

괴롭힘 행위 3요소를 충족하면, 즉 ① 지위 또는 관계에서 우위에 있는 사용자 또는 근로자가 ② 업무상 적정범위를 넘어서는 행위(폭언, 폭행, 무시, 따돌림, 과도한 업무부여 등)로 ③ 신체적, 정신적 고통을 주거나 근무환경을 악화시켰다면 직장내 괴롭힘에 해당한다. 직장 내 괴롭힘 행위 요소 3가지를 구체적으로 보면 다음과 같다.

1) 행위자의 직장 내 지위 또는 관계 등의 우위

행위자가 지위 또는 관계의 우위에 있어야 한다. 만약, 피해자가 우위에 있다면 직장 내 괴롭힘에 해당하지 않는다. 지위 또는 관계의 우위에 있다는 것은 행위자가 지휘명령 체계에서 직급상 상위에 있거나 또는 직접적인 지휘명령 관계가 아니더라도 직위·직급, 관계 등에서 우위에 있어서 피해자가 괴롭힘 행위에 대해 저항 또는 거절이 어려울 가능성이 높은 관계를 말한다.

일반적으로는 고참직원 대 신입직원, 상사 대 부하직원의 관계이지만 지위·직급 이외에 다른 형태의 우위도 해당이 된다. 즉, 관계의 우위란 직급이 낮더라도 노동조합, 직장협의회, 동호회 등에서 우위에 있거나 근속연수, 학연, 연령에서의 우위는 물론 집단 대 개인과 같은 수적 측면에서의 우위 경우도 관계의 우위라고 본다.

2) 업무상 적정 범위를 넘는 행위

직장 내 괴롭힘 행위는 "업무상", 즉 업무와 관련이 있는 행위여야 한다. 개인적 용무나 사적인 관계에서 발생한 갈등은 직장 내 괴롭힘에 해당하지 않는다. 그러나 직접적인 업무수행 중에서 발생한 경우가 아니더라도 업무수행에 편승

하여 이루어졌거나 업무수행을 빙자하여 발생한 경우에는 업무 관련성을 인정할 수도 있다.

업무상 적정범위를 넘는 행위란 사회통념에 비추어 볼 때 업무상 필요성이 없거나, 업무상 필요성은 있어도 그 행위의 내용이나 방법이 사회통념상 허용되는 범위에서 크게 벗어난 것을 말한다. 업무지시나 주의·명령의 양태가 폭행이나 과도한 폭언 등을 수반하는 등 사회통념상 인정되는 범위를 벗어났다면 업무상 적정범위를 넘어선 직장 내 괴롭힘 행위에 해당할 것이다. 그러나 업무상 지시, 주의·명령이 불편을 주고 근무환경을 악화시키는 행위라 해도 그 행위가 업무상 필요성이 있다고 인정되고 행위의 내용도 사회 통념상 인정되는 범위로서 별다른 문제가 없다면 직장 내 괴롭힘으로 볼 수 없을 것이다.

3) 신체적·정신적 고통을 주거나 근무환경 악화

행위자의 의도가 있었는지 또는 없었는지와는 관계없이 피해자가 그 행위로 인해 신체적·정신적 고통을 느꼈거나 근무환경이 나빠졌다고 느낀다면 직장 내 괴롭힘 행위라고 볼 수 있다. 다만, 해고, 전보, 전환배치 등 인사조치가 직장 내 괴롭힘으로 문제되는 경우에는 근로기준법 제23조(해고 등의 제한) 위반 여부로 접근해야 할 것이다.

직장 내 괴롭힘 사례

▸ 신체에 유형력을 행사하는 폭행이나 협박 행위

▸ 폭언, 욕설, 험담 등 피해자 명예훼손 행위 및 업무상 적정범위를 넘어선 지속·반복적인 폭언·욕설 행위

▸ 개인적인 심부름을 반복적으로 시키는 사적 용무 지시

▸ 집단 따돌림과 같은 업무 과정에서의 의도적인 무시·배제 행위

▸ 담당 업무와 무관한 일을 근로자 의사에 반하여 상당기간 반복지시하는 행위

▸ 업무 과도부여 또는 과소부여 행위로서 업무상 불가피한 사정이 없는 행위

▸ 업무에 필요한 주요 비품(컴퓨터, 전화 등)을 제공하지 않거나, 인터넷·사내 인트라넷 접속을 차단하는 등 원활한 업무수행을 방해하는 행위

▸ 정당한 이유 없이 훈련, 승진, 보상, 일상적인 대우 등에서 차별

라. 사용자와 근로자가 알아야 할 점

직장 내 괴롭힘 금지 규정은 근로자 인권 보호를 위해 필요한 제도이나 그 특성상 한계가 있다는 점을 사용자와 근로자가 알아야 한다. 노동청이나 사업장에 직장 내 괴롭힘 신고를 통하여 모든 문제점이 해소되면 좋겠지만 그렇게 쉽지는 않다. 오히려 직장 내 괴롭힘 신고 이후 조사과정에서 가해자와 피해자의 관계가 더 어려워지고 조사 후 조치 과정에서도 사업주와 피해자의 관계가 더 힘들어지는 때도 있다. 노동청에서는 개선 권고나 시정지시를 하고 시정지시를 이행하지 않으면 과태료를 부과하거나 다음 해 근로감독 대상 사업장 선정 조치 등을 할 수 있지만 가해자를 해고하거나 원만하게 잘 지내도록 조치할 수 있는 권한은 없다. 현실에서는 신고 이후에 사업주나 다른 근로자들과 편하게 대하기가 어려워지고 함께 업무하는 장소에서 서로 경계하는 상황이 될 수 있다.

그러나 신고가 필요한 상황이면 가능한 많은 증거자료를 준비해서 신고하는 것이 좋다. 육하원칙에 따라서 언제 어디에서 누가 어떤 행위로 어떻게 괴롭혔는지 특정할 수 있어야 하고 그 상황의 입증자료를 사전에 채증해 두는 것이 좋다. 그렇지 않으면 가해자가 부인할 때 증거자료 없이 피해자의 진술과 주장만으로는 직장 내 괴롭힘 행위가 인정되지 않을 가능성이 크다. 증거 채증이 쉽지는 않겠지만 동료와의 메신저 대화, 녹음이나 이메일, 증인 등 다양한 방법으로 채증할 수 있고 이런 자료가 입증에 많은 도움이 된다.

사용자는 근로자의 인격권 보호 및 쾌적한 근로환경 제공 의무가 있다. 사용자는 전 직원 대상 설문이나 티타임 같은 간담회, 고충민원 신고함 설치, 노사협의회 등 다양한 소통 방법과 직장 내 괴롭힘 예방교육 등을 통하여 직장 내 괴롭힘 행위 발생을 예방할 수 있다. 아울러 직장 내 괴롭힘 발생 시 신속하고 공정한 대응도 중요하다.

사용자는 직장 내 괴롭힘 관련 조사를 할 때 2차 피해가 발생하지 않도록 유의하여야 하고 신고한 근로자나 피해 근로자에 대해 해고나 전보 등 불리한 처우를 해서는 안 된다. 정당한 이유 없이 불리한 처우를 할 경우 형사처벌될 수 있다.

Case-46 선배가 후배에게 술자리를 마련하지 않으면 인사상 불이익을 주겠다고 수차례 반복하여 말했다. 선배는 사무실이나 밖에서 볼 때마다 "왜 술을 안 사나. 술자리를 만들어라", "아직도 날짜를 못 잡았느냐", "사유서를 써와라", "성과급의 30%는 선배를 접대하는 것이다" 등 반복적으로 술자리를 갖자는 발언을 하였고 시말서, 사유서를 쓰게 하였다. 이 행위들은 직장 내 괴롭힘에 해당하는가?

❖ **직장 내 괴롭힘 해당 여부 판단**

▶ 행위자: 선배 직원,   ▶ 피해자: 후배 직원

▶ 행위장소: 사업장 내, 외

▶ 행위요건

   1. 직장에서의 지위 또는 관계 등의 우위 이용 여부

     - 직장 내 입사 선·후배라는 관계의 우위를 이용

   2. 업무상 적정범위를 넘었는지 여부

     - 술자리를 마련하도록 강요하고, 불응하는 경우 시말서 등을 쓰게 하는 행위는 사회통념을 벗어남.

   3. 신체적·정신적 고통을 주거나 근무환경을 악화시켰는지 여부

     - 피해자는 선배 직원의 이 같은 강요로 정신적 고통 발생

     ⇒ 종합적 판단: 직장 내 괴롭힘에 해당함.

Case-47 회사 임원이 회사에서 제공한 운전기사에게 운전이 마음에 들지 않는다며 지속적으로 폭언과 욕설, 모욕적인 언사를 하고 때때로 운전하는 운전기사의 머리를 때리기도 하였다. 직장 내 괴롭힘에 해당하는가?

❖ **직장 내 괴롭힘 해당 여부 판단**

▶ 행위자: 회사 임원   ▶ 피해자: 운전기사

▶ 행위장소: 운전기사가 업무수행 중인 자동차 내

▶ 행위요건

   1. 직장에서의 지위 또는 관계 등의 우위 이용 여부

     - 회사 임원이라는 관계의 우위를 이용

   2. 업무상 적정범위를 넘었는지 여부

     - 폭언, 욕설, 머리를 때리는 행위는 사회통념을 벗어난 행위

   3. 신체적·정신적 고통을 주거나 근무환경을 악화시켰는지 여부

     - 피해자는 정신적 고통과 신체적 고통을 당함.

     ⇒ 종합적 판단: 직장 내 괴롭힘에 해당함.

`Case-48` 본래의 담당 업무 이외에 대표의 개인적인 일까지 지시하여 운전기사, 수행비서 역할까지 하게 했고 눈이 많이 온 날 대표의 부인 자동차에 쌓인 눈을 맨손으로 제거하는 일도 지시하였다. 또한 대표 개인 소유인 옥수수밭에서 옥수수 수확과 판매까지 지시하였는데 이 행위들은 직장 내 괴롭힘에 해당하는가?

❖ **직장 내 괴롭힘 해당 여부 판단**

▶ 행위자: 회사 대표   ▶ 피해자: 회사 직원

▶ 행위장소: 사업장 내, 외

▶ 행위요건

   1. 직장에서의 지위 또는 관계 등의 우위 이용 여부

     - 사용자로서의 지위를 이용

   2. 업무상 적정범위를 넘었는지 여부

     - 사용자의 개인 용무에 동원시키는 행위는 업무상 필요성이 없는 행위로서 사회 통념을 벗어난 행위에 해당함.

   3. 신체적·정신적 고통을 주거나 근무환경을 악화시켰는지 여부

     - 피해자는 사용자의 지시로 인해 업무와 무관한 일을 해야 하는 등 근무환경이 악화됨.

     ⇒ 종합적 판단: 직장 내 괴롭힘에 해당함.

`Case-49` 의류회사 디자인팀장은 하계 신상품 발표회를 앞두고, 소속 팀원에게 새 제품 디자인 보고를 지시. 디자인 담당자가 수차례 시안을 보고하였으나, 팀장은 회사의 신제품 콘셉트와 맞지 않는다는 이유로 보완을 계속 요구, 이로 인해 담당자는 업무량이 늘고 스트레스를 받았다. 직장 내 괴롭힘에 해당하는가?

❖ **직장 내 괴롭힘 해당 여부 판단**

▶ 행위자: 팀장   ▶ 피해자: 담당 직원

▶ 행위장소: 사업장 내

▶ 행위요건

   1. 직장에서의 지위 또는 관계 등의 우위 이용 여부

     - 직속 관리자라는 지위의 우위를 이용

   2. 업무상 적정범위를 넘었는지 여부

     - 신제품 디자인 향상을 위해 부서원에게 업무 독려 및 평가, 지시 등을 수차례 실시하는 정도의 행위는 업무상 필요성이 있다고 보이며 그 양태가 사회 통념상 적

정범위를 넘었다고 보기 어려움.
3. 신체적·정신적 고통을 주거나 근무환경을 악화시켰는지 여부
  - 해당 근로자로서는 업무상 스트레스를 받음.

  ⇒ 종합적 판단: 직장 내 괴롭힘에 해당하지 않음.
    • '업무상 적정범위를 넘었는지 여부'와 관련하여 부서원의 업무에 대해 독려
      및 지시를 할 수 있는 업무상 권한이 존재하고, 이를 수행하기 위해 다른 부
      적절한 행위를 한 바가 없어 직장 내 괴롭힘으로 볼 수 없음.

Case-50 입사 10년차 영업소 매니저 김씨는 입사 동기 중 유일하게 아직 영업소장으로 승진
하지 못함. 다음 인사에서 승진하기 위해서는 이번 근무평정에서 A등급이 꼭 필요하나, 평정자
인 본부장은 김씨의 근무성적을 지난번에 이어 B등급으로 통보함. 영업소 실적이 다른 지점에
비해 떨어지지만, 승진을 앞두고 상사의 배려를 기대하였던 김씨는 B등급이 나오자 본부장이 본
인의 승진을 고의적으로 막는 게 아닐까 하는 생각으로 괴롭다. 본부장의 B등급 부여는 직장 내
괴롭힘인가?

❖ 직장 내 괴롭힘 해당 여부 판단
▶ 행위자: 본부장   ▶ 피해자: 영업소 매니저
▶ 행위장소: 사업장 내
▶ 행위요건
  1. 직장에서의 지위 또는 관계 등의 우위 이용 여부
    - 근무평정 권한이 있는 본부장으로서의 지위의 우위를 이용
  2. 업무상 적정범위를 넘었는지 여부
    - 영업소 실적 부진에 대해 영업소장과 매니저에게 B등급을 부여한 것이 업무상
      필요성이 없거나 사회 통념상 적정범위를 넘었다고 보기 어려움.
  3. 신체적·정신적 고통을 주거나 근무환경을 악화시켰는지 여부
    - 근무평정 결과로 인해 승진대상에서 제외되어 괴로움.

  ⇒ 종합적 판단: 직장 내 괴롭힘에 해당되지 않음.
    • 영업소 실적 부진이라는 객관적 사실을 이유로 관리책임자에게 B등급 평정
      을 부과한 것은 평정자의 정당한 업무범위(권한)에 속함.
    • 성과우수자에 대한 평가 저하 등 불합리한 평가 또는 의도적 괴롭힘으로 볼
      수 있는 다른 사실관계가 없는 이상, 직장 내 괴롭힘으로 볼 수는 없음.
                (고용노동부 「직장 내 괴롭힘 판단 및 예방대응 매뉴얼」, 2019.2)

11. 직장 내 성희롱 금지

가. 직장 내 성희롱이란?

성범죄는 형법, 성폭력범죄의 처벌 등에 관한 특례법, 양성평등기본법, 국가인권위원회법, 남녀고용평등과 일·가정 양립 지원에 관한 법률(약칭 남녀고용평등법) 등 여러 법령에서 규제하고 있다. 남녀고용평등법은 성추행, 성폭행 등 성범죄에 이르지는 않지만 다른 근로자에게 굴욕감 또는 혐오감을 느끼게 하는 직장 내 성희롱에 대해 규제하고 있다. 일반적으로 성희롱이란 성적(性的)인 말이나 행동으로 상대방에게 성적 굴욕감이나 불쾌감을 느끼게 하는 행위를 말하는데 **직장 내 성희롱이란 사업주 또는 근로자(상급자, 하급자, 동료)가 말이나 행동으로 다른 근로자에게 성적 굴욕감 또는 혐오감을 느끼게 하는 행위와 성적 요구에 따르지 않았다는 이유로 고용에서 불이익을 주는 행위**를 말한다. 가벼운 농담이나 스킨십도 직장 내 성희롱이 될 수 있다.

> **남녀고용평등과 일·가정 양립 지원에 관한 법률**
> 제2조(정의) "직장 내 성희롱"이란 사업주·상급자 또는 근로자가 직장 내의 지위를 이용하거나 업무와 관련하여 다른 근로자에게 성적 언동 등으로 성적 굴욕감 또는 혐오감을 느끼게 하거나 성적 언동 또는 그 밖의 요구 등에 따르지 아니하였다는 이유로 근로조건 및 고용에서 불이익을 주는 것을 말한다.

직장 내 성희롱에 대해서는 성폭행, 성추행에 대한 형사처벌(징역 또는 벌금형)과 같은 처벌 규정은 없지만 사내 징계 책임 또는 과태료 등의 불이익이 있다. 직장 내 성희롱은 가해자의 성희롱 의도가 있었는지 여부와는 관계없이 피해자가 성적 굴욕감 또는 혐오감을 느꼈다면 성립하게 된다. 피해자가 성적 굴욕감을 느꼈다면 1회의 행위로도 직장 내 성희롱이 될 수 있다. 실제 성희롱 사례를 보면 피해 근로자는 여성은 물론 남성 피해자도 있으며 상급자가 하급자를 성희롱하는 경우와 하급자가 상급자를 성희롱하는 사례도 있다.

나. 직장 내 성희롱 발생 시 사용자의 조치 의무

근로자가 직장 내 성희롱의 피해를 사업주에게 신고하면 관련 법령(법 제14조

제2항)에 따라 사업주는 사실 확인을 위한 조사를 하여야 한다. 근로자가 성희롱을 신고했거나 또는 성희롱 행위 발생 사실을 알았음에도 불구하고 사실확인을 위한 조사를 하지 않은 사업주에 대해서는 과태료(500만 원)가 부과된다.

성희롱 피해근로자는 노동청에 신고할 수 있다. 노동청 근로감독관은 직장 내 성희롱 신고가 접수되면 사업주에게 조사하도록 공문을 보낸다. 단, 성희롱 행위자가 사업주인 경우에는 사업장에서 공정한 조사를 기대하기 어려우므로 근로감독관이 직접 조사하게 된다.

남녀고용평등과 일·가정 양립 지원에 관한 법률

제14조(직장 내 성희롱 발생 시 조치) ① 누구든지 직장 내 성희롱 발생 사실을 알게 된 경우 그 사실을 해당 사업주에게 신고할 수 있다.

② 사업주는 제1항에 따른 신고를 받거나 직장 내 성희롱 발생 사실을 알게 된 경우에는 지체 없이 그 사실 확인을 위한 조사를 하여야 한다. 이 경우 사업주는 직장 내 성희롱과 관련하여 피해를 입은 근로자 또는 피해를 입었다고 주장하는 근로자가 조사 과정에서 성적 수치심 등을 느끼지 아니하도록 하여야 한다.

③ 사업주는 제2항에 따른 조사 기간 동안 피해근로자등을 보호하기 위하여 필요한 경우 해당 피해근로자등에 대하여 근무장소의 변경, 유급휴가 명령 등 적절한 조치를 하여야 한다. 이 경우 사업주는 피해근로자등의 의사에 반하는 조치를 하여서는 아니 된다.

④ 사업주는 제2항에 따른 조사 결과 직장 내 성희롱 발생 사실이 확인된 때에는 피해근로자가 요청하면 근무장소의 변경, 배치전환, 유급휴가 명령 등 적절한 조치를 하여야 한다.

⑤ 사업주는 제2항에 따른 조사 결과 직장 내 성희롱 발생 사실이 확인된 때에는 지체 없이 직장 내 성희롱 행위를 한 사람에 대하여 징계, 근무장소의 변경 등 필요한 조치를 하여야 한다. 이 경우 사업주는 징계 등의 조치를 하기 전에 그 조치에 대하여 직장 내 성희롱 피해를 입은 근로자의 의견을 들어야 한다.

⑥ 사업주는 성희롱 발생 사실을 신고한 근로자 및 피해근로자등에게 다음 각 호의 어느 하나에 해당하는 불리한 처우를 하여서는 아니 된다.

⑦ 제2항에 따라 직장 내 성희롱 발생 사실을 조사한 사람, 조사 내용을 보고 받은 사람 또는 그 밖에 조사 과정에 참여한 사람은 해당 조사 과정에서 알게 된 비밀을 피해근로자 등의 의사에 반하여 다른 사람에게 누설하여서는 아니 된다. 다만, 조사와 관련된 내용을 사업주에게 보고하거나 관계 기관의 요청에 따라 필요한 정보를 제공하는 경우는 제외한다.

직장 내 성희롱 신고에 따른 조사 결과 성희롱 발생 사실이 확인되면 피해근로자가 요청하면 근무장소의 변경, 배치전환, 유급휴가 명령 등 적절한 조치를 하여야 한다. 또한 성희롱 행위자에 대하여는 징계, 근무장소의 변경 등 적절한 조치를 하여야 한다. 이 경우 조치에 대한 피해 근로자의 의견을 들어야 한다. 사업주는 성희롱 신고를 한 근로자 및 피해 근로자에게 해고, 징계, 직무재배치, 폭언 등 불리한 처우를 해서는 안 된다. 또한 직장 내 성희롱 발생 사실을 조사한 사람 또는 그 밖에 조사에 참여한 사람은 해당 과정에서 알게 된 비밀을 다른 사람에게 누설해서는 안 된다. 다만, 조사 관련된 내용을 사업주에게 보고하거나 관계 기관 요청에 따라 필요한 정보를 제공할 수는 있다. 모든 사업장은 직장 내 성희롱 행위 예방을 위해 1년에 1회 이상 성희롱 예방교육을 의무적으로 실시해야 한다. 성희롱 예방교육을 실시하지 않으면 과태료가 부과된다.

직장 내 성희롱 관련 사업주 의무 위반시 과태료 및 벌칙

위반행위	과태료 금액
사업주가 직장 내 성희롱을 한 경우	300만 원~1천만 원
연 1회 성희롱 예방 교육을 미실시 및 성희롱 예방 교육의 내용을 근로자가 자유롭게 열람할 수 있는 장소에 항상 게시하지 않은 경우	500만 원
성희롱 사실 확인을 위한 조사를 하지 않은 경우	500만 원
피해근로자 요청에 따른 근무장소 변경 등 적절한 조치를 하지 않은 경우	500만 원
성희롱 행위자에 대하여 징계, 근무장소의 변경 등 필요한 조치를 하지 않은 경우	500만 원
사업주가 직장 내 성희롱 발생 사실 조사 과정에서 알게 된 비밀을 다른 사람에게 누설한 경우	500만 원
근로자가 고객 등에 의한 성희롱 피해를 주장하거나 고객 등으로부터의 성적 요구 등에 따르지 않았다는 이유로 해고나 그 밖의 불이익한 조치를 한 경우	300만 원
직장 내 성희롱을 신고한 근로자 등에 대해 성희롱 신고를 이유로 징계, 해고 등 불리한 처우를 한 경우	3년 이하 징역 또는 3천만 원 이하 벌금

다. 직장 내 성희롱 행위 판단 기준

직장 내 성희롱이 발생되었는지 판단을 위해서는 ① 당사자 요건 ② 업무 등의 관련성 ③ 성적 굴욕감 또는 고용상 불이익 발생 여부 등의 세 가지 요건을 조사, 검토하여 판단하여야 한다.

1) 당사자 요건

직장 내 성희롱의 행위자, 피해자는 근로자이면 남녀를 불문한다. 다만, 근로기준법상의 근로자가 아닌 보험모집인, 학습지 교사, 골프장 캐디 등 특수고용형태 종사자는 노동법이 적용되지 않으므로 이들이 피해자인 성희롱 사건은 직장 내 성희롱으로 처리할 수 없다. 이런 경우에는 지방노동청이 아니라 국가인권위원회에 신고할 수 있다. 구직자는 근로자는 아니나 면접 등 채용과정에서 회사 관계자로부터 성희롱을 당할 수 있으므로 직장 내 성희롱의 피해자로 인정되고 있다.

구분	직장 내 성희롱(남녀고용평등법) 해당 당사자
행위자	사업주 및 근로자(상급자, 동료, 하급자)
피해자	근로자(파견근로자, 하청 등 협력업체 근로자 포함), 채용과정 중의 구직자

고객이 근로자에게 행한 성희롱은 당사자 요건에 해당하지 않아 직장 내 성희롱에 해당하지는 않지만, 사용자는 근로자가 고객의 성희롱에 대한 고충해소를 요청하면 근무 장소 변경 등 적절한 조치를 취해야 한다. 특히 고객 등의 성적 요구 등에 따르지 않았음을 이유로 해고나 그 밖의 불이익한 조치를 해서는 안 된다.

남녀고용평등법은 구직자를 대상으로 하는 성희롱 역시 금지하고 있다. 입사면접시에 면접관이 구직자에 대해 "남자 친구와 진도는 어디까지 나갔냐?" 등의 성적 발언을 하는 경우에 구직자에 대한 성희롱이 되어 남녀고용평등법상의 법적 책임과 불법행위에 따른 손해배상 책임을 질 수 있다.

2) 업무 관련성

업무 관련성이란 직장 내의 지위를 이용하거나 업무와 관련이 있으면 성립한다. 업무 관련성은 폭넓게 인정되며 사업장 밖(출장, 워크숍 등)이거나 근무시간 이외(회식시간 등)의 행위이어도 성립한다.

Case-51 연구위원으로 일하고 있는 A는 고문인 B에게 후원금을 받으러 직장 외의 장소에서 B가 원하는 시간에 만나는 경우가 많았다. 고문이 만나자고 하면 예우상 이유를 묻지 않고 만나는 것이 조직문화라고 여겨지고 있었다. 어느날 A는 선약이 있었지만 B의 연락을 받자 모임약속을 포기하고 나갔는데 이 자리에서 B가 A를 성희롱하였다. 직장 밖에서 만난 것인데 업무 관련성이 있는지?

- 이 경우 근무시간이 아닌 시간에 직장 밖에서 만난 경우라 하더라도 A가 종사하고 있는 업무와의 관련성이 인정된다(인권위 2006.12.22.).

Case-52 직장의 공식적인 회식이 끝난 후 귀가하는 길에 A,B,C가 동승하였는데 A가 B에게 2차에 같이 가자고 제안하였고, B가 이를 거절하자 A는 "그럼 테이블을 따로 잡고 맥주나 마시자."라고 다시 제안하였다. 그러자 당시 운전을 하며 듣고 있던 C는 "그럼 룸을 잡아 줄테니 둘이 벗고 뒹굴고 놀아라."고 말하였다. 이일은 회식 직후에 귀가하는 과정에서 발생하였는데 업무 관련성이 있는지?

- C의 성적 발언은 공식적인 회식 직후에 귀가하는 과정에서 발생되었는데, 이처럼 퇴근길에 발생된 성희롱은 업무 관련성이 인정된다(인권위 2008.12.8.).

(고용노동부 직장 내 성희롱 예방대응 매뉴얼, 2020.2)

3) 성희롱의 위법성

피해자가 주관적으로 성적 굴욕감 또는 혐오감을 느끼게 하는 행위라면 행위자의 성희롱 의도가 없다고 하더라도 성희롱이 성립된다. 또한 성적 언동이나 성적 요구에 불응한 것을 이유로 채용탈락, 승진탈락, 전직, 해고 등 채용과 근로조건을 불리하게 하는 경우도 성희롱이 성립한다.

라. 직장 내 성희롱 예방교육

사업주는 직장 내 성희롱 예방교육을 매년 1회 이상 실시하여야 한다. 근로자 전원은 물론 사업주도 성희롱 예방교육을 받아야 한다. 사업주는 성희롱 예방 교육의 내용을 근로자가 자유롭게 열람할 수 있는 장소에 항상 게시하거나 갖추어 두어야 한다.

직장 내 성희롱 예방교육 교육방법

구분	내용
교육 대상	사업주 및 모든 근로자 - 기간제근로자, 파견근로자, 아르바이트 직원 등도 포함 - 출장, 휴가 등으로 교육 불참 근로자는 추가 교육 실시
교육 횟수	매년 1회 이상
교육 내용	직장 내 성희롱 관련 법령 직장 내 성희롱 발생 시 처리절차와 조치기준 직장 내 성희롱 피해근로자의 고충상담 및 구제절차 직장 내 성희롱 행위자에 대한 징계 등 제재조치 그 밖의 직장 내 성희롱 예방에 필요한 사항
교육 방법	집체교육 및 인터넷 교육 가능 - 인터넷 교육은 진도체크, 질의응답, 테스트 등 교육 내용 전달 여부 확인이 가능해야 하며 단순히 교육자료를 이메일 등으로 배포하거나 게시판에 공지하는 경우에는 예방교육을 실시한 것으로 보지 않음. - 상시 10명 미만의 근로자를 고용하는 사업장 및 사업주와 근로자 모두가 남성 또는 여성 중 어느 한 성으로만 구성된 사업장은 교육자료를 게시 또는 배포하면 교육을 실시한 것으로 인정

교육 강사는 직장 내 성희롱을 잘 이해하고 있다면 사업주 또는 인사담당자도 가능하나 보통은 외부 전문강사(공인노무사 등)에 의뢰한다. 참고로 고용노동부는 매년 300인 미만 사업장에 직장 내 성희롱 예방 교육 무료 강사를 지원한다. 100인 미만 사업장은 지원 횟수에 제한이 없이 지원하고, 100인~300인 미만 사업장은 연 1회를 초과한 교육에 대해 지원한다(2022년 기준). 무료 강사를 지원받고자 원하는 사업장은 사업장 소재지 관할 지방고용노동지청 근로개선지도과(고용평등업무 담당 감독관)에 문의하면 된다. 노동청에 근로자의 직장 내 성

희롱 발생 신고가 접수되면 담당 근로감독관은 먼저 해당 사업장의 직장 내 성희롱 예방 교육 실시 여부를 확인한다. 이때 사업장에서 직장 내 성희롱 예방 교육을 연 1회 이상 실시하지 않은 것이 적발되면 과태료(500만 원)를 부과하게 되니 교육은 필히 실시하는게 좋다. 직장 내 성희롱 예방 교육자료와 참석자명부, 교육일지 등 관련 자료는 3년간 보존해야 한다.

참고 **직장 내 성희롱 행위 예시**

▶ **육체적 성희롱 행위**: 포옹 등 신체적 접촉 행위 또는 가슴, 엉덩이 등 특정 신체부위를 만지는 행위 및 안마나 애무를 강요하는 행위
  • 격려를 핑계로 머리나 등을 쓰다듬거나 허리, 엉덩이를 만지는 행위
  • 술 취한 직원을 부축해 준다며 과도하게 신체적 접촉을 하는 행위
  • 직원에게 "근육이 튼실한데"라며 허벅지를 만짐
  • 테이블 아래에서 발로 다리를 건드리는 행위

▶ **언어적 성희롱 행위**: 야한 농담을 하거나 음탕하고 상스러운 이야기를 하는 행위 및 외모를 평가하거나 신체 부위를 언급하는 행위, 성적인 내용의 정보를 묻거나 퍼뜨리는 행위, 성적인 관계를 회유하거나 회식 자리 등에서 무리하게 옆에 앉혀 술 따르기를 강요하는 행위
  • 남자친구(여자친구) 사귄다며? 진도는 어디까지 나갔어?
  • 결재하면서 "왜 이렇게 많이 살이 쪘어. 확찐자가 여기 있네"
  • 눈이 빨개. 어제 야동 보느라 밤샜어?
  • 딱 붙은 옷 입으니까 섹시하고 보기 좋은데? 항상 그렇게 입고 다녀
  • "여자가 그렇게 뚱뚱해서 어떤 남자가 좋아하겠어?"

▶ **시각적 성희롱 행위**: 음란한 사진, 그림, 낙서, 출판물 등을 보여주는 행위
  • SNS 등을 통해 야한 사진, 농담 등을 게시하거나 보여주는 행위
  • 자신의 특정 신체부위를 노출하거나 만지는 걸 보이는 행위
  • 상대방의 특정 신체부위를 고의적, 지속적으로 응시하는 행위

▶ **기타 성희롱 행위**: 그 밖에 성적 굴욕감 또는 혐오감을 느끼게 하는 언어나 행동
  • 성적 요구를 따르는 것을 조건으로 이익을 주겠다고 하는 행위(또는 따르지 않으면 불이익을 주겠다고 함)
  • 거래처 접대를 위해 원치 않는 식사, 술자리 참석을 강요하거나 술을 따르라 강요함
  • 원하지 않는 만남이나 교제를 강요함

(고용노동부 직장 내 성희롱 예방대응 매뉴얼, 2020.2)

참고 **직장 내 성희롱 vs 직장 내 괴롭힘**

구분	직장 내 성희롱	직장 내 괴롭힘
근거법	남녀고용평등법	근로기준법
적용	모든 사업장 (동거친족 사업장, 가사사용인 제외)	5인 이상 사업장
가해자	사업주, 근로자, 고객 등 업무 관련자	사용자, 근로자
피해자	다른 근로자 (채용과정 중의 구직자 포함)	다른 근로자
신고	누구든지	
조사의무자 및 시기	사업주가 지체없이 조사 실시	사용자는 지체없이 조사 실시
조치	필요한 경우 피해 근로자 보호조치 및 사실 확인 시 행위자에 대해 적절한 조치(징계, 근무장소 변경 등) (조치 전 피해자 의견 청취)	
행위자 처벌 등	행위자가 사업주인 경우 1천만 원 이하 과태료 사업주가 아닌 경우 처벌없음 (예방교육 미실시는 과태료)	행위자가 사용자인 경우 1천만 원 이하 과태료 (사용자의 배우자 및 4촌 이내 혈족 ·인척인 근로자가 행위자인 경우 포함)
	조사의무, 조치의무, 비밀유지의무 위반시 5백만 원 이하 과태료 피해 근로자 또는 신고자에 대해 해고 등 불리한 처우를 할 경우 3년 이하 징역 또는 3천만 원 이하의 벌금	
예방교육	매년 1회 이상 실시 (상시근로자수 10명 미만 사업장은 교육자료 게시, 배포로 교육 갈음)	예방교육 의무 없음
비밀준수	조사한 사람, 보고받은 사람 등은 조사내용 누설 금지 (관계기관 및 상급자 보고는 가능)	

12. 취업규칙

가. 취업규칙은 사용자가 정하는 회사의 법

취업규칙이란 '사용자가 임금, 근로시간, 휴일, 휴가, 안전과 보건, 표창과 징계 등 당해 사업의 근로자에게 공통적으로 적용할 근로조건과 복무규율에 관한 규칙을 정한 것'을 말한다. 작성 주체는 사용자이고, 근로조건이나 복무규율을 정한 것이면 그 명칭을 불문하고 취업규칙에 해당한다.

취업규칙은 사용자가 일방 의사로 작성하는 점에서 노동조합이나 근로자 개인과 합의하여 작성하는 단체협약이나 근로계약과 다르다. 사내복무 규정, 휴가 규정, 징계위원회 운영지침, 기간제 근로자 인사매뉴얼, 미화원 급여규정 등 다양한 명칭과 형태로 존재할 수 있다. 근로조건 및 복무규율에 관한 내용이라면 어떤 명칭이든지 취업규칙이라고 할 수 있다. 노사관계에 분쟁이 발생되면 단체협약, 근로계약과 더불어 해당 사안에 적용되는 취업규칙을 확인하여 판단하게 된다.

취업규칙은 근로관계의 주된 내용을 정하는 것임에도 사용자에 의하여 일방적으로 작성된다는 점에서 근로자의 권리가 침해될 수 있다. 따라서 근로기준법은 취업규칙 작성, 변경 절차와 내용에 대해 법적 규제를 두고 있으며 사용자의 신고 의무, 근로자의 의견 청취 또는 동의, 근로감독관의 심사와 고용노동부 장관의 취업규칙 변경 명령권 등을 규정하고 있다.

상시근로자 수 10인 이상인 사업장은 취업규칙을 작성하여 고용노동부장관(관할 노동지청)에 신고할 법적 의무가 있다. 이를 위반할 경우에는 500만 원 이하의 과태료가 부과된다. 10인 미만 사업장의 경우에는 취업규칙의 작성이 법적 의무는 아니나 사업주의 재량으로 작성할 수 있다. 상시근로자 수는 법 적용 사유 발생일 전 1개월 동안 사용한 근로자의 연인원을 가동 일수로 나누어 판단한다.

근로기준법

제93조(취업규칙의 작성·신고) 상시 10명 이상의 근로자를 사용하는 사용자는 다음 각 호의 사항에 관한 취업규칙을 작성하여 고용노동부장관에게 신고하여야 한다. 이를 변경하는 경우에도 또한 같다.

  1. 업무의 시작과 종료 시각, 휴게시간, 휴일, 휴가 및 교대 근로에 관한 사항
  2. 임금의 결정·계산·지급 방법, 임금의 산정기간·지급시기 및 승급(昇給)에 관한 사항
  3. 가족수당의 계산·지급 방법에 관한 사항

4. 퇴직에 관한 사항

5. 「근로자퇴직급여 보장법」 제4조에 따라 설정된 퇴직급여, 상여 및 최저임금에 관한 사항

6. 근로자의 식비, 작업 용품 등의 부담에 관한 사항

7. 근로자를 위한 교육시설에 관한 사항

8. 출산전후휴가·육아휴직 등 근로자의 모성 보호 및 일·가정 양립 지원에 관한 사항

9. 안전과 보건에 관한 사항

9의2. 근로자의 성별·연령 또는 신체적 조건 등의 특성에 따른 사업장 환경의 개선에 관한 사항

10. 업무상과 업무 외의 재해부조(災害扶助)에 관한 사항

11. 직장 내 괴롭힘의 예방 및 발생 시 조치 등에 관한 사항

12. 표창과 제재에 관한 사항

13. 그 밖에 해당 사업 또는 사업장의 근로자 전체에 적용될 사항

나. 취업규칙의 효력

취업규칙과 단체협약, 근로계약서는 근로조건을 규정하는 성질이 있는데 상호 간 내용에 차이가 있거나 다른 경우가 있다. 만약 임금, 상여금 지급조건이나 정년 규정, 해고 사유 등 근로조건에 관하여 취업규칙과 단체협약 또는 개별 근로계약서 간 상호 차이가 있다면 어떤 것을 적용하여야 할까? 원칙적으로는 '상위규범 우선의 원칙'에 따라 법률 > 단체협약 > 취업규칙 > 근로계약의 순서로 적용한다. 단체협약이 취업규칙보다, 취업규칙이 근로계약보다 상위 규정이다.

근로기준법과 노동조합 및 노동관계법은 단체협약, 취업규칙, 근로계약이 상충 될 때 그 효력 여부를 규정하고 있는데 먼저 근로기준법에서는 취업규칙에서 정한 근로조건에 못 미치는 근로계약은 무효로 한다고 규정하고 있다.

근로기준법

제97조(위반의 효력) 취업규칙에서 정한 기준에 미달하는 근로조건을 정한 근로계약은 그 부분에 관하여는 무효로 한다. 이 경우 무효로 된 부분은 취업규칙에 정한 기준에 따른다.

이처럼 취업규칙에서 정한 기준에 미달하는 근로조건을 정한 근로계약은 당사자 간 합의하여 정하였음에도 불구하고 그 부분에 관하여는 무효로 된다는 점을 유의해야 한다. 이때 무효로 된 부분은 취업규칙에 정한 기준이 적용된다.

취업규칙과 근로계약서 근로조건이 다를 때-1

▸ 상여금 지급기준을 근로계약서에서 연간 기본급의 200%로 정했다 하더라도 취업규칙에서 연간 기본급의 300%로 정하고 있다면 상여금은 취업규칙에서 정한 데로 300%를 지급하여야 함.

그런데, 취업규칙보다 유리한 근로조건을 정한 근로계약이 있다면 이 근로계약의 효력은 어떻게 될까? 근로기준법 제97조에서 정한 것은 취업규칙 근로조건에 미달하는 근로계약에 관한 것으로서 취업규칙의 근로조건보다 유리한 근로조건을 정한 근로계약에 대해서는 언급이 없다. 노동법에는 근로자를 보호하고자 하는 취지에 따라 '유리조건 우선'의 원칙이 있다. 이때에는 이 원칙이 적용되어 취업규칙의 근로조건이 아닌 근로계약의 유리한 근로조건이 적용된다.

취업규칙과 근로계약서 근로조건이 다를 때-2

▸ 취업규칙 변경에 따른 임금피크제 도입과 이에 따른 임금삭감 규정은 근로계약에 우선하는 효력이 없다(대법원 2018다200709, 2019.11.14.).
　- 근로기준법 제97조를 반대해석하면, 취업규칙에서 정한 기준보다 유리한 근로조건을 정한 개별 근로계약 부분은 유효하고 취업규칙에서 정한 기준에 우선하여 적용된다. 근로자에게 불리한 내용으로 변경된 취업규칙은 집단적 동의를 받았다고 하더라도 그보다 유리한 근로조건을 정한 기존의 개별 근로계약 부분에 우선하는 효력을 갖는다고 할 수 없다.

노동조합 및 노동관계조정법에서는 '단체협약에 정한 근로조건 기타 근로자의 대우에 관한 기준에 위반되는 취업규칙이나 근로계약은 무효로 한다'라고 규정하고 있다.

제33조(기준의 효력) ① 단체협약에 정한 근로조건 기타 근로자의 대우에 관한 기준에 위반하는 취업규칙 또는 근로계약의 부분은 무효로 한다.
② 근로계약에 규정되지 아니한 사항 또는 제1항의 규정에 의하여 무효로 된 부분은 단체협약에 정한 기준에 의한다.

단체협약을 위반한 내용을 정한 취업규칙이나 근로계약은 이 규정에 따라 무효가 된다. 그런데 근로계약과 취업규칙의 내용이 단체협약보다 유리한 경우에도 단체협약이 우선하는지에 대하여가 문제인데 사안마다 판결이 다양하다. 최근 대법원에서는 취업규칙상의 유리한 조건의 적용을 배제한 개정된 단체협약이 취업규칙보다 우선 적용된다고 판결하였다. 즉, 무단결근 징계 규정이 취업규칙과 단체협약이 서로 다를 경우 노사가 합의하여 개정된 단체협약을 우선적으로 적용한다고 판시하였다(대법원 2002두 9063).

다만, '유리조건 우선의 원칙'은 취업규칙과 근로계약 사이에서는 일관되게 적용되고 있다. 한편 단체협약이나 취업규칙, 근로계약이 법령을 위반하는 내용을 정한 경우에는 그 법적인 효력은 없다.

법령에 위반되는 단체협약이나 취업규칙, 근로계약은 무효

▸ 지각 3회면 연차 1일을 공제한다 → 위법으로 무효
▸ 신입사원의 3개월 수습기간은 급여를 최저임금의 80%로 지급한다 → 위법으로 무효
▸ 입사 후 3개월 이내 조기 퇴사 시 구인광고비를 급여에서 공제한다. → 위법으로 무효
▸ 월급에 퇴직금이 포함된다 → 위법으로 무효
▸ 자진퇴사는 퇴사를 한달 전에 통보하지 않을 시 퇴직금을 3개월 후 지급한다 → 위법으로 무효

취업규칙은 이를 정할 때는 사업주의 일방 의사로 정할 수 있으나 일단 정하고 나면 근로자뿐만 아니라 사업주도 그 내용에 기속된다. 예를 들어, 명절 상여금을 정기적으로 정액(또는 정율) 지급한다는 내용의 취업규칙을 작성했다면 경영 사정이 악화되더라도 정한 바대로 명절 상여금을 지급하여야 하고 이를

위반하여 지급하지 않거나 적게 지급하면 임금체불이 된다.

퇴직금 누진제 등의 근로조건도 마찬가지로 취업규칙에서 정하고 있는 것이라면 경영사정 등 여건 변화에도 불구하고 사업주가 준수하여야 한다. 또한 취업규칙에 근로자 징계 시 징계위원회를 개최하여 징계 여부와 징계 종류를 정한다고 규정하였다면 이를 어기고 징계위원회 없이 징계 조치하는 것은 위법하여 효력이 없게 된다. 그러므로 취업규칙은 신중하게 검토해서 작성하여야 한다.

다. 취업규칙의 작성과 변경

사용자는 취업규칙의 작성 또는 변경에 관해 해당 사업 또는 사업장에 근로자의 과반수로 조직된 노동조합이 있는 경우에는 그 노동조합, 근로자의 과반수로 조직된 노동조합이 없는 경우에는 근로자 과반수의 의견을 들어야 한다. 다만, 취업규칙을 근로자에게 불리하게 변경하는 경우에는 의견이 아니라 동의를 받아야 한다. 사용자가 취업규칙 변경과정에서 의견 청취 또는 동의를 얻지 않는 경우 형사처벌 대상이 되어 500만 원 이하의 벌금에 처하게 된다.

취업규칙을 노동청에 신고 또는 변경신고하려면 취업규칙과 근로자의 과반수를 대표하는 노동조합 또는 근로자 과반수의 의견을 들었음을 증명하는 자료를 첨부하여 제출해야 한다. 취업규칙을 불이익하게 변경하는 경우에는 과반수 노동조합이나 근로자의 과반수의 동의를 받았음을 증명하는 자료를 제출해야 한다. 의견청취 자료 또는 동의서 자료를 첨부하지 않은 취업규칙 신고, 변경신고는 반려된다.

취업규칙 불이익 변경의 판단에 있어서 취업규칙의 내용 변경이 일부 근로자에게는 유리하고, 일부 근로자에게는 불리한 경우와 같이 유불리에 따른 이익이 근로자 상호 간에 다를 경우에는 불이익한 변경으로 판단한다.

근로자의 과반수의 기준은 기존의 취업규칙을 적용받는 근로자는 물론, 장래 변경된 취업규칙을 적용받을 것으로 예상되는 근로자를 포함한 근로자 집단을 기준으로 판단한다. 만약 취업규칙이 생산직과 사무직으로 나뉘어 각각 작성되어 적용되는 등 근로조건이 이원화되어 구분된다면 이 경우 취업규칙 변경 시 근로자 과반수 여부 판단은 전체 근로자가 아닌 해당 취업규칙 변경 집단만을 대상으로 판단한다.

근로자의 과반수로 조직된 노동조합이란 기존 취업규칙을 적용받는 전체 근로자의 과반수로 조직된 노동조합으로 노동조합법에 따라 설립신고된 노동조합을 말한다. 다만, 산별 조합 등의 지부 또는 분회인 경우, 설립신고를 하지는 않았지만 상급 단체의 위임을 받았거나 위임받지 않았더라도 독자적인 규약이나 집행기관을 가지고 독립적으로 조직 활동을 하는 경우에는 의견청취 또는 동의의 주체가 될 수 있다.

근로감독관은 취업규칙 신고를 접수하면 20일 이내 심사하고, 취업규칙의 구비요건을 갖추지 못했거나 내용이 법령이나 단체협약에 위반된 때에는 25일 이내 시정 기간을 정해 변경을 명하게 된다. 다만, 사용자가 신고서와 함께 공인노무사의 '취업규칙 작성(변경) 신고 확인보고서'를 제출하는 경우에는 해당 취업규칙에 대한 심사를 면제한다.

근로기준법

제94조(규칙의 작성, 변경 절차) ① 사용자는 취업규칙의 작성 또는 변경에 관하여 해당 사업 또는 사업장에 근로자의 과반수로 조직된 노동조합이 있는 경우에는 그 노동조합, 근로자의 과반수로 조직된 노동조합이 없는 경우에는 근로자의 과반수의 의견을 들어야 한다. 다만, 취업규칙을 근로자에게 불리하게 변경하는 경우에는 그 동의를 받아야 한다.
② 사용자는 제93조에 따라 취업규칙을 신고할 때에는 제1항의 의견을 적은 서면을 첨부하여야 한다.

라. 의견 청취, 동의를 결여한 취업규칙의 효력

취업규칙의 불리한 변경이 아닌 경우, 변경시 근로자의 집단적 의견을 청취를 하지 않았다고 하여, 그 취업규칙 변경의 효력이 부정되는 것은 아니다. 그러나 불리한 변경이라면, 근로자의 집단적 의사결정에 의한 동의를 받지 않은 경우, 그 취업규칙 변경은 근로자에게 효력이 없다. 다만, 대법원은 예외적으로, 근로자의 동의없는 불리한 취업규칙 변경의 경우에도, 사회통념상 합리성이 있다면, 그 효력을 인정할 수 있다고 판시해오고 있는데 이때 사회통념상 합리성이 인정되는 경우는 매우 드문 경우이고 또한 최근에 노동조합이나 근로자의 동의를 받지 않은 불이익 변경은 무효라는 판례(대법 2017다35588, 2023.5.11.)도 있으므로, 사용자는 취업규칙 불이익 변경 시 반드시 근로자의 집단적 의사결정에 의한 동의를 받아야 할 것이다.

Q-61 취업규칙의 작성 또는 변경시 의견청취절차를 거치지 않았다면 그 취업규칙은 무효인가?

A 의견청취절차 규정 자체는 훈시규정에 불과하고 효력규정이 아니므로 이를 거치지 않았다고 하여 그 취업규칙이 무효로 되지는 않으나, 그 취업규칙의 작성 또는 변경이 불이익한 근로조건을 부과하는 내용일 때에는 종전 근로조건 또는 취업규칙의 적용을 받던 근로자 집단의 집단의사 결정방법에 의한 동의를 요하고 이러한 동의없이 작성, 변경된 취업규칙은 근로조건의 변경이 근로자의 동의를 받지 않아도 사회통례상 합리성이 있다고 인정될 만한 것이 아닌 한 무효이다.

(대법원 88다카4277, 1989.5.9,)

Q-62 우리 사업장은 휴게시간이 원래 12:00~13:00(1시간)까지인데 휴게시간을 오전에 10분, 오후에 10분 그리고 점심시간을 40분으로 나누려고 함. 이와 같이 변경하는 내용의 취업규칙은 불이익변경에 해당하는지?

A 근로기준법에서 규정한 휴게시간의 총량은 유지하면서 ① 시기만 변경하는 취지와 경위, ② 변경의 필요성, ③ 그로 인해 변하게 되는 근로자들의 생활리듬 등을 고려하여 기존의 권리나 이익을 박탈할 정도의 근로조건 저하로 볼 수 없다면, 불이익변경으로 보기 어려울 것으로 사료됨.

(근로개선정책과-6289, 2012.11.23.)

Q-63 집단적 동의를 받아 근로자에게 불리한 내용으로 취업규칙이 변경된 경우, 변경된 취업규칙의 기준에 따라 그보다 유리한 근로조건을 정한 기존의 개별 근로계약의 내용도 변경되는 것인지 아니면 근로자의 개별적 동의가 없는 한 취업규칙보다 유리한 근로계약의 내용이 우선하여 적용되는지 여부?

A 근로자에게 불리한 내용으로 변경된 취업규칙은 집단적 동의를 받았다고 하더라도 그보다 유리한 근로조건을 정한 기존의 개별 근로계약 부분에 우선하는 효력을 갖는다고 할 수 없다. 이 경우에도 근로계약의 내용은 유효하게 존속하고, 변경된 취업규칙의 기준에 의하여 유리한 근로계약의 내용을 변경할 수 없으며, 근로자의 개별적 동의가 없는 한 취업규칙보다 유리한 근로계약의 내용이 우선하여 적용된다.

(대법원 2018다200709, 2019.11.14.)

❖ 근로자가 임금피크제의 적용에 동의하지 않는다는 의사를 표시하였으나 회사가 변경된 취업규칙에 따라 삭감된 임금을 지급한 사안에서, 근로자가 취업규칙의 기준에 따라 근로계약을 변경하는 것에 대하여 동의하지 아니하였으므로, 취업규칙에 대하여 과반수 노동조합의 동의를 받았더라도 기존의 근로계약은 유효하게 존속하고, 취업규칙에 따라 기존의 근로계약에서 정한 연봉액을 삭감할 수 없다고 판시한 사례임.

마. 취업규칙 불이익 변경 시 동의의 방식과 동의의 효력

▌근로자의 과반수로 조직된 노동조합의 경우

근로자의 과반수로 조직된 노동조합은 사용자의 취업규칙 변경안에 대해 직접 동의하거나 단체협약 체결을 통하여 동의할 수 있다. 단체협약 또는 노동조합 규약 등에 의하여 노동조합장의 대표권이 제한되어 있지 않는 한 노동조합 대표자의 동의 의사표시인 서명이 있으면 해당 노동조합이 동의한 것으로 본다.

▌근로자 과반수의 동의

근로기준법은 근로자 과반수의 동의 방식에 대해 구체적으로 규정하고 있지 않으나 판례는 회의방식에 의한 근로자 과반수의 집단적 동의가 있어야 불이익한 취업규칙 변경의 효력이 있는 것으로 본다. 회의방식에 의한 동의가 있었다고 하기 위해서는 사용자의 개입이나 간섭이 배제된 상태에서 사용자 측이 개정내용에 대해 충분히 설명하고 근로자 상호 간 충분한 의견을 교환하는 과정이 있어야 한다.

따라서 취업규칙 개정 내용에 대한 사용자의 충분한 설명과 근로자 상호 간 의견 교환 과정이 생략된 채 개정 내용만을 회람하거나 개별적 통지 후 동의서 등에 단순히 서명하는 방식은 회의방식에 의한 적법한 동의 절차를 거친 것으로 볼 수 없다. 전 직원들을 한 장소에 모이게 하거나 사업장별 또는 기구별 단위 부서별로 모이게 한 후 개정 내용을 충분히 설명하고 근로자들이 의견교환 과정이 있거나 충분한 시간이 있었다면 회람하는 문서에 서명하는 방식도 회의 방식에 의한 동의로 볼 수 있다.

▋ 동의의 시기

취업규칙 불이익 변경에 대한 근로자 또는 노동조합의 동의는 그 변경된 취업규칙을 시행하기 전에 이루어져야 한다. 그러나 노동조합 또는 근로자의 사전 동의 없이 취업규칙이 변경되어 시행되다가 이후에 과거의 불이익 변경에 소급적으로 동의한 경우에는 그 효력이 소급하여 인정될 수도 있다.

▋ 동의의 효력

취업규칙 불이익 변경에 대한 적법한 동의 절차가 있는 경우 불이익 변경에 동의한 근로자뿐만 아니라 개별적으로 동의하지 않은 근로자에게도 적용된다. 또한 근로자 과반수로 조직된 노동조합이 취업규칙 불이익 변경에 동의하였다면 변경된 취업규칙은 조합원은 물론 비조합원 근로자와 조합원 자격이 없는 근로자에게도 효력이 미친다. 그러나 취업규칙 불이익 변경에 대하여 집단적 동의가 있더라도 변경 전에 퇴직한 근로자에게는 그 변경의 효력이 미치지 않는다.

▋ 기존 근로자와 신규 입사자에 대한 취업규칙의 이원적 적용

취업규칙 변경이 근로자의 동의를 얻지 못한 경우에는 기존 근로자에게는 개정된 취업규칙은 무효가 되고 종전의 취업규칙을 적용해야 한다. 그러나 사용자는 불이익하게 변경된 취업규칙으로 기득권이 침해되지 않는 근로자에 대해서는 별도의 동의 절차 없이 해당 취업규칙을 적용할 수 있다. 즉, 신규 입사자의 경우에는 불이익 변경 이후 변경된 취업규칙에 따른 근로조건 등을 수용하고 입사한 것이므로 변경된 취업규칙이 적용된다.

바. 취업규칙의 게시 의무

취업규칙은 근로자가 자유롭게 열람할 수 있게 사무실에 항상 게시하거나 갖추어 두어야 한다. 근로자가 자유롭게 열람할 수 있다면 회사 홈페이지 또는 회사 인트라넷에 게시하거나, 전자메일을 통해 통보하는 방법도 가능하다. 이를 위반하여 사업주가 취업규칙을 숨기거나 게시하지 아니한 경우에는 500만 원 이하의 과태료를 부과한다.

근로기준법

제14조(법령 주요 내용 등의 게시) ① 사용자는 이 법과 이 법에 따른 대통령령의 주요 내용과 취업규칙을 근로자가 자유롭게 열람할 수 있는 장소에 항상 게시하거나 갖추어 두어 근로자에게 널리 알려야 한다.

② 사용자는 제1항에 따른 대통령령 중 기숙사에 관한 규정과 제99조제1항에 따른 기숙사 규칙을 기숙사에 게시하거나 갖추어 두어 기숙(寄宿)하는 근로자에게 널리 알려야 한다.

(참고) **상시근로자 수 10인 미만 사업장의 취업규칙 작성과 변경**

▶ 근로기준법상 취업규칙 작성 및 신고 의무는 상시근로자 수가 10인 이상인 경우에만 부과된다. 상시근로자 수가 10인 미만인 경우에는 취업규칙 작성 및 신고의무가 없다. 법적인 취업규칙 작성·신고 의무가 없으므로 변경 신고 의무도 없다.

▶ 그런데 사업장의 상시근로자 수가 10인 미만인 경우에도 취업규칙(사규)을 작성할 수 있다. 작성한 취업규칙을 고용노동청에 신고할 의무는 없다.
상시근로자 10인 미만 5인 이상 사업장에서는 취업규칙의 작성, 신고 의무는 없으나, 일단 작성한 경우에는 근로기준법상 취업규칙에 관한 규정들(제94조~제97조)이 똑같이 적용된다. 따라서 취업규칙을 변경하기 위해서는 근로기준법 제94조에서 정하고 있는 절차(유리한 변경일 경우 근로자 의견 청취, 불리한 변경일 경우 근로자 과반수의 동의)를 따라야 한다. 다만, 상시근로자 4인 이하의 사업장에서는 근로기준법의 취업규칙에 관한 사항을 적용받지 않으므로 취업규칙의 작성 및 신고의무도 없고, 사업장에서 취업규칙이 있다고 하더라도 근로기준법상 취업규칙에 관한 규정들이 적용되지 않는다.

> ▶ 상시 10인 미만 근로자를 사용하는 사용자는 취업규칙의 작성·신고 의무가 없으나 실제로 취업규칙을 통하여 근로조건을 규율하고 있다면,
> - 근로조건의 저하를 초래하는 취업규칙의 불이익변경시 근로기준법 제94조의 규정에 의한 근로자의 동의를 얻어야 효력이 있는 것임.
> - 다만, 상시 4인 이하 근로자를 사용하는 사업장은 동법 제9장 취업규칙에 관한 규정이 적용되지 않으므로 사용자가 임의로 취업규칙을 작성·운영하더라도 동법 제97조의 효력을 인정하기 어렵다고 사료됨.
>
> (근로기준팀-2046, 2005.12.28.)

제 3 장

여성과 연소근로자 보호

3장

여성과 연소근로자 보호

우리나라 헌법은 여성과 연소자 근로를 특별히 보호합니다.
국가는 모성의 보호를 위하여 노력하여야 하며
근로기준법, 남녀고용평등법, 고용보험법 등을 통해서
다양한 모성보호 규정을 두고 있습니다.

1. 연소근로자 보호제도

노동법은 민법의 성년 연령(만 19세)과 달리 만 18세 미만의 근로자를 연소근로자로 규정하고 학생 신분의 성장단계에 있는 이들의 근로에 대해서는 여러 가지 제한을 두어 특별히 보호하고 있다. 먼저 근로제공의 연령 제한이 있다. 15세 미만인 사람(중학교 재학 중인 18세 미만자 포함)은 근로자로 사용할 수 없는 것이 원칙이다. 만약, 예외적으로 15세 미만인 연소자를 근로자로 사용해야 한다면 지방노동청에서 발급하는 취직인허증을 발급받아야 한다. 사업주가 15세 미만 연소자를 취직인허증을 받지 않고 고용한 경우에는 2년 이하의 징역 또는 2천만 원 이하의 벌금에 처해지게 된다.

> **근로기준법**
> 제64조(최저 연령과 취직인허증) ① 15세 미만인 사람(「초·중등교육법」에 따른 중학교에 재학 중인 18세 미만인 사람을 포함한다)은 근로자로 사용하지 못한다. 다만, 대통령령으로 정하는 기준에 따라 고용노동부장관이 발급한 취직인허증(就職認許證)을 지닌 사람은 근

로자로 사용할 수 있다.

② 제1항의 취직인허증은 본인의 신청에 따라 의무교육에 지장이 없는 경우에는 직종(職種)을 지정하여서만 발행할 수 있다.

* 취직인허증을 받을 수 있는 자는 13세 이상 15세 미만인 자로 한정되는데 다만, 예술공연 참가를 위한 경우에는 13세 미만인 자도 취직인허증을 발급 받을 수 있다.

또한 사용자는 만 18세 미만자와 임신 중이거나 산후 1년이 지나지 아니한 여성을 도덕상 또는 보건상 유해·위험한 사업에 사용하지 못한다. 아울러 18세 미만인 사람을 근로자로 사용할 때는 그 연령을 증명하는 가족관계증명서와 친권자 또는 후견인의 동의서를 사업장에 비치해 두어야 한다. 이를 비치하지 않았을 때에는 500만 원 이하의 과태료 부과 대상이 된다.

근로시간의 제한도 있다. 15세 이상 18세 미만인 근로자의 근로시간은 성인과 달리 1일에 7시간, 1주에 35시간을 초과하지 못한다. 다만, 당사자 사이의 합의에 따라 1일에 1시간, 1주에 5시간을 한도로 연장할 수 있다. 즉, 연장근로를 포함해서 1주 40시간을 초과할 수 없다.

사용자는 18세 미만자와 임산부를 오후 10시부터 오전 6시까지의 시간 및 휴일에 근로시키지 못한다. 다만, 근로자의 동의(임신 중 여성은 본인의 명시적인 청구)와 지방고용노동청의 인가를 받으면 근로가 가능하다. 이때 인가를 받기 전에 먼저 사업장의 근로자대표와 근로자의 건강보호를 위하여 협의하여야 한다.

Q-64 헝가리 모델학교에 재학 중인 학생으로서 한국에 취업하려는 직종은 ○○ 홈쇼핑 패션모델임. 외국인 근로자가 방송활동을 위해 입국할 경우에 방송위원회로부터 추천서를 받아야 되며, 방송위원회에서 만 15세 미만인 외국인 근로자는 취직인허증을 요구하고 있음. 이에 만 15세 미만 외국인이 국내에 취업을 하려고 할 때 만 15세 미만인 자에 대하여 취직인허증 교부가 가능한지?

A 근로기준법의 효력은 우리나라 영토 내 모든 사업장에 미치므로 국내 사업장에 적법하게 취업하는 외국인 근로자에게도 근로기준법이 적용됨. 따라서 외국인도 만 15세 미만인 자가 취업하려면 취직인허증을 소지하여야 함.

(장고 68240-504, 2003.7.10.)

15세 미만인 자의 취직인허증　[ ] 교부　신청서
　　　　　　　　　　　　　　　　[ ] 재교부

※ [　]에는 해당되는 곳에 "√" 표시를 합니다.

※ 뒤쪽의 작성방법을 읽고 작성하여 주시기 바랍니다.　　　　　　　　　　(앞쪽)

접수번호	접수일	처리기간: 3일

| 15세
미만인 자 | 성명 | 주민등록번호 |
| | 주소 | |

사용자 (사용자가 될 자)	사업장명	사업의 종류
	대표자 성명	주민등록번호
	소재지	
		(전화번호:　　　　　　　　)
	15세 미만인 자의 종사업무	임금
	근로시간	사용기간

학교장	학교명	
	소재지	
		(전화번호:　　　　　　　　)
	수업시간	
	의견	

친권자 또는 후견인	성명	주민등록번호
	주소 (전화번호:　　　　　)	
	15세 미만인 자와의 관계	동의여부

「근로기준법」 제64조제1항과 같은 법 시행령 제35조·제39조 및 같은 법 시행규칙 제11조제1항·제2항에 따라 위와 같이 15세 미만인 자의 취직인허증의 { [ ] 교부, [ ] 재교부 }를 신청합니다.

　　　　　　　　　　　　　　　　　　　　　　　　　　　　년　　　　월　　　　일

　　　　　　　사용자(사용자가 될 자)　　　　　　　　　　　　　　(서명 또는 인)

　　　　　　　15세 미만인 자　　　　　　　　　　　　　　　　　(서명 또는 인)

○○지방고용노동청(지청)장　　귀하

2. 모성보호 제도

노동법에는 모성보호 제도가 다양한 형태로 여러 법령에 존재한다. 출산전후휴가와 생리휴가는 근로기준법, 육아휴직은 남녀고용평등법, 육아휴직급여는 고용보험법에 근거하고 있다. 대부분의 모성보호 제도는 5인 미만 사업장에도 적용이 된다.

5인 미만 사업장에 적용되는 모성보호 제도

5인 미만 사업장에 적용되는 규정	5인 미만 사업장에 적용 제외되는 규정
• 출산전후휴가, 유사산휴가, 배우자 출산휴가 • 육아휴직, 육아기근로시간단축 • 가족돌봄휴직, 가족돌봄휴가, 가족돌봄근로시간 단축 • 임신중인 여성의 연장근로 금지 • 임신중인 여성의 야간, 휴일근로 제한 • 산후 1년이 지나지 않은 여성의 시간외 근로 제한 • 임신 중 및 산후 1년이 지나지 않은 여성의 도덕상, 보건상 유해 위험한 사업 사용금지	• 태아검진시간 • 육아시간 • 생리휴가

가. 출산전후휴가

사용자는 임신 중인 근로자에게는 고용 형태, 근속기간 등과 관계없이 출산 전후에 90일(한 번에 둘 이상 자녀를 임신한 경우에는 120일)의 휴가를 주어야 한다. 이 경우 휴가 기간의 배정은 출산 후에 45일(한 번에 둘 이상 자녀를 임신한 경우에는 60일) 이상이 되어야 하며 분만일이 예정보다 늦어질 때에도 출산 후 45일의 휴가는 보장되어야 한다. 이때, 90일(한 번에 둘 이상 자녀를 임시한 경우에는 120일)을 초과하는 휴가 기간은 무급으로 할 수 있다. 출산전후휴가 기간은 휴일, 휴무일을 포함하여 계산한다.

* 출산휴가 부여 예시: 출산 전 44일 이하 + 출산일 1일 + 출산 후 45일 이상

출산전후휴가는 근로자의 신청 절차가 없어도 당연히 사용할 수 있는 것으로서 임신 근로자가 휴가를 신청하지 않았다고 해서 출산전후휴가를 부여하지 않

으면 법 위반이 된다.

또한 임신한 근로자가 유·사산의 경험이 있거나 연령이 만 40세 이상이거나 유·사산의 위험이 있다는 진단서를 제출한 경우에는 출산 전에 어느 때라도 출산전후휴가를 나누어 사용할 수 있도록 해야 한다.

Q-65 근무일에 출산한 경우에 출산휴가 개시일은? 근로자가 출산전후휴가 사용 전 근무일에 근무를 모두 마치고 출산한 경우에 출산일을 출산전후휴가 기간에 포함시켜야 하는지?

A 출산전후휴가는 출산 전과 후를 통하여 90일을 부여하여야 하므로 출산일을 포함하는 것이 원칙이나, 출산 당일 근무 개시 이후에 출산한 경우에는 근무한 날을 휴가일수에 산입하는 것이 불합리하므로 그 다음 날부터 휴가를 부여하는 것이 타당함.
 - 다만, 휴가기간은 역일상의 기간이므로 근무일 다음 날이 공휴일이더라도 휴가기간에 포함되어야 할 것임.

(여성고용정책과-1542, 2016.05.18.)

Q-66 근로제공 의무가 없는 일요일에 출산한 근로자에게 그 익일부터 출산휴가를 부여해도 되는지 여부

A 출산전후휴가는 출산 전과 후를 통하여 90일을 부여하는 것이 원칙이고, 출산전후휴가 기간 90일은 역일상의 기간이므로 출산전후휴가는 출산일로부터 90일이 지나서는 사용할 수 없음. 따라서 근로자가 출산전후휴가를 사용하지 않은 상태에서 근로제공 의무가 없는 휴일 또는 휴무일에 출산한 경우라면 출산일 다음 날부터 출산전후휴가를 부여하면 될 것이나, 출산일 다음 날이 휴일 또는 휴무일이라고 하더라도 이는 출산전후휴가 기간에 포함되어야 할 것임.

(여성고용정책과-2961, 2017.07.19.)

나. 유·사산휴가

임신 중인 여성이 유산 또는 사산한 경우에는 유·사산 휴가를 신청할 수 있다. 사업주는 근로자의 청구가 있으면 유·사산휴가를 부여하여야 한다. 다만, 인공 임신중절의 경우는 그 사유가 모자보건법 제14조에 의해 허용하고 있는 사유에 해당하지 않으면 유·사산 휴가를 부여하지 않는다.

인공 임신중절에도 유·사산휴가를 부여하는 사유 〈모자보건법 제14조제1항〉

1. 본인이나 배우자가 대통령령으로 정하는 우생학적 또는 유전학적 정신장애나 신체질환이 있는 경우
2. 본인이나 배우자가 대통령령으로 정하는 전염성 질환이 있는 경우
3. 강간 또는 준강간(準强姦)에 의하여 임신 된 경우
4. 법률상 혼인할 수 없는 혈족 또는 인척 간에 임신 된 경우
5. 임신의 지속이 보건의학적 이유로 모체의 건강을 심각하게 해치고 있거나 해칠 우려가 있는 경우

유·사산 휴가는 근로자가 청구하여야 부여되며 임신기간에 따라 휴가 기간이 정해져 있다. 유산 또는 사산한 날부터 휴가가 시작되므로 늦게 신청하면 휴가일수가 줄어들게 된다.

유·사산 휴가 일수

임신기간	11주 이내	12주~15주	16주~21주	22주~27주	28주 이상
휴가일수	5일	10일	30일	60일	90일

* 휴가일수는 유·사산한 날부터 기산한다. 즉, 임신기간이 11주인 근로자의 유·사산일이 2023.1.15. 인 경우 유·사산 휴가 기간은 2023.1.15.~1.19.이 된다. 단, 근무를 마치고 당일 유·사산한 경우에는 당일에 휴가를 부여할 수 없으므로 익일부터 기산한다.

유·사산휴가는 출산전후휴가와는 별도로 부여된다. 만약 출산전후휴가를 사용하던 중 유·사산한 경우 출산전후휴가는 종료되고 임신기간에 따른 유·사산 휴가일수를 새로이 부여하여야 한다.

Q-67 유·사산휴가, 출산전후휴가, 육아휴직 등의 휴가, 휴직을 사용자의 승인 없이 신청한 내용대로 개시하였을 경우 이를 무단결근으로 보아 징계 등 불이익을 부여하는 것이 타당한지?

A 출산전후휴가, 유·사산휴가, 육아휴직은 일정한 요건이 충족되면 효력이 발생하는 강행법규로서 사업주는 근로자가 유·사산휴가, 육아휴직을 신청하면 부여하여야 하며, 출산전후휴가는 근로자의 신청이 없어도 근로자가 출산한 사실을 알았다면 부여해야 한다.

- 또한, 출산전후휴가, 유산·사산휴가, 육아휴직에 대해서는 사업주의 시기변경권도 인정되지 아니하므로 사업주가 정당한 이유 없이 승낙 여부를 표현하지 아니할 경우 근로자가 휴가·휴직 등을 시작하였더라도 이를 근로자의 귀책사유로 인한 결근은 아니라고 판단됨.

(여성고용정책과-3391, 2017.08.29.)

Q-68 유산·사산일에 근무를 하여 유·사산휴가를 사용하지 못한 경우, 유산·사산 휴가 시작일자는 언제로 보아야 하는지?

A 사용자는 임신 중인 여성이 유산 또는 사산한 경우로서 그 근로자가 청구하면 유산 또는 사산한 날부터 휴가를 부여하는 것임.
- 다만, 근로자가 유산일 또는 사산일에 근무를 마쳐서 사용자가 해당일에 유산·사산 휴가를 부여하기 어려운 경우라면, 근로자의 청구에 따라 그 다음날부터 휴가를 부여하는 것이 타당하다고 판단됨.

(여성고용정책과-1368, 2021. 4. 15.)

Q-69 출산전후휴가 사용 중 유산·사산을 한 경우 유·사산휴가 부여
- 유·사산의 위험이 있어 출산전후휴가를 분할하여 44일을 사용하고 있던 중 유·사산 (임신기간 28주 이상)하였을 경우 90일의 유·사산휴가를 부여해야 하는지?

A 임신 근로자가 유·사산 위험으로 인해 출산전후휴가를 분할 사용하던 중 유·사산한 경우에는 해당 임신주차에 해당하는 유·사산 휴가를 부여해야 함.
- 따라서, 임신 28주차에 유산 또는 사산을 했다면 출산전후휴가는 종료되고, 90일의 유산·사산휴가를 부여해야 한다.
- 유·사산 전에 사용한 출산전후휴가와 90일의 유산·사산휴가에 대하여 고용센터에서 출산전후휴가급여 등을 지급받을 수 있음.

(여성고용정책과-3048, 2019.11.25.)

다. 출산전후휴가, 유·사산휴가 중 급여 지급(출산전후휴가 급여)

사용자는 근로자의 출산전후휴가 최초 60일(다태아 75일)은 유급으로 부여하여야 한다. 유산·사산휴가 경우에도 최초 60일까지 유급으로 부여해야 한다. 유급으로 지급해야 하는 금액은 휴가 개시일을 기준으로 산정한 통상임금 100% 금액이다.

다만, 정부는 사업주 부담 경감을 위해 고용센터에서 근로자의 신청을 받아 출산전후휴가 급여(유·사산휴가 급여)를 지급(월 210만 원 한도)한다. 사업주는 근로자의 통상임금액에서 고용센터가 근로자에게 지급한 출산전후휴가 급여(유·사산휴가 급여)만큼은 임금 지급 의무가 면제되고 이를 초과한 부분만 지급하면 된다.

한편, 여성근로자가 출산전후휴가 중 사업주로부터 통상임금에 해당하는 금품을 지급받아 사업주로부터 받은 금품과 출산전후휴가 급여를 합한 금액이 출산전후휴가 시작일을 기준으로 산정한 통상임금을 초과하는 때에는 고용센터는 그 초과하는 금액을 출산전후휴가 급여에서 빼고 지급하므로 유의해야 한다.

근로기준법

제74조(임산부의 보호) ④ 제1항부터 제3항까지의 규정에 따른 휴가(출산전후휴가, 유·사산휴가) 중 **최초 60일(한 번에 둘 이상 자녀를 임신한 경우에는 75일)은 유급으로 한다.** 다만, 「남녀고용평등과 일·가정 양립 지원에 관한 법률」 제18조에 따라 **출산전후휴가급여 등이 지급된 경우에는 그 금액의 한도에서 지급의 책임을 면한다.**

고용센터에서 지급하는 출산전후휴가 급여(유·사산휴가 급여)는 고용보험 피보험자격에 따른 신청자격 요건이 있다. 또한 대기업인지 우선지원 대상기업인지 여부에 따라 지급액의 차이가 있다. 우선지원 대상기업 근로자에게는 90일분(630만 원 한도, 다태아일 경우 120일분 840만 원 한도), 대규모기업 근로자는 최초 60일(다태아 75일)을 초과한 30일분(다태아 45일)에 해당하는 통상임금(출산전후휴가개시일 기준)상당액을 지급한다.

출산전후휴가(유·사산휴가) 급여 신청 요건

1. 사업주로부터 출산전후휴가(또는 유·사산휴가)를 부여받았을 것
2. 출산전후휴가(유·사산휴가)가 끝난 날 이전에 고용보험 피보험단위기간*이 통산하여 180일 이상일 것.
3. 출산전후휴가(유·사산휴가) 종료일로부터 12개월 이내 신청할 것

* 피보험단위기간: 고용보험 피보험기간 중 보수 지급의 기초가 된 날을 합산한 기간. 따라서 유급휴가(연차), 유급휴일(주휴) 등은 포함되나 무급휴일, 보수가 지급되지 않는 결근일(무단결근)은 제외하여 산정한다. 통상 주 5일 근무제는 매주 1일의 무급휴일이 제외되므로 7~8개월 근무시 180일을 넘게 된다.

출산전후휴가 급여(요약)

구분		최초 60일(다태아 75일)	마지막 30일 (다태아 45일)
우선지원 대상기업	고용센터	월 통상임금(월 최대 210만 원*) 지급	
	사업주	월 통상임금에서 210*만 원 초과 부분을 지급	-
대규모 기업	고용센터	-	월 통상임금 지급 (최대 210*만 원 한도)
	사업주	월 통상임금 100% 지급	-

* 2023년부터 월 상한액이 200만 원에서 210만 원으로 인상되었음.
* 우선지원대상기업 근로자 경우 90일 동안 매월 최대 210만 원을 고용보험에서 지급
  - 통상임금이 210만 원을 넘는 경우 최초 60일 동안은 그 차액을 사업주가 지급
  - 통상임금이 210만 원을 넘지 않는 경우 고용보험에서 통상임금액 100% 지급
  (우선지원대상기업 예시) 월 통상임금이 250만 원인 경우
    • 최초 60일: 고용센터에서 월 210만 원 × 2회 지급, 사업주가 월 40만 원 × 2회 지급
    • 마지막 30일: 고용센터에서 210만 원 지급, 사업주는 지급 의무 없음.
* 대규모기업 근로자 경우 최초 60일(다태아 75일)은 사업주가 통상임금 100% 지급, 그 이후 30일(다태아 45일)은 고용보험에서 통상임금 100%(최대한도 월 210만 원) 지급

단태아, 다태아 출산전후휴가 및 급여

구분		단태아		다태아
전체 출산전후휴가기간		90일(출산 후 45일)		120일(출산 후 60일)
기업의 유급의무 기간		60일		75일
출산전후휴가 급여 고용보험 지원 (월 210만 원 한도)	우선지원대상 기업	90일 모두 지원		120일 모두 지원
	대규모 기업	무급 30일을 지원		무급 45일을 지원

우선지원 대상기업 기준(상시 사용하는 근로자 수)

산업 분류	분류기호	상시 사용 근로자 수
1. 제조업 [단, 산업용 기계 및 장비 수리업(34)은 그 밖의 업종]	C	500명 이하
2. 광업	B	300명 이하
3. 건설업	F	
4. 운수 및 창고업	H	
5. 정보통신업(출판, 영상, 방송업 포함)	J	

6. 사업시설 관리, 사업 지원 및 임대 서비스업 [단, 부동산 이외 임대업(76)은 그 밖의 업종]	N	
7. 전문, 과학 및 기술 서비스업	M	
8. 보건업 및 사회복지 서비스업	Q	
9. 도매 및 소매업	G	200명 이하
10. 숙박 및 음식점업	I	
11. 금융 및 보험업	K	
12. 예술, 스포츠 및 여가관련 서비스업	R	
13. 그 밖의 업종		100명 이하

* 업종구분 및 분류기호는 「통계법」 제22조에 따라 통계청장이 고시한 한국표준산업분류에 따름.

1) 위에 해당하지 않는 기업으로서 중소기업기본법 제2조제1항 및 제3항의 기준에 해당하는 기업은 제1항에도 불구하고 우선지원 대상기업으로 본다.

2) 위에 따른 우선지원대상기업이 그 규모의 확대 등으로 우선지원 대상기업에 해당하지 않게 된 경우 그 사유가 발생한 연도의 다음 연도부터 5년간 우선지원 대상기업으로 본다.

3) 상시 사용하는 근로자 수는 그 사업주가 하는 모든 사업에서 전년도 매월 말일 현재의 근로자 수(건설업에서는 일용근로자의 수는 제외한다)의 합계를 전년도의 조업 개월 수로 나누어 산정한 수단, 1개월 동안 소정근로시간이 60시간 이상인 단시간 근로자는 0.5명으로 하여 산정하고, 60시간 미만인 단시간 근로자는 상시 사용하는 근로자 수 산정에서 제외

4) 보험연도 중에 보험관계가 성립된 사업주에 대해서는 보험관계성립일 현재를 기준으로 우선지원대상 기업에 해당하는지를 판단한다.

Q-70 시간강사의 경우 학기 중에는 "주당 강의시간 × 4주 × 시간당 강의료"로 약 200만 원, 방학기간은 "방학 직전 학기 주당 강의시간 × 1주 × 시간당 강의료"로 약 40만 원을 지급 받음.

• 새학기 시작일부터 출산전후휴가를 실시하는 경우 출산전후휴가급여 산정을 위한 통상임금은?

• 출산전후휴가 이후 육아휴직을 연이어 사용할 경우 육아휴직급여 산정을 위한 통상임금은?

A 소정근로시간은 법정기준근로시간 범위내에서 근로계약서 등으로 근로자와 사용자 사이에 정한 근로시간임.

- 통상임금은 소정근로를 제공하면 일정액 이상의 임금이 지급될 것이 확정되어 있어야 함.

- 시간강사가 학기 시작일부터 출산전후휴가를 시작하였으므로 사용자는 유급으로 부여해야 하는 출산전후휴가 최초 60일에 대해 "주당 강의시간 × 4주 × 시간당 강의료"에 따라 산정한 급여(최소 통상임금)를 지급해야 함.

- 다만, 학기 시작과 동시에 출산전후휴가 개시로 인해 주당 강의시간을 특정하지 못해 월 통상임금을 산정할 수 없다면, 이전 학기의 평균 주당 강의시간 또는 노사간에 별도로 정한 주당 강의시간으로 산정할 수 있음.
- 고용보험 기금으로 지급하는 육아휴직급여도 출산전후휴가에 연이어 사용함에 따라 출산전후휴가 시작일의 통상임금으로 산정하여 지급함.

(여성고용정책과-3148, 2020.8.11.)

Q-71 출산전후휴가를 분할 사용하도록 정한 단체협약 및 취업규칙의 근로기준법 위반 여부 및 개인휴가 등을 사용하던 중 출산하는 경우 고용보험법에 따른 출산전후휴가급여를 지급받을 수 없는지 여부

A 「근로기준법」상 출산전후휴가는 출산일을 전후하여 연속적으로 사용하여야 하며, 출산전후휴가기간 90일은 역일상 기간이므로 출산일로부터 90일이 지나서는 사용할 수 없음.
- 출산전후휴가는 강행규정으로 사용자의 거부권이나 시기변경권이 인정되지 않음.
- 따라서, 단체협약 또는 취업규칙 등을 이유로 「근로기준법」상 출산전후휴가를 부여하지 않는 결과를 초래하는 경우 근로기준법 위반 소지가 있음.
- 고용보험법상 출산전후휴가급여는 피보험자가 「근로기준법」제74조에 따른 출산전후휴가를 부여받고 지급조건에 적합한 경우 지원함.
  따라서, 근로자가 개인휴가 등을 사용하던 중 출산하는 경우 출산일부터 출산전후휴가를 부여해야 하며, 출산일부터 부여한 출산전후휴가에 대해서는 출산전후휴가급여를 지원함.

(여성고용정책과-4318, 2020.11.11.)

라. 배우자 출산휴가, 배우자 출산휴가급여

배우자 출산으로 휴가가 필요한 근로자는 근속기간, 근로형태, 직종 등에 관계없이 10일간(다태아 경우에도 동일)의 배우자 출산휴가를 사용할 수 있다. 휴가기간 안에 출산(예정)일을 포함하고 있다면 출산일 전에 휴가를 사용하는 것도 가능하다. 다만, 출산이 아닌 유산·사산의 경우에는 적용되지 않는다. 배우자 출산휴가 기간 중 근로제공 의무가 없는 날(휴일 등)이 포함된 경우에는 당해 휴가일수에 산입하지 않는다.

배우자 출산휴가는 유급휴가이다. 사업주는 근로자가 배우자 출산휴가를 청

구하면 10일(휴가일수에 휴일은 제외)의 휴가기간에 통상임금 100% 전액을 지급해야 한다. 다만, 우선지원대상 기업은 고용센터에서 최초 5일분(상한액 401,910원 한도, '23년 기준)을 지원한다.

고용센터에서 배우자 출산휴가급여를 받기 위해서는 휴가가 끝난 날 이전의 피보험단위기간이 180일 이상이어야 하며 신청은 배우자 출산휴가를 시작한 날 이후 1개월부터 휴가가 끝난 날 이후 12개월 이내에 신청하여야 한다. 배우자 출산휴가기간 중 사업주로부터 통상임금에 해당하는 금품을 지급받은 경우, 사업주로부터 지급받은 금품과 배우자 출산휴가 급여를 합한 금액이 휴가 개시일을 기준으로 산정한 통상임금보다 더 많은 때에는 초과하는 금액만큼 배우자 출산휴가 급여에서 감액하여 지급한다.

배우자 출산휴가급여

구분		최초 5일 휴가기간	나머지 5일 휴가기간
우선지원 대상기업	고용센터	통상임금액 지급 (상한액 401,910원 한도)	-
	사업주	통상임금에서 고용센터 지급액을 공제한 차액은 사업주가 추가 지급	사업주가 통상임금 100% 전액 지급
대규모 기업		사업주가 통상임금 100% 전액 지급	

배우자 출산휴가는 배우자가 출산한 날부터 90일이 지나면 청구할 수 없다. 단, 휴가 종료일은 출산일로부터 90일을 넘어도 된다. 배우자 출산휴가는 1회 분할사용이 가능하다. 분할 사용 시에는 두 번째 휴가도 출산일로부터 90일 이내에 시작해야 한다.

Q-72 파업 기간 중 배우자 출산휴가를 신청한 경우 승인해야 하는지 및 배우자가 출산한 날로부터 90일이 지난 후 배우자 출산휴가를 신청하는 경우 불승인을 해도 무방한지?

A 파업기간이 근로자의 근로제공의무 등이 정지된 기간임을 고려할 때, 사업주는 근로자가 파업에 참여하지 않거나, 파업 참여를 중단하고 배우자 출산휴가를 신청한 경우에는 배우자 출산휴가를 부여해야 할 것으로 판단됨.
- 남녀고용평등법 제18조의2 제3항에 따르면 배우자 출산휴가는 근로자의 배우자가

출산한 날로부터 90일이 지나면 청구할 수 없도록 규정하고 있으므로, 다른 사정이 없다면 동 기한이 지난 후 신청한 배우자 출산휴가에 대해 사업주가 반드시 이를 허용할 의무는 없다고 판단됨.

(여성고용정책과-1689, 2021.05.10.)

Q-73 1주 16시간(2일)을 근무하는 직원의 경우 배우자 출산휴가 부여는?

A 단시간 근로자의 배우자 출산휴가는 다음(근로기준법 시행령 별표2 제4호 나목)과 같이 산정하여 부여함.

- 산정방식: 배우자 출산휴가일수(10일) × 단시간 근로자의 소정근로/통상근로자의 소정근로시간 × 8시간

예) 단시간 근로자는 1주 16시간(2일 근무), 통상근로자는 1주 40시간 근로
⇒ 배우자 출산휴가 10일 × 16시간/40시간 × 8시간 = 32시간

(여성고용정책과-3101, 2020.8.6.)

마. 육아휴직

사업주는 근로자가 만 8세 이하 또는 초등학교 2학년 이하의 자녀를 양육하기 위하여 육아휴직을 신청하면 이를 허용하여야 한다. 단, 육아휴직을 시작하려는 날의 전날까지 해당 사업에서 계속 근로한 기간이 6개월 미만인 근로자는 제외된다.

육아휴직 기간은 최대 1년이며, 자녀 1명당 남녀 근로자가 각각 1년을 사용 가능하고 부부가 동시에 같은 자녀에 대해서도 사용할 수 있다. 사업주가 육아휴직을 거부할 경우, 500만 원 이하의 벌금 처분 대상이 된다. 또한 육아휴직을 이유로 해고나 그 밖의 불리한 처우를 해서는 안 되며, 사업을 계속할 수 없는 경우를 제외하고는 육아휴직 기간에는 그 근로자를 해고하지 못한다.

육아휴직은 2회까지는 분할하여 사용할 수 있다. 단, 사업주가 법률상 부여된 1년 이내에서 2회를 초과하여 분할을 허용하는 경우에도 적법한 육아휴직으로 인정된다. 육아휴직을 분할하여 사용하는 경우에는 육아휴직을 개시하는 시점에 요건 충족 여부를 다시 확인하여야 하며 육아휴직 개시 시점에 요건을 충족하지 못한 경우에는 사업주의 육아휴직 부여 의무는 없다.

육아휴직 대상이 되는지 여부 판단

▶ 만 8세 이하는 만 9세가 되는 날(생일)의 전날까지를 의미하며, 초등학교 2학년 이하는 초등학교 3학년이 되는 날(해당학년 3월 1일)의 전날까지를 의미함.
  - 만 8세 이하 또는 초등학교 2학년 이하 두 조건 중 하나만 충족하면 되므로 만 8세인 초등학교 3학년이나 만 9세인 초등학교 2학년 모두 육아휴직 사용 가능
▶ 육아휴직 대상이 되는지 여부 판단은 '육아휴직 개시일'을 기준으로 함.
  - 따라서, 만 9세 또는 초등학교 3학년이 되는 날의 전날 육아휴직을 신청하였다고 해도 육아휴직 개시일을 기준으로 했을 때 대상에 해당하지 않는다면 사업주가 반드시 허용해야 할 의무는 없음.

(사례)
① 2011.2.1.생 자녀, 2017년에 초등학교 입학을 한 경우(빠른 입학)
  ⇒ 2019년 3월 1일에 3학년이 되지만, 2020년 2월 1일 전까지는 만 8세이기 때문에 2020년 2월 1일 전에 육아휴직을 개시할 수 있음.
② 2011.10.15.일생 자녀, 2019년에 초등학교 입학을 한 경우(늦은 입학)
  ⇒ 2020년 10월 15일에 만 9세가 되지만, 2021년 2월 말까지는 2학년이기 때문에, 2021년 2월 말까지 육아휴직을 개시할 수 있음.

▶ 육아휴직 도중에 자녀 연령이 해당 요건을 경과한 경우
  - 육아휴직 도중에 만 8세 이하 또는 초등학교 2학년을 초과한다 하더라도 예정된 육아휴직 기간을 모두 사용할 수 있음.
▶ 근로자가 다른 사업장에서 1년의 육아휴직을 사용한 후, 새로운 사업장에서 동일한 자녀의 양육을 사유로 육아휴직을 신청하였을 때 사업주가 이를 반드시 허용해야 하는지 여부
  - 「남녀고용평등과 일·가정 양립 지원에 관한 법률」 제19조는 사업주에게 근로자가 육아휴직을 신청하는 경우 이를 허용하도록 하면서, "육아휴직의 기간은 1년 이내로 한다"고 규정하고 있음.
  - 동 규정은 근로자가 여러 회사를 다니면서 동일 자녀에 대하여 육아휴직을 여러 해 사용하는 것을 보장하는 것보다는, 근로자에게 한 자녀에 대하여 1년의 육아휴직을 사용할 권리를 부여한 것으로 해석하는 것이 타당하므로,
  - 근로자가 동일한 자녀에 대하여 1년의 육아휴직을 이미 사용하였다면, 새로운 회사에 신청한 육아휴직에 대해 사업주가 허용할 의무는 없음.

기간제 근로자 및 파견 근로자의 육아휴직 기간은 기간제법상 사용기간 또는 파견법상의 근로자 파견기간에 포함되지 않는다. 따라서 사업주가 육아휴직 기간만큼 계약기간 또는 파견기간을 연장해도 무기계약 근로자로 전환되거나 직

접 고용의 부담을 지지 않는다.

바. 육아휴직급여

근로자의 육아휴직 기간은 무급이다. 따라서 사업주가 임금을 지급할 의무는 없으나, 대신 근로자는 정부(고용센터)로부터 육아휴직 기간(최대 1년)에 육아휴직 급여를 지급받을 수 있다. 근로자는 기간제, 계약직 등 고용형태와 무관하게 고용보험에 가입하여 신청자격 요건을 갖추었다면 육아휴직급여를 받을 수 있다.

육아휴직급여 신청 자격 요건
1. 육아휴직을 30일 이상 사용
2. 육아휴직 개시일 이전 피보험 단위기간 180일 이상일 것
3. 육아휴직 개시일 이후 1개월부터 끝난 날 이후 12개월 이내 신청할 것

고용센터는 근로자의 신청을 받아 육아휴직 기간에 통상임금(육아휴직 개시일을 기준으로 월 통상임금 산정)의 80%(상한액: 월 150만 원, 하한액: 월 70만 원)를 지급한다. 단, 육아휴직급여액 중 25%에 해당하는 금액(사후지급금)은 직장 복귀 후 6개월 이상 계속 근무한 경우 또는 근로자의 귀책사유가 없는 비자발적인 사유(회사사정에 따른 권고사직, 계약기간 만료 등)로 육아휴직 종료 후 복직하여 6개월 이전에 퇴사한 경우에 일시불로 지급한다.

3+3 부모육아휴직제를 사용하는 경우에는 사후지급금 제도가 적용되지 않으며 육아휴직급여 상한액도 첫 3개월간 상향(통상임금 80%→100%) 지급된다. 3+3 부모육아휴직제란 부모가 같은 자녀에 대하여 자녀 생후 12개월 이내에 동시에 또는 순차적으로 육아휴직을 사용하는 경우 첫 3개월에 대해서 부모 각각의 육아휴직 급여를 상향하여 지급해주는 제도를 말한다. 이 제도는 영아기 자녀를 둔 부모 모두의 육아휴직 사용을 장려하기 위해 도입된 제도로서 2022년부터 시행하고 있다. 일반 육아휴직 급여는 상한액이 150만 원인데 3+3 부모육아휴직제는 상한액이 200만 원에서 300만 원까지 상향 지급된다.

3+3 부모육아휴직급여 상한액

구분	3+3 부모육아휴직급여		비고
母 1개월 + 父 1개월	통상임금 100% 지급	각각 상한액 200만 원	12개월 미만 자녀 육아휴직에 적용
母 2개월 + 父 2개월		각각 상한액 250만 원	
母 3개월 + 父 3개월		각각 상한액 300만 원	

소득활동을 하고 있으나 고용보험의 '출산전후휴가급여'를 지원받지 못하는 출산여성에게는 '고용보험 미적용자 출산급여'를 지원한다.

고용보험 미적용자 출산급여 지원제도

출산일 현재 소득활동 형태			제출 서류 및 요건확인	
근로자	①유형	180일 수급요건 미충족자	• 출산일 전 30일 이상 고용보험 피보험 자격 유지	• 고용보험 가입 이력 • 출산일 현재 근로자 • 출산일 전 18개월 중 3개월 이상 소득활동 증빙 • 동거친족인 경우 지원 제외(배우자, 동거하는 8촌 혈족, 4촌 이내 인척)
	②유형	고용보험 적용제외사업의 근로자, 고용보험법 적용제외자 (간헐적 소득활동)	• 사업주 확인서 • 출산일 전 1개월 중 10일 이상 근로(고용보험 피보험등록 또는 소득활동 확인 자료)	
	③유형	고용보험 미성립사업장의 미가입근로자(성립사업장의 미가입 근로자는 제외)	• 사업주 확인서	
1인 사업자	④유형	1인사업자로서 전전년도~당해년도 사업에 대한 세금신고 有 (부동산임대 관련 사항은 제외)	• 사업자등록증(폐업여부, 부동산임대 관련업종 포함 여부) • 1인사업자 증빙(고용보험 정보, 건강보험자격 득실확인서 등) • 세금신고사항(국세청 정보) 또는 출산일 전 18개월 중 3개월 이상의 소득활동 증빙(부가가치세과세표준증명원)	
	⑤유형	1인사업자이나 전전년도~당해년도 사업에 대한 세금신고 無 (부동산임대 관련 사항은 제외)	• 사업자등록증(폐업여부, 부동산임대 관련 업종 포함 여부) • 1인사업자 증빙(고용보험 정보, 건강보험자격 득실확인서 등) • 출산일 전 18개월 중 3개월 이상의 소득활동 증빙(매입·매출서류, 계약서류 등)	
⑥유형		사업자등록하지 않은 특고, 프리랜서 등(간헐적 소득활동)	• 출산일 전 18개월 중 3개월 이상의 소득활동 증빙(재직증명서, 경력증명서, 용역계약서, 납품계약서, 원천징수영수증 등)	

• 지원대상: 소득활동을 하고 있으나 고용보험의 출산전후휴가급여를 지원받지 못하는 출산여성으로

소득활동 유형에 따른 요건 해당자
- 지원내용
    - 출산급여: 출산일로부터 30일 단위로 50만 원씩 3회 출산급여를 지급
    - 유사산급여: 임신기간에 따라 30만 원에서 150만 원(50만 원 3회) 지급
- 신청기간: 출산일 포함 30일 경과 후부터 출산일로부터 1년 이내에 신청
- 신청서류: 급여신청서, 사업주 확인서(①~③유형), 소득활동 증빙자료(유형별로 제출), 유산·사산을 증빙할 수 있는 의료기관 진단서(유산·사산한 경우만 해당)
- 신청방법: 온라인(고용보험 www.ei.go.kr), 우편 또는 방문(거주지 관할 고용센터)

사. 육아기 근로시간 단축

사업주는 만 8세 이하 또는 초등학교 2학년 이하의 자녀가 있는 근로자가 자녀 양육을 위해 근로시간 단축을 신청하는 경우 주당 근로시간 15시간 이상 35시간 이내에서 허용해야 한다.

다만, 근로시간 단축 개시 예정일의 전날까지 해당 사업장에서 계속 근로한 기간이 6개월 미만인 근로자가 신청한 경우 또는 대체인력 채용이 불가능하거나 정상적인 사업 운영에 중대한 지장을 초래하는 때에는 그 사유를 근로자에게 서면통보하고 허용하지 않을 수 있다. 사업주가 정당한 사유 없이 이를 허용하지 않았거나 서면으로 통보하지 않았을 때에는 500만 원 이하의 과태료 부과 대상이 된다.

근로자는 자녀 1명당 부모가 각각 육아기 근로시간 단축을 최대 1년간 사용할 수 있다. 육아휴직을 사용할 수 있는 근로자가 육아휴직 대신 육아기 근로시간 단축을 사용하면 육아휴직 미사용 기간을 합하여 최대 2년간 사용할 수 있다. 육아기 근로시간 단축은 분할사용도 가능한데 이 경우 분할사용 1회의 기간은 3개월 이상이어야 한다.

육아기 근로시간 단축 근로자의 근로조건은 근로시간에 비례하여 적용하는 것 이외에 근로시간 단축을 이유로 불리하게 처우해서는 안 된다. 또한 근로시간 단축 이후 평균임금을 산정하는 경우에는 육아기 근로시간 단축 기간을 평균임금 산정기간에서 제외한다.

사업주는 단축된 근로시간에 비례한 급여를 지급하고, 정부(고용센터)는 단축 근무자의 급여 감소분 일부를 지원(육아기 근로시간 단축급여)한다. 육아기 근로시

간 단축급여는 근로시간 단축 시작일 이전에 피보험 단위기간이 180일 이상이면 지급받을 수 있다. 신청은 육아기 근로시간 단축 시작 이후 1개월부터 끝난 날 이후 12개월 이내에 가능하다.

아. 임신기 근로시간 단축

사업주는 임신 후 12주 이내 또는 36주 이후에 있는 여성 근로자가 1일 2시간의 근로시간 단축을 신청하는 경우 근로자의 근속기간·직종·근로형태 등에 관계없이 이를 허용하여야 한다. 이를 위반할 경우 500만 원 이하의 과태료 부과 대상이 된다.

다만, 1일 근로시간이 8시간 미만 근로자에 대하여는 1일 근로시간이 6시간이 되도록 근로시간 단축을 허용할 수 있다. 사용자는 임신기 근로시간 단축을 이유로 근로자의 임금을 공제, 삭감해서는 안 된다.

Q-74 임신기 근로시간 단축은 노사합의로 주 단위 적치 사용이 가능한지?
[예: 월-목은 8시간 근로, 금요일은 하루 휴무(8시간 단축)]

A 법정 임신기 근로시간 단축의 형태는 1일 2시간 단축이나, 이는 법으로 정한 최소한의 규정으로서 노사가 합의하였다면 이를 주 단위로 적치하여 사용한다고 해서 법을 위반한 것으로 볼 수 없다고 판단됨.

(여성고용정책과-2768, 2016.8.11)

(참고) 임신 후 12주 이내는 임신기간 84일(12주가 끝나는 날)까지를, 임신후 36주 이후는 36주가 접어드는 임신기간 246일(35주 + 1일)부터를 말함.

자. 태아 검진시간 및 수유시간 허용

사용자는 임신한 여성 근로자가 모자보건법 제10조에 따른 임산부 정기건강진단에 필요한 시간을 청구하면 이를 허용해야 하며 건강진단 시간을 이유로 근로자의 임금을 공제, 삭감할 수 없다. 태아 검진시간 부여는 검진에 소요되는 합리적인 시간을 유급으로 보장하면 되고 반드시 1일의 태아검진휴가를 부여할 의무가 있는 것은 아니다.

사용자는 생후 1년 미만 유아를 가진 여성 근로자가 수유시간을 청구하면 1일 2회 각각 30분 이상의 유급 수유 시간을 허용해야 한다.

차. 난임치료휴가

사업주는 근로자가 인공수정 또는 체외수정 등 난임치료를 받기 위하여 휴가를 청구하는 경우에 1년에 3일 이내의 휴가를 주어야 하며, 이 경우 최초 1일은 유급으로 한다. 다만, 근로자가 청구한 시기에 휴가를 주는 것이 정상적인 사업 운영에 중대한 지장을 초래하는 경우에는 근로자와 협의하여 그 시기를 변경할 수 있다.

난임치료휴가는 남·녀 근로자 모두 사용할 수 있으며 사용자가 난임치료휴가 부여 의무를 위반할 경우 500만 원 이하 과태료 부과 대상이 된다. 난임치료휴가는 연간 3일이내에 일단위로 분할사용이 가능하다.

카. 생리휴가

사용자는 여성 근로자가 청구하면 월 1일의 생리휴가를 주어야 한다. 생리휴가는 근로형태, 직종, 근속기간 등과 관계없이 모든 여성 근로자에게 적용되며 무급으로 부여된다. 사용자가 생리휴가 부여의무를 위반할 경우 500만 원 이하의 벌금부과 대상이 된다.

타. 가족돌봄휴가와 가족돌봄휴직

▌ 가족돌봄휴가는 무급으로 연간 10일을 1일 단위로 사용 가능

사업주는 남녀고용평등법(제22조의2)에 따라 근로자가 가족(조부모 또는 손자녀의 경우 근로자 본인 이외에 직계비속, 직계존속이 있거나 근로자의 계속근로기간이 6개월 미만인 경우 등은 제외)의 질병, 사고, 노령 또는 자녀의 양육으로 인하여 긴급하게 그 가족을 돌보기 위한 휴가를 신청하는 경우 이를 허용하여야 한다. 가족돌봄휴가는 무급휴가로 연간 최장 10일이며 1일 단위로 사용 가능하다. 다만, 근로자가 청구한 시기에 가족돌봄휴가를 주는 것이 정상적인 사업 운영에 중대한 지장을 초래하는 경우에는 근로자와 협의하여 그 시기를 변경하거나 허용하지 아니할 수 있.다

자녀 양육으로 사용가능한 경우는 자녀의 학교 행사(입학식, 졸업식, 학예회, 운동회, 참여수업, 학부모상담 등), 병원진료 동행 등으로 사용할 수 있으나 개별적인 봉사, 체험, 탐방 등 학교 밖의 활동이나 여행, 시험동행 등은 사용할 수 없다. 사용자가 가족돌봄휴가를 정당한 사유없이 허용하지 않은 경우 500만 원 이하 과태료 부과 대상이 된다.

▎ 가족돌봄휴직은 무급으로 연간 90일을 30일 이상 분할 사용 가능

사용자는 근로자가 조부모, 부모, 배우자, 배우자의 부모, 자녀 또는 손자녀의 질병, 사고, 노령으로 인하여 그 가족을 돌보기 위한 휴직을 신청하는 경우 이를 허용하여야 한다. 가족돌봄휴직은 무급으로 연간 최대 90일이며 1회 30일 이상 단위로 분할 사용도 가능하다. 가족돌봄휴가기간은 가족돌봄휴직 90일에 포함된다.

사용자가 가족돌봄휴직을 정당한 사유없이 허용하지 않은 경우 500만 원 이하 과태료 부과 대상이 된다. 단, 돌봄휴직개시 예정일의 전날까지 해당 사업에서 계속 근로한 기간이 6개월 미만인 근로자가 신청한 경우, 대체인력 채용이 불가능한 경우, 정상적인 사업 운영에 중대한 지장을 초래하는 경우, 본인 외에도 조부모의 직계비속 또는 손자녀의 직계존속이 있는 경우 등 대통령령으로 정하는 경우에는 부여하지 않을 수 있다.

가족돌봄휴직 및 가족돌봄휴가 기간은 근속기간에는 포함되나 근로기준법에 따른 평균임금 산정기간에서는 제외된다. 또한 가족돌봄휴직이나 가족돌봄휴가를 이유로 한 해고, 근로 조건 악화 등 불리한 처우는 금지되며 이를 위반하고 불리한 처우를 하였을 때에는 3천만 원 이하의 벌금 부과 대상이 된다.

제 4 장

노동조합과 부당노동행위

4장

노동조합과 부당노동행위

노동조합은 헌법의 노동3권을 구현하는 조직으로서 법의 보호를 받으며 합법적인 파업은 사업주의 어떠한 피해에 대해서도 면책됩니다.

1. 노동조합이란?

우리나라 최고 상위법인 헌법에 "근로자는 근로조건의 향상을 위하여 자주적인 단결권·단체교섭권 및 단체행동권을 가진다"는 규정(헌법 제33조제1항)이 있다. 이 헌법에서 보장된 단결권, 단체교섭권, 단체행동권을 노동3권이라 한다. 이 노동3권은 근로자의 인간다운 생활을 보장하기 위한 것으로 그 주체는 근로자가 모여 조직한 노동조합이다. 즉 노동조합은 노동자가 주체가 되어 근로조건의 유지, 개선 기타 노동자의 경제적, 사회적 지위의 향상을 목적으로 단결, 조직된 단체 또는 그 연합단체이며 근로조건의 개선을 위해 노동법에 보장된 단체교섭과 쟁의행위(파업)를 할 수 있다.

노동조합과 노사협의회는 전혀 다르다. 노사협의회는 노사 쌍방의 이해와 협조로 노사 공동의 이익을 도모하기 위한 협의기구로 같은 수의 근로자 위원과 사용자 위원으로 구성(각 3명 이상 10명 이하)되지만, 조직원이 없고 단체교섭과 단체협약 체결의 주체가 되지 못하는 점에서 노동조합과 다르다. 단체교섭, 단체협약 체결, 파업은 노동조합만이 할 수 있다. 노동조합 설립은 의무가 아니고 자율적이다. 노사협의회는 상시근로자 수 30인 이상 사업장에는 의무적으로 설치하여야 한다.

노동조합과 노사협의회 비교

구분	노동조합	노사협의회
근거	헌법, 노동조합법	근로자참여 및 협력증진에 관한 법률
대상	모든 사업장의 근로자	상시근로자 30인 이상 사업장
기능	근로조건 개선 단체교섭, 단체협약, 쟁의행위	노사 쌍방의 참여·협력과 공동이익 증진
비고	근로자들이 자율적으로 설립 (근로자 2인 이상으로 설립)	상시근로자 30인 이상 사업장 설치 의무 [노사 동수(각 3~10인)로 구성]

가. 노동조합의 설립과 종류

우리나라는 노동조합 자유설립주의이므로 근로자는 누구나 요건을 갖추어 자유로이 노동조합을 설립할 수 있다. 노동조합 설립 요건은 실질적 요건과 형식적 요건이 있으며 실질적 요건에는 다시 적극적으로 갖추어야 하는 적극적 요건과 피해야 하는 소극적 요건이 있다.

노동조합 설립 요건

1) 실질적 요건

가) 적극적 요건

① 주체성: 근로자가 주체가 되어 조직한 단체이어야 한다(사용자나 사용자 이익을 위해 행동하는 자가 주체이거나 참여하면 안 된다).

② 자주성: 노동조합이 독립적으로 조직, 운영되어야 한다(노조운영에 사용자의 지배나 개입, 원조가 있어서는 안 된다).

③ 목적성: 근로조건의 유지, 개선을 목적으로 하여야 한다(공제, 수양 기타 복리사업만이 목적이거나 주로 정치운동을 목적으로 하면 안 된다).

④ 단체성: 구성원이 2명 이상이어야 한다.

나) 소극적 요건(아래에 해당하는 경우 노동조합으로 보지 않는다)

① 사용자 또는 그의 이익을 대표하여 행동하는 자의 참가를 허용하는 경우

② 경비의 주된 부분을 사용자로부터 원조받는 경우

③ 공제·수양 기타 복리사업만을 목적으로 하는 경우

④ 근로자가 아닌 자(사용자)의 가입을 허용하는 경우

⑤ 주로 정치운동을 목적으로 하는 경우

2) 형식적 요건

노동조합의 실질적 요건을 충족하고 노동조합 설립신고서에 규약을 첨부하여 관할 관청에 신고하면 설립신고증을 교부받는다. 이를 형식적 요건이라 한다.

노동조합은 이처럼 실질적 요건과 설립신고라는 형식적 요건을 갖추어야 유효하게 설립된 것으로 본다. 유효하게 설립된 노동조합은 법의 보호를 받는다. 노동조합 및 노동관계조정법에서는 노동조합의 조직형태에 별다른 제한을 두고 있지는 않으므로 다양한 형태의 노동조합을 설립할 수 있다. 대표적인 형태로 기업 내 근로자들이 모인 '기업별 노동조합', 단일 기업을 초월하여 동일 산업의 근로자가 모인 '산업별 노동조합', 일정 지역의 동일 직종 또는 업종 단위로 조직된 '지역단위 노동조합', 여러 노동조합이 연대하여 구성된 '연합단체 노동조합'(민주노총, 한국노총) 등이 있다.

나. 노동조합 및 노동관계조정법(이하 노동조합법)상의 근로자

근로기준법이 보호하는 근로기준법상의 근로자와 노동조합법이 보호하는 노동조합법상의 근로자는 차이가 있다. 근로기준법상 근로자는 사용자와 종속관계가 있음을 전제로 하는데, 노동조합법상의 근로자는 사용자와 종속관계가 꼭 필요한 것이 아니다. 노동조합법상의 근로자는 근로기준법상의 근로자를 포함하여 더 넓은 범위의 개념이다. 노동조합법상 근로자는 근로기준법에서 보호하는 근로자뿐만 아니라 근로기준법에서는 근로자로 인정하지 않는 학습지 교사, 골프장 캐디, 정수기 코디, 보험모집인(보험설계사) 등 특수형태근로종사자는 물론, 실업자와 구직자도 노동조합법상 근로자에 해당한다. 따라서 실업자와 구직자도 노동조합원이 될 수 있다. 특히 2021.1.5. 개정된 노동조합법에서는 개별 기업에서 해고된 근로자나 퇴직한 근로자도 노동조합의 규약이 정하는 바에 따라 노동조합원이 될 수 있게 되었다.

근로자의 정의

근로기준법 제2조	임금을 목적으로 사업이나 사업장에 근로를 제공하는 사람
노동조합법 제2조	임금·급료 기타 이에 준하는 수입에 의하여 생활하는 자

참고 **'21.1.5 개정 노동조합법('21.7.6 시행) 주요 내용**

구분	개정 이전	개정 이후

실업자·해고자 노조가입 자격	• 기업별 노조의 조합원은 해당 사업(장)의 종사자로 한정
	• 초기업단위 노조(산별노조, 지역노조, 직종별노조 등)는 해고자도 가입 가능
		• <결사의 자유 보장>
		  - <u>해고자 등도 기업별 노조에 가입 허용</u>
		   (제2조제4호라목 "단서" 삭제)
		• <보완방안>
		  - 해당 기업의 종업원이 아닌 조합원은 사업장 내 노조활동 시 효율적 사업운영에 지장을 주지 않아야 함.
		  - 해당 기업의 종업원이 아닌 조합원은 타임오프 한도, 교대노조 결정, 쟁의행위 찬반투표 의사결정 제한

노조 임원 자격	• 노조 임원은 조합원 중에서 선출	• <결사의 자유 보장>
		  - 조합원·임원 자격은 노조 규약으로 자유롭게 정할 수 있도록 함.
		• <보완방안>
		  - <u>기업별 노조의 임원은 종업원인 조합원으로 한정</u>

노조 전임자 급여 지급	• 노조 전임자 급여 지급 금지 • 다만, 근로시간 면제한도 내 급여 지급은 가능 • 면제 한도를 초과하여 급여 지급 시 부당노동행위로 규율 • 노조 전임자 급여 지급을 요구하는 쟁의행위 금지	• <결사의 자유 보장> <u>노조 전임자 급여 지급 금지 삭제</u> • <보완방안> 근로시간면제제도의 기본 틀 유지 ❶ <u>사용자의 급여지급은 여전히 근로시간면제 한도 내에서만 가능</u> ❷ 면제 한도 초과 단체협약 무효화 ❸ <u>면제 한도 초과 급여지급 시 부당노동행위로 규율</u>
단체교섭 관련 제도 개편	• 사용자 동의로 개별 교섭 가능, 다만 개별 교섭 시 사용자 준수의무 부재 • 교섭단위 분리에 관한 규정만 有	• 사용자 동의로 개별 교섭 시 성실 교섭 및 차별금지 의무 부여·분리된 교섭단위의 통합 근거 신설
단체협약 유효기간 상한	• 2년	• <u>3년</u>
사업장 점거형태의 쟁의행위	• 생산 기타 주요업무 시설 등에 대한 점거 금지 • 판례는 전면·배타적 사업장 점거는 금지, 부분적·병존적 점거는 허용	• 사용자의 점유를 배제하여 조업을 방해하는 쟁의행위를 금지하는 원칙 신설

다. 단체협약

노동조합의 대표자 또는 노동조합의 위임을 받은 자는 사용자와 교섭하고 단체협약을 체결할 권한을 가진다. 단체협약은 노동조합과 사용자가 임금, 근로시간 등 근로조건과 기타 관련 사항에 대하여 단체교섭 과정을 거쳐 합의한 사항을 서면으로 작성하여 서명 또는 날인한 것을 말한다.

단체협약은 조합원의 근로조건 등에 대하여 노사간에 합의한 사항으로서 법적 효력이 인정되므로 노동조합은 단체협약 내용과 체결에 전력을 다하게 된다. 단체협약은 이를 서면으로 작성하고 서명 또는 날인하여야 하며 서면으로 작성되지 않은 단체협약은 노동조합법상 단체협약으로서의 효력이 인정되지 않는다.

단체협약은 합의서, 협정, 협약, 각서 등 그 명칭 여하에는 관계없이 노사 쌍방이 적법한 단체교섭을 통하여 근로조건 등에 관하여 합의한 내용을 문서화한 것이면 모두 단체협약으로 인정된다. 임금협약도 단체협약의 일종이다. 노동조합이 있는 사업장에서는 보통 임금협약을 매년, 단체협약을 격년으로 체결하여 왔는데 2021.1.5. 노동조합법 개정으로 단체협약 유효기간 한도가 2년에서 3년으로 연장되었다.

단체협약을 체결한 당사자는 단체협약 체결일로부터 15일 이내에 쌍방이 연명으로 이를 행정관청에 신고하여야 한다. 다만, 단체협약이 행정관청에 신고되지 않았더라도 그 효력은 인정된다. 단체협약의 해석 또는 이행방법에 관하여 관계 당사자간에 의견의 불일치가 있는 때에는 당사자 쌍방 또는 단체협약에 정하는 바에 의하여 어느 일방이 노동위원회에 그 해석 또는 이행방법에 관한 견해의 제시를 요청할 수 있다. 이때 노동위원회가 제시한 견해는 중재재정(노동조합법 제70조)과 동일한 효력이 있다.

노동위원회의 견해에 대하여 이의가 있는 노사일방은 노동위원회의 견해서를 송달받은 날부터 10일 이내에 중앙노동위원회에 재심을 신청할 수 있다.

단체협약의 효력 발생 시기는 노사 당사자가 약정할 수 있다. 만약 정한 것이 없다면 단체협약을 체결한 시점에 효력이 발생한다고 보아야 한다. 단체협약은 노사가 정한 그 유효기간(최대 3년)이 만료되면 효력이 상실되는 것이 원칙이다. 다만, 그 유효기간이 만료되는 때까지 노동조합과 사용자 쌍방이 단체교섭을 계속하였음에도 불구하고 새로운 단체협약이 체결되지 않았을 때에는 별도의 약정이 있는 경우를 제외하고는 종전의 단체협약이 그 효력 만료일부터 3개월간 계속 효력을 갖는다(노동조합법 제32조 제3항).

단체협약 체결 이후 다시 단체협약 체결을 위한 단체교섭을 요구할 수 있는 시기는 협약만료일 이전 3개월이 되는 날부터이다(노동조합법 시행령 제14조의2). 노동조합은 사용자에게 교섭을 요구할 때는 노동조합의 명칭, 그 교섭을 요구한 날 현재의 조합원 수 등 고용노동부령으로 정하는 사항(노동조합법 시행규칙 제10조의2)을 적은 서면으로 하여야 한다. 단체교섭을 요구 받은 사업주는 단체교섭 요구 사실을 공고하고 교섭대표노조 확정 등 노동조합법에서 정하고 있는 교섭 절차를 진행하여야 한다.

만약 노동조합이 해산하게 되면 단체협약은 당연히 소멸된다. 또한 노동조합의 조직변경이 있는 경우에는 노동조합의 동일성이 유지되었다고 인정되면 단체협약의 효력도 그대로 존속하게 된다.

회사가 해산하는 경우에는 청산이 완료될 때까지 단체협약은 존속하며 청산의 완료에 의하여 단체협약도 소멸된다. 개인회사에서 주식회사로 또는 유한회사에서 주식회사 등으로 회사의 조직이 변경되는 경우에도 단체협약은 그대로 존속하게 된다. 회사 합병의 경우에는 단체협약 당사자로서의 지위는 상실되더라도 소멸회사의 권리·의무는 모두 포괄적으로 합병회사에 승계되므로 단체협약도 그대로 존속한다.

라. 단체협약과 취업규칙, 근로계약의 효력

단체협약은 노동조합과 사용자가 근로조건 등에 관한 사항을 교섭한 결과 합의하여 체결한 약정이다. 취업규칙은 사용자 일방이 사업장에서 근로자가 지켜야 할 일반적인 규율 또는 근로조건에 관한 사항을 정한 것이고 근로계약은 근로자와 사용자가 개별적인 근로조건을 약정한 것이라는 점에서 차이가 있다.

이처럼 단체협약과 취업규칙, 근로계약은 모두 근로조건에 관한 사항을 정하고 있는데 만약 정하고 있는 근로조건의 내용이 서로 다를 때에는 어떤 것의 효력이 우선적으로 인정이 될 것인가? 일반적으로 상위법 우선 원칙에 따라 법령 > 단체협약 > 취업규칙 > 근로계약 순으로 상위법을 우선 적용한다.

노동조합법

제33조(기준의 효력) ① 단체협약에 정한 근로조건 기타 근로자의 대우에 관한 기준에 위반하는 취업규칙 또는 근로계약의 부분은 무효로 한다.

② 근로계약에 규정되지 아니한 사항 또는 제1항의 규정에 의하여 무효로 된 부분은 단체협약에 정한 기준에 의한다.

근로기준법

제96조(단체협약의 준수) ① 취업규칙은 법령이나 해당 사업 또는 사업장에 대하여 적용되는 단체협약과 어긋나서는 아니 된다.

② 고용노동부장관은 법령이나 단체협약에 어긋나는 취업규칙의 변경을 명할 수 있다.

그런데 노동법에서는 근로자 보호 취지에 따라 상위법 우선의 원칙과 함께 유리한 조건 우선 원칙도 적용된다. 유리한 조건 우선 원칙이란 근로자에게 가장 유리한 조건을 정한 것이 우선 적용되는 것을 말한다. 즉, 법령, 단체협약, 취업규칙, 근로계약에서 정한 근로조건이 서로 다를 때에는 이중 근로자에게 가장 유리한 조건을 정한 것이 우선 적용된다. 예를 들어 법에서 정한 정년은 60세인데, 취업규칙에 정년을 65세로 정한 경우 상위법 우선 원칙은 적용되지 않고 유리한 조건 우선 원칙이 적용되어 상위법이 아닌 취업규칙에서 정한 65세 정년이 근로조건이 되는 것이다.

단체협약과 취업규칙의 사이에서도 마찬가지이다. 만약 단체협약에 해고예고수당을 통상임금 30일분으로 규정하였지만 취업규칙에서는 통상임금 50일분을 지급한다고 정하였다면 해고예고수당은 단체협약이 아니라 취업규칙에서 정한 50일분을 지급하여야 한다.

다만, 단체협약과 취업규칙이 충돌할 때에 언제나 유리한 조건 우선 원칙이 적용되는 것은 아니다. 우리 대법원에서는 협약자치에 따른 당사자 의사의 합치 여부를 검토하여 판단하여야 한다는 판결도 있어 이러한 경우에는 사안의 개별적인 사실관계와 여건에 따라 유리한 조건 우선 원칙의 적용 여부가 결정된다고 이해해야 한다.

Q-75 단체협약과 취업규칙이 충돌한 경우 개별적 구체적 사정을 고려해 유리한 조건 우선 원칙을 적용할 수 있는지 여부?

A 취업규칙과 단체협약에 무단결근 월 7일 이상이면 면직처분으로 규정한 사업장에서 취업규칙은 그대로 두고 노사간 단체협약 개정을 통해 면직처분 요건을 5일 이상으로 변경한 사안에서

- "협약자치의 원칙상 노동조합은 사용자와 사이에 근로조건을 유리하게 변경하는 내용의 단체협약뿐만 아니라 근로조건을 불리하게 변경하는 내용의 단체협약도 체결할 수 있으므로, 근로조건을 불리하게 변경하는 내용의 단체협약이 현저히 합리성을 결하여 노동조합의 목적을 벗어난 것으로 볼 수 있는 것과 같은 특별한 사정이 없는 한 그러한 노사간의 합의를 무효라고 볼 수는 없고, 단체협약의 개정에도 불구하고 종전의 단체협약과 동일한 내용의 취업규칙이 그대로 적용된다면 단체협약의 개정은 그 목적을 달성할 수 없으므로 개정된 단체협약에는 당연히 취업규칙상의 유리한 조건의 적용을 배제하고 개정된 단체협약이 우선적으로 적용된다는 내용의 합의가 포함된 것이라고 봄이 당사자의 의사에 합치한다고 할 것이고, 따라서 개정된 후의 단체협약에 의하여 취업규칙상의 면직기준에 관한 규정의 적용은 배제된다고 보아야 한다."라고 판시하여 유리한 조건 우선 원칙을 배척하였음.

(대법 2002두9063, 2020.12.27.)

마. 단체교섭

단체교섭이란 노동조합과 사용자가 임금, 근로시간, 복지, 해고, 기타 근로조건 등에 관한 단체협약의 체결을 위하여 교섭하는 것을 말한다. 단체교섭의 유형은 기업별 교섭(개별 기업의 노조와 사용자가 단체교섭), 집단교섭(복수의 노조와 복수의 사용자가 동시에 교섭), 통일교섭(산업별 노동조합과 이에 대응하는 산업별 사용자단체가 교섭), 대각선 교섭(개별 기업 노조가 소속된 상급 노조 단체가 개별 기업 사용자와 교섭), 공동교섭(개별 기업 노조가 상급 노조 단체와 공동으로 개별 기업 사용자와 교섭) 등 다양한 형태가 있다. 단체교섭은 교섭 당사자와 교섭 대상 및 단체교섭의 절차에 대한 이해가 필요하다.

1) 단체교섭의 당사자

사용자 측의 단체교섭 당사자는 법인기업인 경우는 그 법인, 개인기업인 경

우는 그 개인 사업주가 되며 근로자 측의 단체교섭 당사자는 노동조합이 된다. 이때 노동조합은 법에 따라 적법하게 설립한 노동조합만이 단체교섭의 당사자가 되는 것이 원칙이다. 다만, 대법원에서는 "노동조합 설립 신고를 하지 않은 분회 또는 지회가 독자적인 규약 및 집행기관을 가지고 독립된 조직체로 활동하는 경우 당해 조직·조합원에 고유 사항에 대하여 독자적으로 교섭 및 협약체결을 진행할 수 있다"고 판시하였다(대법 2000도4299, 2001.2.23.). 그러나 대법원의 판결에도 불구하고 적법하게 설립된 노동조합이 아닌 경우에는 사용자가 단체교섭 요구에 응하지 않더라도 노동위원회에 노동쟁의의 조정 및 부당노동행위 구제를 신청할 수 없다(노동조합법 제7조).

Q-76 근로자 1명만이 초기업 노조에 가입한 경우 사용자의 교섭의무 부담 여부?

△△공사의 정규직노조의 가입대상에서 제외되어 있는 비정규직 근로자 13명이 초기업 노조에 가입하자 해당 초기업 노조는 △△공사를 상대로 단체교섭을 요구하고 있음. 노동조합은 2명 이상의 단체성이 요구되는데, 현재 초기업 노조에 가입한 △△공사 소속 비정규직 근로자 13명 중 12명이 탈퇴하고 조합원 1명만이 잔존하고 있음에도 노조의 교섭 요구에 응하여야 하는지?

A 노조법 제29조제1항에 따라 노동조합의 대표자는 그 노동조합 또는 조합원을 위하여 사용자에 대해 단체교섭을 요구할 수 있으며, 이 경우 단체교섭의 사용자측 당사자는 원칙적으로 근로계약에 의하여 근로자를 채용하는 계약상의 당사자를 의미하며, 통상 근로조건의 결정권이 있고 단체협약상의 권리와 의무를 부담하는 자를 말함.
  - △△공사에서 근무하는 비정규직 근로자가 초기업 단위의 산업별·업종별 노조에 가입한 경우, 단체교섭의 당사자는 원칙적으로 △△공사와 산업별·업종별의 초기업 노조라 할 것임. 따라서 비정규직 근로자들이 초기업 노조에 가입한 후 대부분의 근로자들이 노조를 탈퇴하여 현재 조합원이 1명만 남아있다 하더라도, △△공사는 조합원수와 관계없이 당해 조합원에게 적용될 단체협약 체결을 위한 단체교섭에 응하여야 할 것임.

(노사관계법제팀-2271, 2007.7.24.)

---

2) 단체교섭의 대상

단체교섭의 대상은 단체교섭의 목적이 되는 단체교섭 사항을 말하는데 단체교섭 사항이 되기 위해서는 ① 사용자가 처리·처분할 수 있어야 하고, ② 집단적 성격을 가져야 하며, ③ 근로조건과 관련이 있어야 하고, ④ 이익분쟁에 관한 사항이어야 한다.

이익분쟁은 근로조건의 기준에 관한 권리의 형성·유지·변경 등을 둘러싼 분쟁이다. 즉 근로조건을 어떤 내용으로 정할 것인지를 두고 발생하는 분쟁이며 집단적인 기준을 정하는 것을 목적으로 하는 분쟁이다. 따라서 개인적인 고충은 여기에 해당하지 않는다. 반면 권리분쟁이라는 개념도 있는데 권리분쟁이란 이미 근로계약이나 단체협약으로 확정된 권리의 해석·적용·준수 등을 둘러싼 분쟁이다. 예를 들면 체불임금의 지급, 해고자 복직, 단체협약 이행, 부당노동행위 구제 등에 관한 분쟁을 말한다. 권리분쟁과 이익분쟁을 구분하는 이유는 현행 노동조합법에서 근로조건에 관한 이익분쟁만이 쟁의행위의 대상으로 정당하다고 보기 때문이다.

단체교섭 사항은 의무적 교섭 사항과 임의적 교섭 사항 및 교섭 금지사항으로 나누어 볼 수 있다. 의무적 교섭 사항은 사용자가 단체교섭 요청에 응할 의무가 있는 사항으로서 정당한 이유 없이 교섭을 거부하면 부당노동행위가 되며 교섭 결렬 시에는 노동쟁의 조정신청 및 쟁의행위의 대상이 되는 사항이다. 임금, 근로 시간, 휴일·휴가, 재해보상, 안전보건, 해고 사유 및 해고 절차 등 근로조건에 관한 사항이 의무적 교섭 사항에 해당한다.

임의적 교섭 사항은 사용자에게 교섭 의무가 없으나 임의로 교섭에 응하여 단체협약의 내용으로 할 수 있는 사항으로서 노동조합 활동에 관한 사항, 조합비 공제 및 근로 시간 면제자에 관한 사항 등 주로 집단적 노사관계에 관한 사항이 이에 해당한다. 임의적 교섭 사항은 교섭을 거부하거나 해태하더라도 부당노동 행위가 되지 않으며 교섭이 결렬되더라도 노동쟁의 조정신청 및 쟁의행위를 할 수 없다.

교섭 금지사항은 사용자가 처리할 수 없는 사항, 위법한 사항, 공공 질서와 선량한 풍속에 위반하는 사항 등을 말한다. 퇴직금 제도의 폐지나 근로시간면제 한도의 초과 지급, 고용세습, 구속자의 석방 등은 교섭 사항이 될 수 없으며 단체협약을 체결하였다고 해도 그 부분은 무효가 된다.

사용자의 인사·경영권은 사용자의 전속 권한이므로 '경영상 의사결정'이나

'인사 결정권' 자체는 원칙적으로 의무적 교섭 사항은 아니다. 그러나 사용자가 임의로 단체교섭 요구에 응하여 인사·경영권을 제한하는 단체협약을 체결하는 경우에는 그 협약 내용을 준수해야 하는 것이 원칙이다. 교섭 요구사항이 단체 교섭 대상이 되느냐에 따라 교섭 거부가 부당노동행위가 되거나 향후 쟁의행위의 정당성 여부에도 영향을 미칠 수 있으므로 노동조합이 단체교섭의 교섭요구 안을 사측에 보내오면 사측은 의무적 단체교섭 사항에 해당하지 않는 사항 등을 판단하여 해당 부분의 교섭을 거부할 것인지를 검토해야 할 것이다.

Q-77 사용자가 교섭요구안을 제시할 수 있는지 여부? 단체협약 갱신을 위한 노사교섭에서 사측이 기존 단체협약의 내용보다 불리한 개정안을 제시할 수 있는지? 노동조합은 단체교섭권이 노동조합에 보장된 권리이므로 사측은 단체협약 개정안을 제시할 수 없다고 주장하고 있음.

A 단체교섭이란 노조법 제29조에 따른 노동조합 및 사용자가 상호간 교섭안 요구 및 제시 등을 통하여 상호 이해관계를 조정해 나가는 과정이므로, 사용자도 노동조합의 교섭 요구안에 대응하여 종전의 협약보다 유리하거나 불리한 내용의 안을 제시하는 것이 가능하다고 할 것임.

(노동조합과-1311, 2008.6.17.)

Q-78 회사는 경영악화로 법정관리 진행 중이며, 외국계 기업이 회사의 주식을 인수하려고 하자 노동조합은 고용조정을 우려하며 회사에 인수합병(M&A)과 관련하여 단체교섭을 요구하고 있음. 이 경우 회사는 노조의 단체교섭 요구에 응하여야 하는지?

A 단체교섭의 대상에 대하여는 현행법상 명시적인 규정을 두고 있지 않으나, 단체교섭의 목적이 근로조건을 유지·개선하는데 있으므로 사용자의 처분권한 범위 내의 사항으로서 근로조건과 관련된 사항은 단체교섭의 대상이 된다고 할 것임.
  - 반면, 사용자의 인사·경영권에 속하는 사항은 사용자의 고유권한으로서 원칙적으로 교섭 대상으로 보기 어려우나, 근로조건과 밀접한 관련이 있는 경우에는 그 한도 내에서 교섭 대상이 될 수 있을 것이며, 이 경우에도 사용자의 인사·경영에 대한 결정권을 본질적으로 침해하는 요구는 정당하다고 하기 어려울 것임(대법원 2001. 4. 24, 99도4893 등).
  - 따라서 기업의 M&A(인수합병) 결정 그 자체는 사용자의 경영권의 본질적인 사항에 해당되어 단체교섭 사항으로 보기 어려울 것임.

(노사관계법제팀-412, 2008.1.30.)

Q-79 노조의 교섭요구 사항 중 '비정규직의 정규직화'가 단체교섭의 대상에 해당하는지? 교섭 대상이 아니라면 사용자가 동 요구사항을 교섭사항에서 제외하고 교섭을 하자고 요구하는 경우의 정당성은?

A 단체교섭의 대상에 대하여는 노조법에 구체적으로 정하고 있지 아니하나, 단체교섭의 목적이 근로조건을 유지·개선하는 데 있으므로 사용자의 처분 권한 범위 내의 사항으로서 근로조건과 관련된 사항이 단체교섭의 대상이 된다 할 것임. 사용자의 인사·경영권에 속하는 사항은 원칙적으로 교섭대상으로 보기 어려울 것이나 근로조건과 밀접하게 관련된 경우에는 그 한도 내에서 교섭대상이 될 수 있을 것임. 이 경우에도 인사·경영사항에 대한 사용자의 결정권을 본질적으로 침해하는 요구는 그 정당성을 인정받기 어려울 것임.

- 노동조합이 단체교섭에서 핵심적으로 요구하는 사항이 도급·파견직 또는 계약직 등의 정규직화인 경우, 사용자가 법률에 의하여 불법 파견의 개선 의무를 지는 것은 별론으로 정규직 근로자를 채용하여 직접 업무를 수행할지 또는 업무 일부를 도급할 것인지는 경영에 관한 사용자의 결정권 범위 내의 사항이라 할 수 있을 것이므로 달리 볼 사정이 없는 한 사용자가 의무적으로 교섭에 응할 사항이라고 보기는 어려울 것임.

(노사관계법제팀-211, 2006.1.23)

3) 단체교섭의 절차 - 교섭대표 노동조합의 결정

노동조합이 단체교섭을 요구해 오면 진행 절차는 ① 교섭 요구 노조 확정, ② 교섭대표 노조 결정, ③ 단체교섭의 순서로 진행된다. 복수노조가 아닌 단일노조이면 교섭대표 노조 결정 절차를 생략해도 될 것이나 사업장에 하나의 노동조합만 있다고 판단하더라도 노사가 알지 못하는 다른 노조가 있을 수 있으므로 노조법 시행령 제14조의2 내지 제14조의5에 따른 교섭 창구 단일화 절차를 거쳐 교섭하는 것이 바람직하다는 것이 고용노동부의 설명이다. 다만, 교섭 창구 단일화 절차는 복수의 노동조합을 전제하므로 단수 노동조합은 교섭 창구 단일화 절차를 거치더라도 교섭대표 노동조합의 지위는 인정되지 않는다(대법 2016두36956, 2017.10.31.).

▌ 단체교섭 요구 시기와 방법

노동조합은 단체협약 만료일 이전 3개월이 되는 날부터 사용자에게 노동조합 명칭, 종사 근로자인 조합원 수 등을 기재한 서면으로 교섭 요구할 수 있다(노조법 시행령 제14조의2). 사업장에 2개 이상의 단체협약이 있는 경우에는 먼저 도래하는 단체협약의 유효기간 만료일 이전 3개월이 되는 날부터 교섭 요구가 가능하며 단체협약에 자동연장조항 또는 자동갱신조항이 있는 경우에도, 당해 단체협약의 만료일 전 3개월이 되는 날부터 교섭 요구를 하게 되면 교섭 창구 단일화 절차가 개시된다.

교섭을 요구할 수 있는 시기 이전에 교섭을 요구한 경우에는 사용자는 교섭 요구 사실을 공고할 의무가 없으며, 설사 사용자가 그 교섭 요구에 따라 교섭 요구 사실을 공고한다고 하더라도 이는 적법한 교섭 요구 사실 공고가 될 수 없고, 이에 따라 이루어진 후속 절차 역시 효력이 없기 때문에 교섭 요구 시기 도래 이전의 교섭 요구에 의해 교섭 창구 단일화 절차에 따라 교섭대표 노동조합을 정하였더라도 교섭대표 노동조합의 지위를 인정받지 못하게 된다.

▌ 교섭 요구 노동조합의 확정

교섭 요구를 받은 사용자는 즉시 요구를 받은 날로부터 7일간 교섭 요구 사실을 해당 사업장의 게시판 등에 공고하여 다른 노동조합과 근로자가 알 수 있도록 하여야 한다. 사용자가 교섭 요구를 받은 당일에 공고하지 않고 지연하여 공고한 경우에는 공고 기간은 교섭 요구 사실 공고를 한 다음 날부터 7일간이어야 한다.

- ❖ **예시 1:** 교섭 요구('23.7.1.) → 교섭 요구 사실공고(7.1.~7.8, 초일 불산입)
- ❖ **예시 2:** 교섭 요구('23.7.1.) → [사용자 공고지연] 교섭 요구 사실공고('23.7.20.~7.27. 초일 불산입) ➡ 조합원 수 산정 기준일은 사용자가 정상적으로 공고했어야 하는 날 기준임('23.7.9)

사용자와 교섭하려는 다른 노동조합은 교섭 요구 사실에 대한 공고 기간 내에 사용자에게 노동조합의 명칭, 종사 근로자인 조합원 수 등을 적은 서면으로 교섭을 요구하여야 하며 공고 기간에 교섭을 요구하지 않을 경우에는 교섭 창구 단일화 절차에 참여할 수 없다. 사용자는 교섭 요구 사실에 대한 공고 기간(7일)이 끝난 다음 날에 교섭을 요구한 노동조합을 확정하여 통지하고 5일간 공고해야 한다.

❖ **예시:** 교섭 요구 사실공고('23.7.1.~7.8.) → 교섭 요구 노동조합 확정 공고(7.9 ~7.14. 초일 불산입)

교섭을 요구한 노동조합은 교섭 요구 노동조합 확정 공고 내용이 '자신이 제출한 내용'과 다르게 공고되거나 공고되지 아니한 것으로 판단될 경우는 그 '공고 기간 중'에 사용자에게 이의를 신청할 수 있다. 사용자는 노동조합의 이의신청이 타당하다고 인정되는 경우 확정 공고일이 끝난 날부터 5일간 신청한 내용대로 공고하고 이의를 제기한 노동조합에 통지하여야 한다. 사용자의 교섭 요구 노동조합 확정공고에 대해 그 공고 기간 중 이의가 없을 때는 공고된 노동조합이 교섭 요구 노동조합으로 확정되며, 확정 시점은 그 확정 공고가 만료되는 날이 된다.

❖ **예시:** 교섭 요구 노동조합 확정 공고('23.7.9~7.14. 초일 불산입) → 교섭 요구 노동조합 확정 시점('23.7.15. 00시 00분)

교섭 요구 노동조합으로 확정된 노동조합만이 교섭대표 노동조합 결정 절차에 참여할 수 있으며, 교섭대표 노동조합이 체결한 단체협약은 교섭 창구 단일화 절차에 참여한 노동조합 전체에게 적용된다. 쟁의행위를 하기 위해서는 확정된 교섭 요구 노동조합 전체 종사 근로자인 조합원 과반수의 찬성이 있어야 한다.

▎ 교섭대표 노동조합 결정

교섭 요구 노동조합이 2개 이상이라면 교섭대표 노동조합을 결정하여 사용자와 교섭을 진행해야 한다. 결정 절차는 ① 자율적 교섭대표 노동조합 결정 → ② 과반수 노동조합의 교섭대표 노동조합 확정 → ③ 자율적 공동교섭대표 구성 → ④ 노동위원회 결정에 따른 공동교섭대표단 구성의 순서로, 각 단계에서 교섭대표 노동조합이 결정되지 않는 경우에 다음 단계로 넘어가게 된다.

① 자율적 교섭대표 노동조합 결정

교섭 요구 노동조합이 확정 또는 결정된 날부터 14일 이내에 교섭 요구에 참여한 노동조합이 자율적으로 교섭대표 노동조합을 결정할 수 있으며 교섭대표 노동조합의 대표자, 교섭위원 등을 연명으로 서명 또는 날인하여 사용자에게 통지함으로써 교섭대표 노동조합으로 확정된다.

② 과반수 노동조합의 교섭대표 노동조합 확정

과반수 노동조합이란 교섭 창구 단일화 절차에 참여한 노동조합의 전체 종사 근로자인 조합원 과반수를 차지하는 노동조합을 의미하며, 이때 조합원 수는 교섭 요구 노동조합의 확정 공고일을 기준으로 산정한다. 2개 이상의 노동조합이 위임 또는 연합 등의 방법으로 전체 종사 근로자인 조합원의 과반수가 되는 경우에도 과반수 노동조합으로 인정되며 이후 위임·연합의 의사를 철회하거나, 위임한 노동조합 또는 연합한 노동조합이 소멸하더라도 교섭대표 노동조합의 지위가 유지된다.

자율적 교섭대표 노동조합 결정 기간에 교섭대표 노동조합이 결정되지 못한 경우 자율적 단일화 결정 기한이 만료되는 날부터 5일 이내에 노동조합은 사용자에게 과반수 노동조합이라는 사실을 노조 명칭과 대표자를 포함하여 통지하여야 한다. 사용자는 과반수노조임을 통지받은 때에는 그 통지를 받은 날부터 5일간 그 내용을 공고해야 한다.

❖ **예시:** 자율적 단일화 기간('23.7.15.~7.28, 초일 산입) → 과반수노조 통지기간 (7.29~8.2. 과반수노조 통지 8.1.) → 사용자 공고(8.1.~8.6, 초일 불산입)

사용자가 과반수 노동조합의 공고를 하지 아니한 경우 또는 과반수 노동조합의 공고에 대해 이의가 있는 노동조합은 그 공고 기간 내에 노동위원회에 이의를 신청할 수 있다. 노동위원회에 이의를 신청한 경우 노동위원회는 10일 이내에 종사 근로자인 조합원 수를 확정하여 과반수 노동조합을 교섭대표 노동조합으로 결정한다.

공고 기간 중 공고 내용에 이의가 없을 때는 공고된 노동조합이 교섭대표 노동조합으로 확정된다. 교섭대표 노동조합으로 확정된 후에는 조합원 수가 감소하여 과반수가 되지 않더라도 교섭대표 노동조합의 지위 유지 기간 동안 그 지위를 유지하게 된다.

③ 자율적 공동교섭대표단 구성

위와 같은 방법으로 교섭대표 노동조합이 결정되지 못한 경우에 교섭에 참여한 노동조합은 자율적으로 공동교섭대표단의 대표자, 교섭위원 등 공동교섭대표단을 구성하여 연명으로 서명 또는 날인한 후 사용자에게 통지함으로써 공동교섭대표단을 구성하게 된다. 공동교섭대표단 구성에 참여할 수 있는 노동조합은 종사 근로자인 조합원의 수가 전체 종사 근로자인 조합원의 10% 이상이 되어야 한다.

④ 노동위원회를 통한 공동교섭대표단 결정

교섭 참여 노동조합 간에 자율적 공동교섭대표단 구성에 합의하지 못한 경우 노동조합 신청에 의해 노동위원회가 공동교섭대표단을 결정한다. 신청을 받은 노동위원회는 종사 근로자인 조합원 수에 따른 비율을 고려하여 신청일로부터 10일 이내에 노동조합별로 공동교섭대표단에 참여하는 인원수(총 10명 이내)를 결정하여 노동조합과 사용자에게 통지함으로써 공동교섭대표단이 결정된다.

이런 과정을 거쳐 결정된 교섭대표 노동조합은 교섭에 참여한 모든 노동조합을 대신하여 단체교섭을 진행하게 되며, 교섭대표 노동조합 결정이 있은 후 사용자와 체결한 첫 번째 단체협약의 효력이 발생한 날을 기준으로 2년이 되는 날까지 그 교섭대표 노동조합의 지위를 유지하되, 새로운 교섭대표 노동조합이 결정된 경우에는 그 결정된 때까지 교섭대표 노동조합의 지위를 유지한다.

4) 단체교섭의 절차 - 예비교섭과 본교섭

노동조합이 교섭을 요구하면 사측은 제일 먼저 교섭을 요구한 노동조합이 교섭대표 노조인지를 확인해야 할 것이다. 교섭대표 노조의 지위가 인정되는 노동조합이라면 그대로 교섭을 진행하면 되지만 교섭대표 노조로서의 지위가 인정되는 노동조합이 아니라면 교섭 요구 사실을 공고해 교섭 창구 단일화 절차를 진행해야 한다.

어느 정도 규모가 있는 사업장은 교섭대표 노조와 단체교섭을 진행할 때 본교섭에 앞서 예비교섭을 통해 교섭위원의 수, 교섭일시와 장소, 교섭 주기, 교섭 진행 방법에 대해 협의하는 것이 일반적이다. 예비교섭 이후 노사의 대표자가 상견례를 통해서 상호 우호적이고 협조적인 관계를 형성한 후에 본교섭을 갖는다. 그리고 교섭에서 논의된 내용을 정리하고 보다 세부적이고 구체적인 이행절차 등을 결정하기 위하여 본교섭의 하부기관으로 실무교섭이나 간사 회의를 두어 활용하는 것이 좋다. 아울러 매회 교섭에서 논의된 사항을 회의록을 작성해서 노사 쌍방이 서명·날인하여 관리하면 교섭 종료 후 합의서 작성 시 발생할 수 있는 착오나 논란을 방지할 수 있다.

2. 부당노동행위

노동조합은 헌법에서 규정한 노동3권을 갖는다. 이 헌법에서 보장된 단결권, 단체교섭권, 단체행동권은 근로자의 인간다운 생활을 보장하기 위한 기본권리이므로 노동법에서도 노동조합의 활동을 강하게 보호하고 있다. 부당노동행위란 헌법과 노동조합법에서 보장하는 노동3권(단결권, 단체교섭권, 단체행동권)을 침해하는 행위이다.

헌법에 보장된 노동3권과 노동조합에 익숙하지 않은 사용자가 종종 저지르는 실수가 바로 부당노동행위이다. 부당노동행위를 한 사용자는 형사책임은 물론 민사책임도 질 수 있다. 따라서 사용자는 물론 사용자를 위하여 일하는 근로자도 노동조합과 노조원에 대해 부당노동행위를 해서는 안 된다. 노동조합법(제81조)에서 금지하고 있는 부당노동행위의 유형으로는 ① 노동조합 가입, 조직 등의 활동을 이유로 한 불이익 대우, ② 노동조합 가입 또는 탈퇴를 조건으로 하는 조건부 고용계약, ③ 단체교섭, 단체협약 체결을 거부하거나 해태하는 행위 ④ 노동조합 운영에 지배·개입, ⑤ 단체행위 참가와 행정관청에의 신고·증거 제출 등을 이유로 한 불이익대우가 있다.

부당노동행위 금지 규정에 따라 노동조합 활동을 하는 직원을 정당한 이유 없이 해고하거나 먼 곳으로 인사발령을 내거나 계열사로 전출하는 등의 불이익을 주는 행위 또는 노동조합 대표자나 노동조합으로부터 위임받은 자와의 단체교섭을 정당한 이유 없이 거부하거나 지속적으로 연기하여 회피하는 행위는 부당노동행위가 되어 형사처벌 대상이 되므로 하여서는 안 된다.

또한 노조 활동이나 노조 간부를 공석 또는 사석에서 비난하는 행위, 노조 집회 중지나 노조 탈퇴를 설득하는 행위, 노조의 각종 총회나 단체교섭·쟁의행위를 방해하는 행위, 노조 내에 대립집단이 있는 경우에 일방에 대한 지원이나 불이익을 주는 행위도 노조 운영에 지배·개입한 부당노동행위로 형사처벌 대상이 될 소지가 매우 크다. 노동조합에 운영비를 지나치게 많이 지원하거나 노조 대표 등 임원에게 과다한 급여를 지급하거나 기타 운영비를 원조하는 행위도 노동조합 지배·개입 행위로 형사처벌 대상이 된다.

실제 현장에서는 노동조합이 유인물을 배포하거나 현수막을 게시할 때 사용자가 이를 제지하거나 제거하였을 경우에도 부당노동행위가 성립하는 것인지가 문제된다. 노동조합 활동의 권리와 사용자의 시설관리권이 충돌하는 것인데 합리적인 범위에서 절충이 되어야 하며 어느 쪽이든 합리적 범위를 넘어 권리를 남용하는 것은 인정이 되지 않을 것이다.

노동조합법

제81조(부당노동행위) ① 사용자는 다음 각 호의 어느 하나에 해당하는 행위를 할 수 없다.

1. 근로자가 노동조합에 가입 또는 가입하려고 하였거나 노동조합을 조직하려고 하였거나 기타 노동조합의 업무를 위한 정당한 행위를 한 것을 이유로 그 근로자를 해고하거나 그 근로자에게 불이익을 주는 행위

2. 근로자가 어느 노동조합에 가입하지 아니할 것 또는 탈퇴할 것을 고용조건으로 하거나 특정한 노동조합의 조합원이 될 것을 고용조건으로 하는 행위. 다만, 노동조합이 당해

사업장에 종사하는 근로자의 3분의 2 이상을 대표하고 있을 때에는 근로자가 그 노동조합의 조합원이 될 것을 고용조건으로 하는 단체협약의 체결은 예외로 하며, 이 경우 사용자는 근로자가 그 노동조합에서 제명된 것 또는 그 노동조합을 탈퇴하여 새로 노동조합을 조직하거나 다른 노동조합에 가입한 것을 이유로 근로자에게 신분상 불이익한 행위를 할 수 없다.

3. 노동조합의 대표자 또는 노동조합으로부터 위임을 받은 자와의 단체협약체결 기타의 단체교섭을 정당한 이유없이 거부하거나 해태하는 행위

4. 근로자가 노동조합을 조직 또는 운영하는 것을 지배하거나 이에 개입하는 행위와 근로시간 면제한도를 초과하여 급여를 지급하거나 노동조합의 운영비를 원조하는 행위. 다만, 근로자가 근로시간 중에 제24조제2항에 따른 활동을 하는 것을 사용자가 허용함은 무방하며, 또한 근로자의 후생자금 또는 경제상의 불행 그 밖에 재해의 방지와 구제 등을 위한 기금의 기부와 최소한의 규모의 노동조합사무소의 제공 및 그 밖에 이에 준하여 노동조합의 자주적인 운영 또는 활동을 침해할 위험이 없는 범위에서의 운영비 원조행위는 예외로 한다.

5. 근로자가 정당한 단체행위에 참가한 것을 이유로 하거나 또는 노동위원회에 대하여 사용자가 이 조의 규정에 위반한 것을 신고하거나 그에 관한 증언을 하거나 기타 행정관청에 증거를 제출한 것을 이유로 그 근로자를 해고하거나 그 근로자에게 불이익을 주는 행위

사용자(사업주를 위하여 행위하는 인사, 총무, 노무 담당자 포함)의 부당노동행위가 발생한 경우에는 부당노동행위를 당한 근로자 또는 노동조합이 부당노동행위 발생일로부터 3개월 이내에 사업장 소재지를 관할하는 지방노동위원회에 구제신청을 하여 권리를 구제받을 수 있다. 또한 관할 지방노동청에 고소고발하여 사용자의 형사처벌을 요구할 수도 있다. 아울러 법원에 무효확인, 손해배상 등에 의한 민사소송을 제기하여 사법적 구제를 받는 방법도 선택할 수 있다.

> **Case-53** 법원 "T타워 청소노동자들, 건물 로비에서 계속 시위할 수 있다"고 판결
>
> A사가 건물 출입금지 등 쟁의행위 금지를 청구한 것에 대해 T타워 청소노동자들이 업무시간 내에 건물 안에서 쟁의행위를 계속 할 수 있다는 가처분 판결이 나왔다. 서울지방법원 제51민사부 재판부는 판정문에서 "헌법이 근로3권을 보장하는 만큼, 노동조합 활동으로 인한 업무 지장이 초래되더라도 이를 수인할 의무가 있다"고 근로자 측의 손을 들어줬다. 재판부는 "일상적으로 이 사건 건물의 시설관리가 이뤄지는 시간대에는 A사가 청소근로자

들의 피케팅, 구호제창, 선전활동 등 쟁의행위를 수인할 의무가 있다"고 하면서 "근로자들의 행위가 A사의 업무수행에 심각한 지장을 초래하거나 급박한 장애, 회복하기 어려운 손해를 발생시킨다고 보기 부족하다"고 판단하였다. 다만 업무시간 이후인 20시 이후부터 다음날 오전 8시까지 건물 로비에서 취침하고 점거하는 것은 A사의 소유권과 건물 관리권한을 침해하는 것으로서 퇴거불응이나 건조물침입죄에 해당할 여지가 있어 금지한다고 판단하였다.

3. 파업과 직장폐쇄

가. 적법한 파업(쟁의행위)은 민형사상 면책된다.

노동조합과 사용자가 단체교섭을 하다가 합의가 되면 단체협약을 체결하게 된다. 그러나 노사간 주장의 불일치로 인하여 합의가 되지 않고 분쟁상태가 되면 쟁의행위가 발생할 수 있다. 쟁의행위에는 여러 가지 종류가 있는데 그중 대표적인 것은 파업이다. 파업 이외에 태업, 준법투쟁, 보이콧, 생산관리, 피케팅, 직장점거 등이 있으며, 사용자가 행할 수 있는 쟁의행위로는 직장폐쇄가 있다.

파업이란 노동조합이 그 주장을 관철할 목적으로 행하는 쟁의행위로서 업무의 정상적인 운영을 저해하는 행위를 말한다. 즉, 노동조합의 노조원들이 사용자의 업무수행 지시나 노무 제공을 전면 거부(전면 파업)하거나 일부 거부(부분 파업)하여 사업장의 정상적 업무수행을 방해하고 원활한 사업 운영에 타격을 주는 것이다.

이 행위는 헌법에 보장된 노동3권 중 단체행동권이 발현된 것이므로 파업이 합법적 파업이라면 파업으로 인해 매출액 급감, 사업 지연, 거래처 손실, 비용 증가 등 다양한 피해가 발생하더라도 노동조합은 민사, 형사상 면책이 된다. 즉, 노동조합에 그 책임을 물을 수 없다.

다만, 파업의 주체·목적·방법이나 절차에 있어서 법령 기타 사회질서에 위반됨으로 인해 적법하지 아니한 파업은 노동조합법에서 정한 민사, 형사상 면책 규정이 적용 제외된다. 사용자는 불법파업에 대해서는 손해배상 청구 등 민사, 형사상 책임추궁이 가능하다. 파업(쟁의행위)이 합법인지 불법인지 여부는 파업의 주체·목적·방법이나 절차가 정당성이 있는지를 따져 판단한다. 이들 요건 중 하나라도 적법하지 않으면 불법파업이 된다.

노동조합법

제2조(정의) 이 법에서 사용하는 용어의 정의는 다음과 같다.
  5. "노동쟁의"라 함은 노동조합과 사용자 또는 사용자단체간에 임금·근로시간·복지·해고 기타 대우등 근로조건의 결정에 관한 주장의 불일치로 인하여 발생한 분쟁상태를 말한다. 이 경우 주장의 불일치라 함은 당사자간에 합의를 위한 노력을 계속하여도 더이상 자주적 교섭에 의한 합의의 여지가 없는 경우를 말한다.
  6. "쟁의행위"라 함은 파업·태업·직장폐쇄 기타 노동관계 당사자가 그 주장을 관철할 목적으로 행하는 행위와 이에 대항하는 행위로서 업무의 정상적인 운영을 저해하는 행위를 말한다.
제3조(손해배상 청구의 제한) 사용자는 이 법에 의한 단체교섭 또는 쟁의행위로 인하여 손해를 입은 경우에 노동조합 또는 근로자에 대하여 그 배상을 청구할 수 없다.
제4조(정당행위) 형법 제20조의 규정은 노동조합이 단체교섭·쟁의행위 기타의 행위로서 제1조의 목적을 달성하기 위하여 한 정당한 행위에 대하여 적용된다. 다만, 어떠한 경우에도 폭력이나 파괴행위는 정당한 행위로 해석되어서는 아니된다.
제37조(쟁의행위의 기본원칙) ① 쟁의행위는 그 목적·방법 및 절차에 있어서 법령 기타 사회질서에 위반되어서는 아니된다.
② 조합원은 노동조합에 의하여 주도되지 아니한 쟁의행위를 하여서는 아니된다.
③ 노동조합은 사용자의 점유를 배제하여 조업을 방해하는 형태로 쟁의행위를 해서는 아니된다.

형법

제20조(정당행위) 법령에 의한 행위 또는 업무로 인한 행위 기타 사회상규에 위배되지 아니하는 행위는 벌하지 아니한다.

Case-54 정당한 쟁의행위로서 직장점거의 한계는?

쟁의행위는 근로자가 소극적으로 노무제공을 거부하거나 정지하는 행위만이 아니라 적극적으로 그 주장을 관철하기 위하여 업무의 정상적인 운영을 저해하는 행위까지 포함하는 것이므로, 쟁의행위의 본질상 사용자의 정상적인 업무가 저해되는 경우가 있음은 부득이 한 것으로서 사용자는 이를 수인(受忍)할 의무가 있으나 이러한 근로자의 쟁의행위가 정당성의

한계를 벗어날 때에는 근로자는 업무방해죄 등 형사상 죄책을 면할 수 없다.

직장 또는 사업장시설의 점거는 적극적인 쟁의행위의 한가지 형태로서 그 점거의 범위가 직장 또는 사업장시설의 일부분이고 사용자측의 출입이나 관리지배를 배제하지 않는 병존적인 점거에 지나지 않을 때에는 정당한 쟁의행위로 볼 수 있으나, 이와 달리 **직장 또는 사업장 시설을 전면적, 배타적으로 점거하여 조합원 이외의 자의 출입을 저지하거나 사용자측의 관리지배를 배제하여 업무의 중단 또는 혼란을 야기케 하는 것과 같은 행위는 이미 정당성의 한계를 벗어난 것이라고 볼 수밖에 없다.**

(대법 91도383, 1991. 6. 11.)

파업(쟁의행위)의 정당성 판단기준

1) 주체의 정당성

파업(쟁의행위)의 주체는 단체교섭권, 단체행동권이 있는 노동조합이다. 노동조합이 아닌 조합원 모임이나 사내 협의회 등 임의단체는 주체가 될 수 없다.

2) 목적의 정당성

파업(쟁의행위)의 목적은 근로조건의 유지·개선을 위한 것으로서 사용자가 처리할 수 있는 범위 이내의 것이어야 한다. 따라서 정치 목적의 파업, 정부 시책 반대, 노동법 개정 등 근로조건과는 무관한 목적이나 구속 근로자 석방 등 사용자가 처리할 수 없는 사항은 목적이 될 수 없다.

3) 방법의 정당성

파업(쟁의행위)의 수단이나 방법은 소극적으로 근로의 제공을 정지하여 사용자에게 타격을 주는 것으로 하여야 한다. 사용자의 기업시설에 대한 점유를 전면배제하여 조업을 방해하는 형태로 쟁의행위를 해서는 안 된다. 업무방해, 사무실 점거, 폭력이나 파괴행위 등과 같이 법과 사회질서에 위반되어서는 안 된다.

4) 절차의 정당성

파업(쟁의행위)의 절차는 ① 단체교섭을 성실히 하였으나 결렬되어 더 이상 단체교섭을 할 필요가 없을 때 ② 관할 노동위원회의 노동쟁의 조정절차를 거쳐 ③ 노동조합의 직접·비밀·무기명 투표로 전체 조합원(종사근로자에 한함)의 과반수 찬성을 얻은 후 하여야 한다.

나. 사용자의 대항수단 직장폐쇄

직장폐쇄(lock-out)란 사용자가 사용할 수 있는 유일한 쟁의행위로서 노동조합의 쟁의행위에 대항하여 공장·사무실 등 직장을 폐쇄하고 노무제공 수령을 거부하는 행위이다. 따라서 노동조합의 파업 등 쟁의행위가 없는 데 사용자가 선제적으로 직장폐쇄하는 것은 위법하다.

노동조합 및 노동관계조정법

제46조(직장폐쇄의 요건) ① 사용자는 노동조합이 쟁의행위를 개시한 이후에만 직장폐쇄를 할 수 있다.

② 사용자는 제1항의 규정에 의한 직장폐쇄를 할 경우에는 미리 행정관청 및 노동위원회에 각각 신고하여야 한다.

적법하게 실시한 직장폐쇄 효과는 ① 노무제공 수령 거부에 따라 임금지급 의무가 면제되며 ② 작업장 폐쇄로 노동조합원 등의 작업장 진입을 금지(노조원의 노조 사무실 출입은 허용이 원칙)하여 사업장 관리지배권을 회복하고 사업장 점거 근로자가 있는 경우 퇴거를 명할 수 있다.

Q-80 직장폐쇄를 단행한 사용자로부터 퇴거요구를 받고도 불응한 채 직장점거를 계속한 행위가 퇴거불응죄를 구성하는지?

A 근로자들의 직장점거가 개시 당시 적법한 것이었다 하더라도 사용자가 이에 대응하여 적법하게 직장폐쇄를 하게 되면, 사용자의 사업장에 대한 물권적 지배권이 전면적으로 회복되는 결과 사용자는 점거 중인 근로자들에 대하여 정당하게 사업장으로부터의 퇴거를 요구할 수 있고 퇴거를 요구받은 이후의 직장점거는 위법하게 되므로, 적법히 직장폐쇄를 단행한 사용자로부터 퇴거요구를 받고도 불응한 채 직장점거를 계속한 행위는 퇴거불응죄를 구성한다.

(대법 91도1324, 1991. 8. 13.)

직장폐쇄는 사업장 전체 조업을 중단하는 전면 직장폐쇄와 사업장 일부의 조업을 중단하고 다른 부분은 조업을 계속하는 부분 직장폐쇄가 있다. 노동조합이 부분 파업을 하는 경우 원칙적으로 부분 직장폐쇄로 대응하는 것이 타당하나 다만, 부분 파업이 전체 사업장 업무의 정지·폐지를 가져오는 때에는 전면 직장폐쇄도 가능하다.

전면 직장폐쇄가 아닌 부분 직장폐쇄의 경우에는 직장폐쇄 대상자에 대한 임금 지급 의무는 면제되지만, 직장폐쇄 대상 부서가 아닌 경우는 파업참가자가 아닌 한 임금을 지급해야 한다. 직장폐쇄의 대상은 원칙적으로 조합원·비조합원을 불문하며 쟁의행위의 태양에 따라 그 대상자를 정할 수 있다. 즉, 태업·파상파업 등 불완전한 노무를 제공하는 경우 등 쟁의행위의 태양에 따라, 파업 참가자에 한정하거나 전체 조합원 또는 전 근로자를 대상으로 할 수 있다.

사용자는 직장폐쇄 기간에도 파업에 참여하지 않는 조합원이나 비조합원 등 직장폐쇄 대상이 아닌 근로자를 이용하여 조업을 계속할 수 있다. 파업에 참가하지 아니한 근로자를 근로시킬 수 있음에도 불구하고 사용자가 이를 거부한 경우에는 사용자의 귀책사유에 해당하여 휴업수당(평균임금의 70% 이상)을 지급해야 한다.

노동조합의 쟁의행위가 직장폐쇄의 개시요건이자 존속요건이므로, 노동조합 쟁의행위가 중단된 때에는 직장폐쇄도 종료돼야 한다. 즉, 노동조합이 쟁의행위를 중단하고 조업 복귀 의사를 명백히 한 경우, 사용자는 직장폐쇄를 철회해야 한다. 조업 복귀 의사는 노사간의 신의성실의 원칙에 따라 사용자가 정상적인 경영을 할 수 있을 정도의 의사표시가 있어야 한다. 만약, 조업 복귀 의사를 표시하였으나 쟁의행위를 중단하겠다는 의사가 명확하지 않은 때에는 직장폐쇄를 계속하더라도 부당하다 할 수 없다.

노동조합법에서는 직장폐쇄 요건이나 정당성 등을 구체적으로 규정하고 있지 않다. 다만 노동조합이 쟁의행위를 개시한 이후에만 직장폐쇄를 할 수 있다고 규정하고 있다(노동조합법 제46조). 직장폐쇄는 사용자가 미리 행정관청 및 노동위원회에 각각 신고하여야 한다. 주의할 것은 만약 법원에서 직장폐쇄의 정당성이 부인되는 경우에는 직장폐쇄를 사용자 귀책 사유의 휴업으로 보아 평균임금 70% 이상의 휴업수당을 지급해야 하고, 민법(제538조제1항)에 따라 임금상당액을 지급할 민사상 책임이 발생된다.

직장폐쇄의 요건과 정당성에 대해 법에서 규정하고 있지는 않지만 대법원 판례는 노동조합이 쟁의행위를 개시한 이후에만 허용된다는 점(대항성 요건) 이외에도 직장폐쇄가 노동조합의 쟁의행위로 인한 경제적 손실을 최소화하기 위한 방어적 성격의 수단(방어성 요건)으로 필요성이 인정되어야 그 정당성이 있다고 판시하였다. 구체적 사례로는 파업 4시간 만에 직장폐쇄를 하거나 준법투쟁 3일 만에 직장폐쇄를 한 경우 정당한 직장폐쇄가 아니어서 위법하다고 한 사례가 있다.

Case-55 방어적 성격이 결여된 직장폐쇄는 정당성이 없다.

사용자의 직장폐쇄가 정당한 쟁의행위로 평가받기 위하여는, 노사간 교섭태도, 경과, 근로자측 쟁의행위의 태양, 그로 인하여 사용자측이 받는 타격의 정도 등에 관한 구체적 사정에 비추어 형평의 견지에서 근로자측의 쟁의행위에 대한 대항·방위 수단으로서 상당성이 인정되는 경우에 한한다 할 것이고, 그 직장폐쇄가 정당한 쟁의행위로 평가받을 때 비로소 사용자는 직장폐쇄 기간 동안의 대상 근로자에 대한 임금지불의무를 면한다.

노조가 준법투쟁을 한 기간이 3일에 불과하여 이와 같은 단기간의 준법투쟁으로 인한 피고의 수입금 감소가 경영에 심각한 타격을 끼칠 정도에 이르렀다고는 단정할 수 없는 점 등에 비추어 보면, 피고가 좀 더 시간을 가지고 대화를 통하여 노조와 임금협상을 시도하지 아니한 채 준법투쟁 3일만에 전격적으로 단행한 직장폐쇄는, 근로자측의 쟁의행위에 의해 노사간에 힘의 균형이 깨지고 오히려 사용자측에게 현저히 불리한 압력이 가해지는 상황에서 회사를 보호하기 위하여 수동적, 방어적인 수단으로서 부득이하게 개시된 것이라고 보기 어려우므로, 결국 피고의 직장폐쇄는 정당성을 결여하였다 할 것이고, 따라서 피고로서는 원고들에 대한 직장폐쇄 기간 동안의 임금지급 의무를 면할 수 없다.

(대법 98다34331, 2000. 5. 26.)

직장폐쇄 공고

노동조합의 장기간 쟁의행위로 인하여 정상적인 업무수행이 불가하기에 회사는 부득이 노동조합 및 노동관계조정법 제46조의 규정에 의거, 다음과 같이 직장폐쇄를 공고합니다.

– 다 음 –

1. 직장폐쇄 일자: 2022년 12월 21일 14시부터 쟁의행위 종료시까지

2. 직장폐쇄 범위
가. 장소: □□회사 사업장(서울 구로구 ○○번지) 전 시설 및
　　　　 서울 관악구 △△번지 공장 전 시설(운동장, 주차장 등 일체 포함)
나. 대상: 전국○○노동조합 서울지부 □□지회 전체 조합원,
　　　　 □□회사 소속이 아닌 제3자

3. 직장폐쇄 내용
가. 전국○○노동조합 서울지부 □□지회 전체 조합원의 노무 수령 거부 및 임금
　 지급 중지
나. 전국○○노동조합 서울지부 □□지회 전체 조합원의 사업장 출입금지 및 생산
　 활동 금지
다. 전국○○노동조합 조합원, 상급단체 조합원 및 외부인원의 사업장 출입금지

4. 유의사항
가. 직장폐쇄 대상자는 즉시 퇴거하여야 하며 직장폐쇄 이후 회사 허가 없이 사업
　 장에 들어올 수 없음
나. 직장폐쇄 이후 사업장 무단출입 및 퇴거 요구 불응자에 대해서는 퇴거불응 및
　 주거침입 등 민형사상 관련법령에 따라 사법조치

2022년 12월 20일

□□회사 대표이사(직인)

노동청과 노동위원회 신고사건 진행과 대처

노동청과 노동위원회 신고사건 진행과 대처

노동법은 강자(사업주)와 약자(근로자) 사이에 국가가 개입하여 약자의 근로조건을 보호하고자 만들어졌다. 이에 따라 근로기준법에서는 근로감독관 제도를 두어 노동관계 법령에 따른 현장 조사, 심문 등의 수사를 검사와 근로감독관(특별사법경찰관)이 수행하도록 하였고 노동위원회법으로 노동위원회를 두어 노동관계에 관한 판정 및 조정 업무를 신속하고 공정하게 수행하도록 하였다. 이에 따라 임금, 퇴직금 체불이나 근로계약서 미작성, 해고예고수당 등의 민원은 경찰서가 아닌 노동청에서 신고를 받아 근로감독관이 조사, 수사하는 것이고 부당해고, 부당전보, 부당노동행위 등의 민원은 법원이 아닌 노동위원회에서 관할하여 심문하고 판정하게 된다.

▌ 노동청 사건 조사(수사)는 경찰서에서 조사(수사)하는 것과 같다.

근로자가 인터넷이나 노동청 민원실을 방문하여 진정서를 제출하면 담당 근로감독관이 정해지고 담당 근로감독관은 신청인(근로자)과 피신청인(사업주)을 함께 출석요구하여 진정 내용의 사실관계를 조사(수사)한다. 조사(수사)는 진정 내용에 기재된 내용에 한하여 진행되고 노동법을 위반한 사실이 있는지 여부를 확인할 때까지 진행된다.

만약 사업주와 근로자의 주장에 차이가 없어 사실관계가 금방 확인되면 1회로 조사(수사)가 끝날 수도 있으나 주장과 진술이 차이가 있어 누구 주장이 맞는지, 노동법 위반 사실이 있는지가 불분명하면 대질조사, 참고인 조사를 포함하여 여러 번의 조사가 이루어진다. 대부분의 신고 사건은 사업주와 근로자의 주장에 차이가 있는 편이다.

근로감독관이 조사(수사)한 결과 임금, 퇴직금 등 금품체불이 확인되면 사용자에게 일정 기한 내 지급하도록 시정지시하게 되는데 시정이 되면 내사 종결하고 시정이 되지 않으면 노동법 위반으로 범죄인지 후 벌금 등의 형사처벌 절차 진행을 위해 검찰로 사건이 송치된다.

노동청에 민원 제출은 진정서 또는 고소장·고발장으로 하는데 진정은 피해자가 당한 위법 행위의 시정을 요청하는 것으로 시정이 되면 처벌할 의사는 없을 때, 고소는 시정보다는 위법 행위에 대한 형사처벌을 요청할 때 사용한다. 고발은 피해 당사자가 아닌 제3자가 위법행위에 대해 형사처벌을 요청할 때 사용하는 것이다.

그러므로 진정이나 고소·고발 모두 노동청에 접수하지만 진정은 위법 사항 시정을 요청하는 민원으로 시정이 되면 노동청에서 종결할 수 있는데 반해 고소·고발은 형사처벌을 관장하는 사법부(기소할 수 있는 검찰, 재판을 관할하는 법원)에 제출한 민원으로서 노동청에서 종결하지 못하고 검찰로 송치된다.

물론 진정도 위법 사항이 시정되지 않으면 형사처벌 절차로 진행이 된다. 이때는 진정인의 형사처벌 의사가 없어도 근로감독관의 직권으로 범죄를 인지하여 기소권이 있는 검찰로 사건을 송치하는 것이다. 검찰과 법원에서는 피신청인(사용자)의 법 위반의 정도, 피해의 복구 여부, 초범 또는 재범 여부 등을 검토하여 악질적인 범죄가 아니라면 대부분 징역형이 아닌 벌금형에 처한다.

모든 고소·고발이 형사 처벌되는 것은 아니다. 수사 결과, 고소·고발내용이 사실과 다르거나 위법 사항이 없거나 기소할 수 있는 공소시효가 경과하였거나 반의사불벌죄에 해당하는 위법 행위에 대해 고소·고발을 취하하는 때에는 기각 또는 각하되어 형사처벌 없이 종결한다. 노동법 위반사건의 공소시효는 5년이므로 노동법 위반 행위가 있어도 5년이 경과하면 형사처벌을 할 수 없게 된다.

* 반의사불벌죄란 피해자가 처벌을 원하지 않는다는 의사를 표시하는 때에는 그 의사에 반하여 형사처벌을 할 수 없는 범죄를 말한다. 즉, 진정인이나 고소인이 진정이나 고소를 취하하면 형사처벌을 할 수 없는 범죄이다. 근로기준법에서는 임금·퇴직금·휴업수당 미지급, 연장·야간·휴일근로 가산수당 등 금품 미지급 범죄가 이에 해당한다.

노동청에 민원 신청인과 피신청인이 출석하면 근로감독관은 구체적인 사실관계를 조사한다. 민원과 관련한 세세한 사실관계를 조사하여 구체적인 법 위반 사항을 확인하고자 하는 것이므로 신청인이나 피신청인은 세부적인 내용을 미리 정리해 두면 조사 시간을 줄일 수 있다.

예를 들면 '임금을 못 받았다' '퇴직금을 못 받았다'는 민원이라면 '2020. 1. 5.일부터 2022. 12. 15일까지 ○○에 소재한 △△주식회사에서 경리부 대리로 근무하였는데 11월 한달 임금 2,090,000원과 12월 반달 임금 1,045,000원, 미사용 연차수당 10개 800,000원과 연말정산환급금, 퇴직금 등 도합 8,565,000원을 받지 못했다'와 같이 정리하면 좋다.

근로감독관의 출석요구에 응하지 않으면 어떻게 될까? 민원 신청인이 정당한 이유 없이 출석을 2회 이상 하지 않으면 민원 의사가 없는 것으로 간주하여 종결된다. 그런데 피신청인이 출석하지 않으면 종결되지 않고 거주지나 회사 소재지로 직접 현장 조사를 한다. 현장 조사에서도 피신청인을 만날 수 없으면 경찰을 통해 전국에 지명통보(지명수배)하고 불시검문으로 체포하여 강제수사하는 절차까지 진행된다.

근로감독관은 임금, 퇴직금 등을 체불한 사업주가 이를 청산할 여건이 되지 않으면 노동법 위반으로 형사처벌을 하게 되는데 형사처벌을 하더라도 체불금품에 대한 채권이 소멸되는 것은 아니다. 근로자는 지급받지 못한 금품에 대해 법률구조공단의 지원을 받아 사업주 상대로 민사소송을 진행할 수 있다.

사업주가 부도, 폐업 등으로 부득이하게 체불된 때에는 대지급금이나 도산등사실인정신청등의 제도를 통해 근로자 체불금품을 지급받는 제도가 있다. 이러한 방법에 대해서는 근로감독관이나 공인노무사와 상담할 수 있다.

노동청 진정사건 처리기간은 25일, 고소고발사건은 2개월이지만 사정에 따라 처리기간을 연장될 수 있다. 보통 민원처리는 접수일로부터 2개월 내지 6개월 정도 걸리는데 민원과 관련한 명백한 입증자료가 많을수록 처리가 빨라지며 입증자료가 없고 복잡할수록 더 오래 걸리게 된다. 입증자료란 체불금품 확인서, 지불각서, 근로계약서, 임금지급명세서, 임금지급대장, 급여통장사본, 출퇴근기록부, 연차관리대장, 카카오톡 대화내용, 이메일 내용, 취업규칙 등 신고 민원 내용과 관련된 각종 증빙자료를 말한다.

▎ 노동위원회 사건은 법원에서 당사자가 재판하는 것과 유사하다.

노동위원회는 부당해고 구제신청, 부당노동행위 구제신청뿐만 아니라 노동쟁의 조정 등의 업무를 관장하는 국가기관이다. 사용자가 정당한 이유 없이 근로자를 해고하거나 휴직·정직·전직·감봉 기타 징계를 하는 경우에 근로자는 근무하던 사업장 소재지 관할 지방노동위원회에 부당해고 등의 구제신청을 할 수 있다.

지방노동위원회는 근로자의 부당해고(부당징계 등) 구제신청이 접수되면 접수일로부터 60일 이내에 신청요건(당사자 적합 여부 등)과 사실 조사를 거친 후 심문회의와 판정회의를 개최하여 부당해고(부당징계 등) 성립 여부를 판정하게 된다. 심문회의는 공익위원(3인) 및 노사위원(각1인)으로 구성된 위원회에서 이루어지며 위원들은 노사가 제출한 증거서류와 조사관이 수집, 작성한 증거자료 및 보고서를 토대로 당사자 쌍방에게 사실관계 등을 문의하고, 필요시 증인과 참고인을 심문하기도 한다.

심문회의 심문을 거친 후 공익위원은 판정회의에서 부당해고(부당징계 등) 인용 또는 기각, 각하 여부를 판정한다. 부당해고가 성립한다고 인용한 때에는 사용자에게 구제명령(원직복직 및 해고기간에 대한 임금상당액 지급)을 내리며, 성립되지 않는다고 판단한 때에는 그 구제신청을 기각 판정하고 구제신청 자체가 관련 법령에 따른 요건을 갖추지 못한 경우에는 각하 판정을 한다.

통상적으로 판정 결과는 판정일 다음 날까지는 문자메시지 등으로 당사자에게 먼저 간략하게 통보하고 정식 판정서는 판정일 이후 30일 이내에 당사자에게 송부된다. 사용자가 퇴직금 지급을 회피하기 위해 해고하거나 단순한 경영사정 악화를 이유로 해고하는 것, 해고 사유와 시기를 서면으로 통지하지 않은 해고, 해고 절차를 준수하지 않은 해고는 모두 정당하지 않은 부당해고로 판정된다. 단, 근로자는 해고 등을 당한 날부터 3개월 이내에 구제신청을 하여야 한다. 부당해고, 부당징계, 부당노동행위 등이 있은 날부터 3개월이 경과하였거나, 상시근로자 수가 5명 미만인 사업장에서 근무한 근로자는 부당해고, 부당징계 등이 명백하다고 해도 법 적용이 제외되어 구제신청을 할 수 없다.

월 평균임금이 300만 원 미만인 근로자는 노동위원회에 부당해고 구제신청 시 권리구제업무 대리인 지원제도를 통해 무료로 공인노무사 또는 변호사의 법률적 지원을 받을 수 있다. 노동위원회는 조사 및 심문 과정에서 언제든지 노사 양당사자에게 화해안을 제시하고 화해를 권고하거나 주선할 수 있다. 화해안 제시에 따라 양당사자의 화해가 성립하면 화해조서를 작성하는데, 이 화해조서는 재판상 화해와 동일한 효력을 가진다. 노사가 판정에 불복하여 계속 다투면 대법원까지 가게 되므로 시간과 비용이 많이 들고 위험부담이 크기에 화해에 이르는 경우도 많다.

부당해고 등 구제신청 사건 진행 절차

구제신청서 접수	• 부당해고 등이 있은 날부터 3개월 이내에 신청
⇩	⇐ 권리구제 대리인 무료지원제도
사실조사	• 이유서·답변서 및 입증자료 제출
⇩	⇐ 금전보상명령신청 / 화해 제도
심문일정 통지	• 심문일정 연기신청 / 증인신청 / 기피신청
⇩	
심문·판정회의	• 접수일부터 60일 이내 개최
⇩	
판정서 송부	• 판정일부터 30일 이내에 송부
⇩	
재심절차(중앙노동위원회)	• 판정서를 받은 날부터 10일 이내에 재심신청 • 초심과 동일한 절차
⇩	
행정소송 (행정법원 → 고등법원 → 대법원)	• 판정서를 받은 날부터 15일 이내에 소송제기

부당해고 구제신청 시, 원직 복직을 원하지 않을 때는 근로기준법 제30조와 노동위원회규칙 제64조에 따라 금전보상명령을 신청할 수 있다. 금전보상명령은 처음부터 신청하거나 원직 복직을 신청하였다가 금전보상명령으로 변경할 수 있다. 다만, 변경 신청은 늦어도 심문회의 개최일을 통보받기 전까지 신청서를 제출해야 한다. 참고로 부당해고 판정 시, '원직 복직명령'은 원직 복직 및 해고일부터 원직 복직 시까지, '금전보상명령'은 해고일부터 판정일까지의 임금 상당액을 지급 명령한다.

노동위원회는 지방노동위원회(13개소)와 중앙노동위원회가 있다. 처음 부당해고 등 구제신청은 지방노동위원회에서 접수, 처리하며 지방노동위원회의 구제 명령이나 기각결정에 불복하는 사용자나 근로자는 구제명령서나 기각결정서를 통지받은 날부터 10일 이내에 중앙노동위원회에 재심을 신청할 수 있다. 구제 명령서나 기각결정서를 통지받은 날부터 10일 이내 재심을 신청하지 않으면 그 구제명령, 기각결정은 확정된다. 다만, 지방노동위원회의 구제명령, 기각결정은 중앙노동위원회에 재심을 신청하였더라도 그 효력이 정지되지는 않는다.

노동위원회에서 부당해고 등이 인정되어 내린 구제명령을 사용자가 이행하지 않는 경우, 예를 들어 원직복직을 시키지 않거나 임금상당액을 지급하지 않은 경우에는 사용자에게 이행을 강제하기 위해 이행강제금을 부과하게 된다. 이행강제금은 부당해고의 경우 500만 원 이상 3천만 원 이하이며 매년 2회까지 2년간 구제명령이 이행될 때까지 반복하여 부과할 수 있다.

이행강제금의 부과기준

위반행위	금액
정당한 이유 없는 해고에 대한 구제명령을 이행하지 않은 자	500만 원 이상 3,000만 원 이하
정당한 이유 없는 휴직, 정직(停職)에 대한 구제명령을 이행하지 않은 자	250만 원 이상 1,500만 원 이하
정당한 이유 없는 전직(轉職), 감봉에 대한 구제명령을 이행하지 않은 자	200만 원 이상 750만 원 이하
정당한 이유 없는 그 밖의 징벌(懲罰)에 대한 구제명령을 이행하지 않은 자	100만 원 이상 750만 원 이하

근로감독 점검

근로감독 점검

사업장 근로감독이란 근로감독관이 근로조건의 기준을 확보하기 위하여 사업장, 기숙사 그 밖의 부속건물에 방문하여 노동관계 법령 위반 여부를 점검하고 법 위반 사항을 시정하도록 하거나 행정처분 또는 사법처리하는 일련의 과정을 말한다.

노동관계 법령에 따른 현장 조사, 서류의 제출, 심문 등의 수사는 검사와 근로감독관이 전담하여 수행한다(근로기준법 제105조). 근로감독관은 사업장, 기숙사, 그 밖의 부속건물을 현장 조사하고 장부와 서류의 제출을 요구할 수 있으며 사용자와 근로자에 대하여 심문할 권한이 있다(근로기준법 제102조).

사업장 근로감독은 근로감독관이 임의로 실시하는 것은 아니다. 근로감독관 집무규정과 관련 법령에 따라 감독의 종류와 범위가 정해져 있다. 근로감독의 종류는 ① 정기감독 ② 수시감독 ③ 특별감독이 있으며 정기·수시감독은 실시일 전 1년간, 특별감독은 실시일 전 3년간 해당 사업장에서 이루어진 노동관계 법령 관련 사항을 대상으로 한다.

근로감독은 통상적으로 2인 1조로 현장방문하여 1일간 실시하지만 특별감독 또는 사업장 규모가 큰 경우에는 근로감독뿐 아니라 산업안전감독관을 포함, 10여 명의 감독관이 1주일 이상 실시할 수도 있다.

근로감독은 모든 사업장을 대상으로 하는 것은 아니며 전년도 노동법 관련 사건 발생 상황에 따른 업종, 규모 등을 전국적으로 검토하여 노동부 본부에서 근로감독 대상 업종과 해당 사업장을 시달하거나 지방노동청 자체 계획을 수립하여 선정된 일부 사업장을 대상으로 한다.

근로감독 점검은 근로감독관 집무규정 제14조에 따른 근로감독 점검표(별지 11)와 사업장 감독시 점검 확인 주요 서류(별표2)를 대상으로 한다. 다만, 그 범위가 방대하므로 근로감독을 2인 1조로 실시할 때는 전부 다 볼 수 없어서 주로 근로계약서, 임금명세서 교부, 임금지급대장, 연차휴가 부여 및 연차휴가 지급대장, 최저임금 여부, 취업규칙, 노사협의회 구성 및 개최, 성희롱 예방교육 실시 여부 등 중요한 일부 사항만 보는 경우가 많다.

근로감독 시에 적발되면 시정지시를 하는 사항(금품체불)도 있고 즉시 과태료 부과나 범죄로 인지하여 사법처리하는 사항도 있다. 그 처리기준은 근로감독관 집무규정의 개별근로관계법 위반 사항 조치기준(별표3)과 집단노사관계법 위반 사항 조치기준(별표4)에서 정하고 있다. 근로감독관집무규정은 인터넷으로 검색하여 찾아볼 수 있다.

근로감독 점검 대상이 되어 며칠 후 점검차 현장 방문한다는 노동청의 공문을 받게 되면 많이 당황스러울 것이다. 노동법을 이해하고 노동법에 맞게 사업장을 운영해 왔다면 점검 시 큰 문제는 없겠지만 노동법과 동 떨어지게 사업장을 운영해 온 경우에는 과태료나 벌금 부과액이 수백만 원을 넘거나 연차수당 미지급, 연장근로수당 미지급, 퇴직금 과소지급 등으로 체불된 임금이 수천만 원을 넘기도 한다.

근로계약서를 정확하게 작성하지 않거나 노동법에 맞지 않게 임금 지급체계를 운영해 온 사업장의 경우, 근로자의 임금을 다른 사업장보다 더 많이 지급하고 있음에도 불구하고 연장근로수당과 연차 미사용 수당 등을 노동법에 맞게 지급하지 못한 결과, 거액의 임금체불로 감독에 지적되는 문제가 발생하는 사례도 있다. 사업주가 노동법에 관심을 갖고 수시로 자체 점검하면 이런 불상사를 예방할 수 있을 것이다.

【참고 1】 근로감독관 노무관리 지도 · 점검표(2022년 기준)

점검 항목(시정지시 사항)

점검사항	관련법	조항	점검 결과
서면 근로계약 체결	근로기준법	제17조 (서면 근로계약)	
	기간제법	제17조 (서면 근로계약)	
임금명세서 교부	근로기준법	제48조제2항 (임금명세서)	
최저임금 지급	최저임금법	제6조 (최저임금 효력)	
금품체불	근로기준법	제36조 (금품청산)	
		제43조 (임금지급)	
		제44조 (도급사업 임금지급)	
		제46조 (휴업수당)	
		제56조 (연장 · 야간 · 휴일 근로)	
	퇴직급여 보장법	제9조 (퇴직금)	
		제17조 (확정급여형 급여 지급)	
		제20조 (확정기여형 부담금 납입 등)	

지도 항목(현장 개선권고 사항)

관련법	조항	지도 사항	지도 결과
근로 기준법	27조	해고사유 등 서면통지	
	42조	계약서류 보존	
	48조	임금대장	
	50조	근로시간	
	53조	연장근로의 제한	
	54조	휴게	
	55조	휴일	
	60조	연차유급휴가	
	70조	야간근로와 휴일근로 제한	
	71조	시간외 근로	
	74조	임산부의 보호	
	76조의2	직장 내 괴롭힘 금지	
	76조의3	직장 내 괴롭힘 발생시 조치	
	93조	취업규칙 작성·신고	
	94조	취업규칙 작성·변경 절차	
	96조	단체협약의 준수	
최저임금법	11조	주지 의무	
기간제법	8조	차별적 처우의 금지	
파견법	21조	차별적 처우의 금지, 시정 등	
남녀 고용 평등법	13조	직장 내 성희롱 예방교육	
	14조	직장 내 성희롱 발생시 조치	
	18조의2	배우자 출산휴가 부여	
	19조	육아휴직 부여	
	19조의2	육아기 근로시간 단축 허용	
근로자 참여 및 협력 증진에 관한 법률	4조	노사협의회 설치	
	9조	위원의 신분	
	12조	정기 노사협의회 개최	
	18조	노사협의회 규정 제출	
	26조	고충처리위원 선임 여부	

【참고 2】근로계약서 서식(예시)

표준근로계약서(기간의 정함이 없는 경우)

_____(이하 "사업주"라 함)과(와) _____(이하 "근로자"라 함)은 다음과 같이 근로계약을 체결한다.

1. 근로개시일: 년   월   일부터
2. 근 무 장 소:
3. 업무의 내용:
4. 소정근로시간: ___시___분부터 ___시___분까지 (휴게시간: 시 분~ 시   분)
5. 근무일/휴일: 매주 __일(또는 매일단위)근무, 주휴일 매주 __요일
6. 임 금
   - 월(일, 시간)급: _____원
   - 상여금: 있음 (   ) _____원, 없음 (   )
   - 기타급여(제수당 등): 있음 (   ),   없음 (   )
      • _____원,   _____원
   - 임금지급일: 매월(매주 또는 매일) ____일(휴일의 경우는 전일 지급)
   - 지급방법: 근로자에게 직접지급(   ),   근로자 명의 예금통장에 입금(   )
7. 연차유급휴가
   - 연차유급휴가는 근로기준법에서 정하는 바에 따라 부여함
8. 사회보험 적용여부(해당란에 체크)
   □ 고용보험   □ 산재보험   □ 국민연금   □ 건강보험
9. 근로계약서 교부
   - 사업주는 근로계약을 체결함과 동시에 본 계약서를 사본하여 근로자의 교부요구와 관계없이 근로자에게 교부함(근로기준법 제17조 이행)
10. 근로계약, 취업규칙 등의 성실한 이행의무
    - 사업주와 근로자는 각자가 근로계약, 취업규칙, 단체협약을 지키고 성실하게 이행 하여야 함
11. 기 타: 이 계약에 정함이 없는 사항은 근로기준법령에 의함

                       년   월   일

(사업주) 사업체명: (전화:)
         주   소:
         대 표 자: (서명)
(근로자) 주   소:
         연 락 처:
         성   명: (서명)

표준근로계약서(기간의 정함이 있는 경우)

_____(이하 "사업주"라 함)과(와) _____(이하 "근로자"라 함)은 다음과 같이 근로계약을 체결한다.

1. 근로계약기간: 년 월 일부터   년 월 일까지
2. 근 무 장 소:
3. 업무의 내용:
4. 소정근로시간: ___시___분부터 ___시___분까지 (휴게시간: 시 분~ 시   분)
5. 근무일/휴일: 매주 __일(또는 매일단위)근무, 주휴일 매주 __요일
6. 임 금
   - 월(일, 시간)급: _____원
   - 상여금: 있음 (   ) _____원, 없음 (   )
   - 기타급여(제수당 등): 있음 (   ),   없음 (   )
     • _____원,   _____원
     • _____원,   _____원
   - 임금지급일: 매월(매주 또는 매일)   ____일(휴일의 경우는 전일 지급)
   - 지급방법: 근로자에게 직접지급(   ),   근로자 명의 예금통장에 입금(   )
7. 연차유급휴가
   - 연차유급휴가는 근로기준법에서 정하는 바에 따라 부여함
8. 사회보험 적용여부(해당란에 체크)
   □ 고용보험 □ 산재보험 □ 국민연금 □ 건강보험
9. 근로계약서 교부
   - 사업주는 근로계약을 체결함과 동시에 본 계약서를 사본하여 근로자의 교부요구와
     관계없이 근로자에게 교부함(근로기준법 제17조 이행)
10. 근로계약, 취업규칙 등의 성실한 이행의무
    - 사업주와 근로자는 각자가 근로계약, 취업규칙, 단체협약을 지키고 성실하게 이행하여야 함
11. 기   타
    - 이 계약에 정함이 없는 사항은 근로기준법령에 의함

년   월   일

(사업주) 사업체명: (전화:)
        주   소:
        대 표 자: (서명)
(근로자) 주   소:
        연 락 처:
        성   명: (서명)

연소근로자(18세 미만인 자) 표준근로계약서

_____(이하 "사업주"라 함)과(와) _____(이하 "근로자"라 함)은 다음과 같이 근로계약을 체결한다.

1. 근로개시일: 년 월 일부터   년 월 일까지
2. 근 무 장 소:
3. 업무의 내용:
4. 소정근로시간: __시__분부터 __시__분까지 (휴게시간: 시 분~ 시 분)
5. 근무일/휴일: 매주 __일(또는 매일단위)근무, 주휴일 매주 __요일
6. 임 금
   - 월(일, 시간)급: _____원
   - 상여금: 있음 (   ) _____원, 없음 (   )
   - 기타급여(제수당 등): 있음 (____원),   없음 (   )
   - 임금지급일: 매월(매주 또는 매일) ____일(휴일의 경우는 전일 지급)
   - 지급방법: 근로자에게 직접지급(   ), 근로자 명의 예금통장에 입금(   )
7. 연차유급휴가는 근로기준법에서 정하는 바에 따라 부여함
8. 가족관계증명서 및 동의서
   - 가족관계기록사항에 관한 증명서 제출 여부: _____
   - 친권자 또는 후견인의 동의서 구비 여부: _____
9. 사회보험 적용여부(해당란에 체크)
   □ 고용보험 □ 산재보험 □ 국민연금 □ 건강보험
10. 근로계약서 교부
    - 사업주는 근로계약을 체결함과 동시에 본 계약서를 사본하여 근로자의 교부요구와 관계없이 근로자에게 교부함(근로기준법 제17조, 제67조 이행)
11. 사업주와 근로자는 각자가 근로계약, 취업규칙, 단체협약을 지키고 성실하게 이행하여야 함
12. 기타
    - 13세 이상 15세 미만인 자에 대해서는 고용노동부장관으로부터 취직인허증을 교부받아야 하며, 이 계약에 정함이 없는 사항은 근로기준법령에 의함

년   월   일

(사업주) 대 표 자: (서명)
(근로자) 성   명: (서명)

친권자(후견인) 동의서

○ 친권자(후견인) 인적사항

성   명:

생년월일:

주   소:

연 락 처:

연소근로자와의 관계:

○ 연소근로자 인적사항

성   명: (만   세)

생년월일:

주   소:

연 락 처:

○ 사업장 개요

회 사 명:

회사주소:

대 표 자:

회사전화:

본인은 위 연소근로자 _____가 위 사업장에서 근로를 하는 것에 대하여 동의합니다.

                  년   월   일

                          친권자(후견인)   (인)

첨 부: 가족관계증명서 1부

건설일용근로자 표준근로계약서

_____(이하 "사업주"라 함)과(와) _____(이하 "근로자"라 함)은 다음과 같이 근로계약을 체결한다.

1. 근로계약기간: 년 월 일부터   년 월 일까지
2. 근 무 장 소:
3. 업무의 내용(직종):
4. 소정근로시간: __시__분부터 __시__분까지 (휴게시간: 시 분~ 시 분)
5. 근무일/휴일: 매주 __일(또는 매일단위)근무, 주휴일 매주 __요일(해당자에 한함)
   ※ 주휴일은 1주간 소정근로일을 모두 근로한 경우에 주당 1일을 유급으로 부여
6. 임 금
   - 월(일, 시간)급: _____원(해당사항에 ○표)
   - 상여금: 있음 (   ) _____원, 없음 (   )
   - 기타 제수당(시간외·야간·휴일근로수당 등):   원(내역별 기재)
     • 시간외 근로수당:_____원(월   시간분)
     • 야 간 근로수당:_____원(월   시간분)
     • 휴 일 근로수당:_____원(월   시간분)
   - 임금지급일: 매월(매주 또는 매일)   일(휴일의 경우는 전일 지급)
   - 지급방법: 근로자에게 직접지급(   ), 근로자 명의 예금통장에 입금(   )
7. 연차유급휴가는 근로기준법에서 정하는 바에 따라 부여함
8. 사회보험 적용여부(해당란에 체크)
   □ 고용보험 □ 산재보험 □ 국민연금 □ 건강보험
9. 근로계약서 교부
   - "사업주"는 근로계약을 체결함과 동시에 본 계약서를 사본하여 "근로자"의 교부요구와 관계없이 "근로자"에게 교부함(근로기준법 제17조 이행)
10. 사업주와 근로자는 근로계약, 취업규칙, 단체협약을 지키고 성실하게 이행하여야 함
11. 기 타: 이 계약에 정함이 없는 사항은 근로기준법령에 의함

년   월   일

(사업주) 대 표 자: (서명)
(근로자) 성   명: (서명)

단시간 근로자 표준근로계약서

_____(이하 "사업주"라 함)과(와) _____(이하 "근로자"라 함)은 다음과 같이
근로계약을 체결한다.

1. 근로개시일: 년   월   일부터   년   월   일까지
2. 근 무 장 소:
3. 업무의 내용:
4. 근로일 및 근로일별 근로시간

	( )요일	( )요일	( )요일	( )요일	( )요일	( )요일
근로시간	시간	시간	시간	시간	시간	시간
시업	시 분	시 분	시 분	시 분	시 분	시 분
종업	시 분	시 분	시 분	시 분	시 분	시 분
휴게 시간	시 분 ~ 시 분	시 분 ~ 시 분	시 분 ~ 시 분	시 분 ~ 시 분	시 분 ~ 시 분	시 분 ~ 시 분

   • 주휴일: 매주 __요일
5. 임 금
   − 시간(일, 월)급: _____원(해당사항에 ○표)
   − 상여금: 있음 (   ) _____원, 없음 (   )
   − 기타급여(제수당 등): 있음: _____원(내역별 기재), 없음 (   ),
   − 초과근로에 대한 가산임금률: _____ %
   − 임금지급일: 매월(매주 또는 매일) _____일(휴일의 경우는 전일 지급)
   − 지급방법: 근로자에게 직접지급(   ), 근로자 명의 예금통장에 입금(   )
6. 연차유급휴가: 통상근로자의 근로시간에 비례하여 연차유급휴가 부여
7. 사회보험 적용여부(해당란에 체크)
   □ 고용보험 □ 산재보험 □ 국민연금 □ 건강보험
8. 근로계약서 교부
   − "사업주"는 근로계약을 체결함과 동시에 본 계약서를 사본하여 "근로자"의 교부요
   구와 관계없이 "근로자"에게 교부함(근로기준법 제17조 이행)
9. 사업주와 근로자는 근로계약, 취업규칙, 단체협약을 지키고 성실하게 이행하여야 함
10. 기 타: 이 계약에 정함이 없는 사항은 근로기준법령에 의함

                  년   월   일

(사업주) 대 표 자: (서명)
(근로자) 성   명: (서명)

【참고 3】 임금명세서 서식(예시)

‣ 임금명세서 ① 월급제 근로자

임 금 명 세 서

지급일: 2021 - 11 - 25

성명	홍 길 동	사번	073542
부서	개발지원팀	직급	팀장

세부 내역

지 급			공 제	
임금 항목		지급 금액(원)	공제 항목	공제 금액(원)
매월 지급	기본급	3,200,000	소득세	115,530
	연장근로수당	379,728	국민연금	177,570
	휴일근로수당	15,822	고용보험	31,570
	가족수당	94,932	건강보험	135,350
	식대	100,000	장기요양보험	15,590
			노동조합비	15,000
격월 또는 부정기 지급				
지급액 계		3,940,482	공제액 계	490,610
			실수령액(원)	3,449,872

연장근로시간수	야간근로시간수	휴일근로시간수	통상시급(원)	가족 수
16	0	4	15,822	배우자 1명, 자녀 1명

계산 방법

구분	산출식 또는 산출방법
연장근로수당	연장근로시간 × 통상시급 × 1.5
야간근로수당	야간근로시간 × 통상시급 × 0.5
휴일근로수당	휴일근로시간 × 통상시급 × 1.5
가족수당	배우자: 100,000원, 자녀: 1명당 50,000원

* 가족수당은 취업규칙 등에 지급요건이 규정되어 있는 경우 계산방법을 기재하지 않아도 무방

‣ 임금명세서 ② 월급제 근로자

임 금 명 세 서

지급일: 2021-11-25

성명	홍 길 동

지 급 내 역

임금 항목	지급 금액(원)
기본급	2,090,000
(계산방법)	(209시간 x 10,000원)
식대	100,000
공제 항목	공제 금액(원)
근로소득세	24,660
국민연금	94,050
건강보험	71,680
장기요양보험	8,250
고용보험	16,720
실지급액(원)	1,974,640

• 임금명세서 ③ 기타 유형: 시급제, 일급제 근로자

- 일용근로자의 경우

< 임금명세서 >

이름: 홍길동
임금지급일: 2021.11.25.
임금총액: 80,000원(일급)

< 임금명세서 >

이름: 홍길동
임금지급일: 2021.11.25.
임금총액: 110,000원
(일급) 80,000원
(연장근로) 2시간×10,000원×1.5 = 30,000원

< 임금명세서 >

이름: 홍길동
임금지급일: 2021.11.25.
임금총액: 100,000원(1공수)

< 임금명세서 >

이름: 홍길동
임금지급일: 2021.11.25.
임금총액: 150,000원(100,000원 × 1.5공수)

- 휴대전화 문자를 활용한 전자적 형태의 임금명세서 작성 예시

< 임금명세서 >

이름: 홍길동
임금지급일:
2021.11.25.
임금총액: 48만 원
계산방법: 48시간 ×
          10,000원

< 임금명세서 >

이름: 홍길동
임금지급일: 2021.11.25.
임금총액: 2,817,000원
지급액(기본급) 2,717,000원
      (식대) 100,000원
공제액(고용보험) 16,720원
      (국민연금) 94,050원
      (건강보험) 71,680원
      (장기요양보험) 8,250원
계산방법(기본급) 209시간 ×
                13,000원

< 임금명세서 >

홍길동 님께
   2021.11.25.에 총 48
만 원을 지급하였습니다.
   21.11월 총 근로시
간 48시간에 대해 시
간당 1만 원 지급하였
습니다.

저자소개

주 정 호

1993년 보건복지부에 입사, 1998년 노동부로 옮겨 2022년 퇴직할 때까지 근로감독관과 고용센터 소장 등을 역임하였다. 고용노동부 본부에서는 직업훈련기관 평가를 담당하여 2단계 훈련기관 인증평가와 부정수급 모니터링 체제를 도입하였고, 일선 현장에서는 인천북부, 의정부, 서울서부고용노동지청 등지에서 근로감독관으로, 서울동부와 부산사하에서는 고용센터 소장으로 근무하였다. 2022년 고용노동부 퇴직 후에는 노동법 강의 경험과 신입 근로감독관들의 멘토 경험을 되살려 인사노무 업무에 꼭 필요한 핵심 노동법 자료를 정리하여 출간하였으며 현재는 서울 성수동에서 노무사사무소더해냄(성수역 3번 출구 삼연빌딩 204호) 대표로 활동하고 있다.

주요 이력
(前) 서울동부고용센터 소장
(前) 부산사하고용센터 소장
(前) 서울관악고용노동청 근로개선지도1과장
(前) 서울서부고용노동청 근로개선지도3과장
(前) 인천북부, 의정부, 서울서부고용노동청 근로감독관
(前) 서울지역 인적자원개발위원회 위원
(前) 외국인 인권보호 및 권익증진 서울협의회 위원
(現) 노무사사무소더해냄 대표 노무사

블로그 blog.naver.com/yesnomusa

인사노무 실무를 위한

핵심 노동법 한 권으로 끝내기

초판발행	2023년 10월 15일
지은이	주정호
펴낸이	안종만 · 안상준
편 집	장유나
기획/마케팅	최동인
표지디자인	BEN STORY
제 작	고철민 · 조영환
펴낸곳	(주) **박영사**
	서울특별시 금천구 가산디지털2로 53, 210호(가산동, 한라시그마밸리)
	등록 1959. 3. 11. 제300-1959-1호(倫)
전 화	02)733-6771
f a x	02)736-4818
e-mail	pys@pybook.co.kr
homepage	www.pybook.co.kr
I S B N	979-11-303-4511-6 93360

정 가   22,000원